本书列入

2017年国家社会科学基金重大委托项目
"十三五"国家重点图书出版规划项目

中华传统文化百部经典

贞观政要

吴兢 著

谢保成 解读

国家图书馆出版社

图书在版编目（CIP）数据

贞观政要／（唐）吴兢著；谢保成解读 . —— 北京：
国家图书馆出版社，2019.6（2024.9 重印）
（中华传统文化百部经典／袁行霈主编）
ISBN 978-7-5013-6761-0

Ⅰ．①贞… Ⅱ．①吴… ②谢… Ⅲ．①典章制度－
中国－唐代 ②《贞观政要》－注释 Ⅳ．① D691.5

中国版本图书馆 CIP 数据核字 (2019) 第 103126 号

国家图书馆出版社官方微信

书　　名	贞观政要
著　　者	（唐）吴兢 著　谢保成 解读
责任编辑	廖生训
特约编辑	曾　诚
封面设计	敬人设计工作室

出版发行　国家图书馆出版社（北京市西城区文津街 7 号　100034）
　　　　　010-66114536　63802249　nlcpress@nlc.cn（邮购）
网　　址　http://www.nlcpress.com
印　　装　北京科信印刷有限公司
版次印次　2019 年 6 月第 1 版　2024 年 9 月第 2 次印刷

开　　本　710×1000　1/16
印　　张　26.75
字　　数　292 千字
书　　号　ISBN 978-7-5013-6761-0
定　　价　54.00 元（平装）

本册审订

吴宗国　　瞿林东　　刘后滨

中华传统文化百部经典
编纂办公室

张　洁　　梁葆莉　　张毕晓　　马　超

编纂缘起

文化是民族的血脉，是人民的精神家园。党的十八大以来，围绕传承发展中华优秀传统文化，习近平总书记发表了一系列重要讲话，深刻揭示出中华优秀传统文化的地位和作用，梳理概括了中华优秀传统文化的历史源流、思想精神和鲜明特质，集中阐明了我们党对待传统文化的立场态度，这是中华民族继往开来、实现伟大复兴的重要文化方略。2017年初，中共中央办公厅、国务院办公厅印发《关于实施中华优秀传统文化传承发展工程的意见》，从国家战略层面对中华优秀传统文化传承发展工作作出部署。

我国古代留下浩如烟海的典籍，其中的精华是培育民族精神和时代精神的文化基础。激活经典，熔古铸今，是增强文化自觉和文化自信的重要途径。多年来，学术界潜心研究，钩沉发覆、辨伪存真、提炼精华，做了许多有益工作。编纂《中华传统文化百部经典》（简称《百部经典》），就是在汲取已有成果基础上，力求编出一套兼具思想性、学术性和大众性的读本，使之成为广泛认同、传之久远的范本。《百部经典》所选图书上起先秦，下至辛亥革命，包括哲学、文学、历史、艺术、科技等领域的重要典籍。萃取其精华，加以解读，旨在搭建传统典籍与大众之间的桥梁，激活中华优秀传统文化，用优秀传统文化滋养当代中国人的精神世界，提振当代中国人的文化自信。

这套书采取导读、原典、注释、点评相结合的编纂体例，寻求优秀传统文化与社会主义核心价值观之间的深度契合点；以当代眼光审视和解读古代典籍，启发读者从中汲取古人的智慧和历史的经验，借以育人、资政，更好地为今人所取、为今人所用；力求深入浅出、明白晓畅地介绍古代经典，让优秀传统文化贴近现实生活，融入课堂教育，走进人们心中，最大限度地发挥以文化人的作用。

《百部经典》的编纂是一项重大文化工程。在中宣部等部门的指导和大力支持下，国家图书馆做了大量组织工作，得到学术界的积极响应和参与。由专家组成的编纂委员会，职责是作出总体规划，选定书目，制订体例，掌握进度；并延请德高望重的大家耆宿担当顾问，聘请对各书有深入研究的学者承担注释和解读，邀请相关领域的知名专家负责审订。先后约有 500 位专家参与工作。在此，向他们表示由衷的谢意。

书中疏漏不当之处，诚请读者批评指正。

2017 年 9 月 21 日

凡　例

一、《中华传统文化百部经典》的选书范围，上起先秦，下迄辛亥革命。选择在哲学、文学、历史、艺术、科技等各个领域具有重大思想价值、社会价值、历史价值和学术价值的一百部经典著作。

二、对于入选典籍，视具体情况确定节选或全录，并慎重选择底本。

三、对每部典籍，均设"导读""注释""点评"三个栏目加以诠释。导读居一书之首，主要介绍作者生平、成书过程、主要内容、历史地位、时代价值等，行文力求准确平实。注释部分解释字词、注明难字读音，串讲句子大意，务求简明扼要。点评包括篇末评和旁批两种形式。篇末评撮述原典要旨，标以"点评"，旁批萃取思想精华，印于书页一侧，力求要言不烦，雅俗共赏。

四、原文中的古今字、假借字一般不做改动，唯对异体字根据现行标准做适当转换。

五、每书附入相关善本书影，以期展现典籍的历史形态。

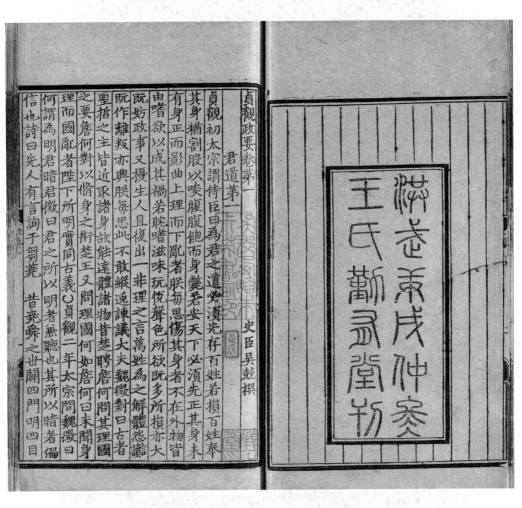

貞觀政要卷第一

君道第一　史臣吳兢撰

貞觀初太宗謂侍臣曰為君之道必須先存百姓若損百姓奉
其身猶割股以啖腹腹飽而身斃若安天下必須先正其身未
有身正而影曲上理而下亂者朕每思傷其身者不在外物皆
由嗜欲以成其禍若耽嗜滋味玩悅聲色所欲既多所損亦大
既妨政事又擾生人且復出一非理之言萬姓為之解體怨讟
既作離叛亦興朕每思此不敢縱逸○貞觀二年太宗問魏徵曰
聖括之主皆近取諸身故能遠體諸物昔楚聘詹何問其理國
之要詹何對以脩身之術楚王又問理國何如詹何曰未聞身
理而國亂者陛下所明實同古義○貞觀二年太宗問魏徵曰
何謂為明君暗君徵曰君之所以明者兼聽也其所以暗者偏
信也詩曰先人有言詢于芻蕘　昔堯舜之世闢四門明四目

贞观政要十卷　（唐）吴兢撰　明洪武三年（1370）王氏勤有堂刻本　国家图书馆藏

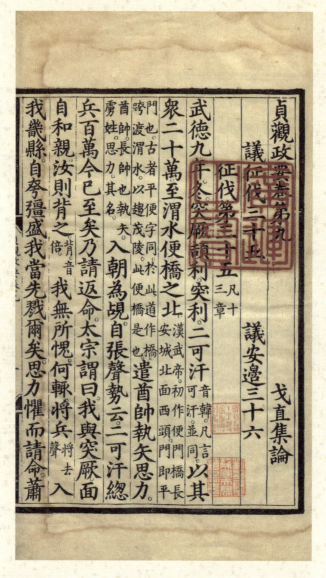

武德九年冬突厥頡利突利二可汗　音韓凡言以其可汗並同　眾二十萬至渭水便橋之北　漢武帝初作便門橋長安城北面西頭門即平門也古者平便字同於此山道作橋是也跨渭水以趨茂陵山便橋　遣酋帥執矢思力入朝為覘自張聲勢云二可汗總酋帥長也覘丑豔思力其名執矢其姓　兵百萬今已至矣乃請返命太宗謂曰我與突厥面自和親汝則背之　背音倍　我無所愧何輒將兵入　將去聲　我畿縣自誇疆盛我當先戮爾矣思力懼而請命蕭

目　录

导　读

《贞观政要》10卷，吴兢撰，唐玄宗开元十七年（729）在洛阳"诣明福门奉表以闻"。

一、吴兢生平与政治倾向

吴兢，汴州浚仪（今河南开封）人。生卒年记载各书稍有不同，《旧唐书》卷一百零二《吴兢传》为："天宝八年，卒于家，时年八十余。"《新唐书》卷一百三十二《吴兢传》为："天宝初……卒，年八十。"以天宝八载（749）卒计，若"年八十余"，实际年龄已过80周岁，生年不当晚于高宗总章二年（669）；若"年八十"，实为79周岁，生当高宗总章三年即咸亨元年（670）。因此，吴兢生年是个概数，约在高宗总章、咸亨之交（669—670），卒于玄宗天宝八载（749）。

吴兢"励志勤学，博通经史"，武则天当政的最后几年，魏元忠、朱敬则荐其有史才。长安三年（703）正月诏修唐史，以吴兢为直史馆，与朱敬则、徐坚、刘知幾等共同修撰。这是吴兢史学生涯的开始。数月后，拜左拾遗内供奉。

中宗神龙元年（705），桓彦范与张柬之等发动政变，武则天还政中宗。中宗以桓彦范为纳言（即侍中），吴兢代写谢表《为桓侍郎让侍中表》，是现存吴兢最早的一篇文章。不久，柳冲上表请修氏族之谱，吴兢以补阙之职奉诏预修。

神龙二年（706），武三思、韦皇后势力膨胀。在武、韦势力挟制下，中宗动摇了"依贞观故事"的初衷。武、韦欲除掉李唐继承人，"日夜谋潜相王"（李隆基生父、后来的睿宗），指使侍御史冉祖雍（武三思"五狗"之一）诬奏相王等与太子李重俊"通谋"举兵造反。针对冉祖雍的诬奏，吴兢上疏中宗，指出诬奏相王是"祸乱之渐，不可不察"，强调"自昔翦伐枝干，委权异族者，未有不丧其宗社也"。

经过六七年时间的较量，李隆基继平定了诸韦之乱后，又一举尽歼太平公主势力。励精图治，使得"贞观之风，一朝复振"①。

这几年，吴兢转起居郎，迁水部郎中，兼判刑部郎中，修史如故。以母丧去官，朝廷几次"夺情"欲令起复，吴兢三上《让夺礼表》，表示要恪守"三年之制"。虽然"停职还家"，却"匪忘纸札"，继续修撰。开元三年（715）守丧期满，以长垣县男拜谏议大夫，依前修史。开元四年（716）十一月，与刘知幾重新修定《则天实录》30卷，新成《中宗实录》20卷、《睿宗实录》5卷，姚崇奏请褒赏刘知幾、吴兢。十二月，姚崇罢相，宋璟继任。史称："宋璟为相，欲复贞观之政。"②秘书监马怀素奏请整比图书，编次书目，吴兢以卫尉少卿之职奉诏参预编次。开元六年，吴兢授著作郎兼昭文馆学士。不久，吴兢提出辞去史职，请求外任。他的《乞典郡表》呈上后，玄宗不准其请。

开元八年五月，源乾曜为侍中、张嘉贞为中书令。这就是吴兢《贞观政要序》所说"有唐良相曰侍中安阳公、中书令河东公，以时逢圣明，位居宰辅"，二公并相之时，弼谐王政，缅怀故实，以"太宗时政化良可足观"，"爰命下才，备加甄录"，"于是缀集所闻，参详旧史，撮其指要，举其宏纲"，正式编纂《贞观政要》。

先前，吴兢与刘知幾重修《则天实录》，记有长安三年九月张昌宗诬陷魏元忠，引张说作伪证，"赂以美官"，张说"许之"，宋璟、张廷珪、刘知幾等正告张说"不可党邪陷正，以求苟免"。当武则天要张说与魏元忠、张昌宗对质时，张说又改口说是"昌宗逼臣使诬证之"。武则天斥责道："张说翻覆小人。"开元九年（721）九月张说入朝，与源乾曜、张嘉贞三人并相。张说以宰相兼修国史，见到《则天实录》中的这一记述，明知是吴兢所记，却又说刘知幾论魏元忠事"殊不相饶假，与说毒手"，吴兢当面从容表示："是兢书之，非刘公修述，草本犹在。其人已亡，不可诬枉于幽魂。"在场的其他修史官都惊异地称赞吴兢："昔董狐古之良史，即今是焉。"张说见暗示无效，便私下"频祈请删削数字"，吴兢回答得很直率："若取人情，何名为直笔！"③在这样一位宰相手下修史，一定会有"小鞋"等着他。果然，吴兢"以父丧解，宰相张说用赵冬曦代之"④，从此吴兢便不再任史职了。

开元十一年（723），张说取代张嘉贞为中书令，兼修国史，成为玄宗此间最宠信的宰相。《旧唐书·张说传》称其"当承平岁久，志在粉饰盛时"，诚如汪篯所说"在太平盛世，好大喜功的君主，往往要粉饰文治。张说以其人适当其会"⑤。

开元十三年（725），吴兢守丧期满，起复为太子左庶子，从另一个方面表现他的政治倾向和耿直品格。当年十月东封泰山，玄宗途中"数驰射为乐"，吴兢上《请东封不宜射猎疏》，仍"依贞观故事"劝谏玄宗，说"贞观时，太宗文皇帝凡有巡幸，则博选识达古今之士"，"每至前代兴亡之地，皆问其所由，用为鉴诫"，与当今"骋奔马于涧谷，要狡兽于丛林，不慎垂堂之危，不思驭朽之变"，安可"同年而较其优劣"。⑥第二年六月上《大风陈得失疏》，进一步劝谏玄宗"斥屏群小，不为慢游"，"明选举、慎刑罚、杜侥幸、存至公"⑦。其间，张说以"引术士占星，徇私僭侈，受纳贿赂"被弹劾，罢中书令之职，但修史如故。三个月后，吴兢上《请总成国史奏》，追述自己参预修《国史》的经历，"以丁忧去官，自此便停知史事"的遭遇和所撰《国史》的情况，特请朝廷给楷书手和纸墨，以便抄录成书。玄宗未恢复其史职，只是诏吴兢就集贤院"修成其书"。后张说致仕，亦诏其在家修史。张说兼修国史"志在粉饰盛时"，虽然受到玄宗器重，所修国史并未流传。而吴兢"直书""实录"的《国史》，被作为唐代前期的基本史实写入两部《唐书》，永世流传。

开元十七年六月源乾曜罢侍中，八月源乾曜封安阳郡公，张嘉贞去世，监修国史由新任中书令萧嵩接替。缅怀张嘉贞、源乾曜两位"良相"，又能够避开张说向玄宗进书，吴兢便写了《上贞观政要表》，连同《贞观政要》一并奏上。然而，沉浸在全天下为其祝寿"宴乐"欢歌中的玄宗，却见到上表中竟"耻"自己"不修祖业"，便以"书事不当"为由，将吴兢"贬荆州司马"，但"许以史稿自随"⑧。

出京以后，可考知的吴兢经历大致如下：

由于"许以史稿自随"，其主要精力便集中在《国史》修撰上。"中书令萧嵩监修国史，奏取兢所撰《国史》，得六十五卷"⑨，表明在开元二十一年（733）萧嵩罢相之前，吴兢在荆州司马任上所撰《国史》为65卷。

随后，吴兢一面续修《国史》，一面辗转"台、洪、饶、蕲四州刺史"。《新唐书》本传以吴兢"累迁洪州刺史，坐累下除舒州"，而未提台、饶、蕲三州。《旧唐书》本传在叙吴兢累迁四州后写道："加银青光禄大夫，迁相州长史，封襄垣县子。""封襄垣县子"当以"封长垣县子"为是，时在开元二十九年（741）之前。

天宝元年改官名，以州为郡。相州改为邺郡，吴兢由长史晋为太守，随即入朝为恒王傅。在恒王府数年，"意犹愿还史职"，李林甫"以其年老不用"。不能修国史，吴兢转而改纂前代史，"以梁、陈、齐、周、隋五代史繁杂"，别撰梁、齐、周、陈、隋史55卷。

天宝八载（749），卒于家中，享年80余。

吴兢入仕以来，始终以直笔书写《国史》为己任，留下记录唐代前期历史的系统而可信的原始素材，并认为"太宗时政化良足可观"，能够"作鉴来叶"。因此，在武则天还政至玄宗亲政的八年间坚持"依贞观故事"、热望恢复"太宗之业"；在开元前期力谏玄宗"克遵太宗之故事"，并"行之而有恒，思之而不倦"，使"贞观巍巍之化，可得而致矣"。

二、《贞观政要》的结构与内容

吴兢以"太宗时政化良足可观，振古而来，未之有也"，对其"垂世立教之美"的故实，"撮其指要，举其宏纲"，编成这本"义在惩劝"的《贞观政要》。政要，不是指"执政要员"，而是指"施政要诀"。全书10卷40篇2附篇，《表》《序》之外，按照君道政体、任贤纳谏、为民择官、教戒皇子、社会公德、从政修养、崇儒兴文、固本宽刑、征伐安边、善始慎终10类编排，包括施政理念的讨论、社会风尚的提倡、施政决策的制定、达到治理的表现。吴兢《序》概括其书内容为"人伦之纪备矣，军国之政存焉"，这里从君道政体、从政修养、基本国策、善始慎终四个方面来作解读，以便于把握全书的结构与内容。

（一）君道政体，集中在卷一至卷四

卷一分2篇，《君道》篇和《政体》篇。《君道》篇集中了"为君"者"安天下"的四大理念：先存百姓、先正自身、君臣共治、善始慎终。

唐太宗即位之初即提出"为君之道，必须先存百姓"，成为其为君、治国、施政的最基本和首要的理念。接着提出"若安天下，必须先正其身"，将"正自身"和"安天下"紧密联系起来，比起哲人们提出的"修身、齐家、治国、平天下"更具权威性。由在位皇帝明确提出这样两个"必须"，在中国历史上还是第一次，不但具有历史意义，还有一定的理论意义和实践意义。魏徵补充了"为君之道"的另一要则"兼听纳下"，唐太宗提出君臣当"共为治也"。贞观中期以后，谈"为君之道"转以谈创业与守成"孰难"为主，魏徵的"君人者""十思"，提醒唐太宗"有善始者实繁，能克终者盖寡"，强调守成之难，难在居安思危、善始慎终。

《政体》篇论施政体制，包括两大基本关系。首要的是君民关系，唐太宗深感"诚可畏"的是"天子者，有道则人推而为主，无道则人弃而不用"，把民对君的关系归结为推举与废除、拥护与遗弃的关系，比起"水能载舟，亦能覆舟"说更加深刻、透彻，从而将古代对君权的认识提升到一个前所未有的高度。"帝王为政，皆志尚清静，以百姓心为心"，使"徭役不兴，年谷丰稔，百姓安乐"，同时大兴教化，力行不倦，使"华夏安宁，远戎宾服"。二是君臣关系，强调"义均一体，协力同心"：为君者，经常"询访外事，务知百姓利害、政教得失"；为臣者，"特须灭私徇公，坚守直道，庶事相启沃"，"务尽臣下之意"，避免"君臣相疑，不能备尽肝膈"。

君臣关系中还有一层关系，即各机构、各臣僚间的关系。设置中书省、门下省两个机构，原本为"相防过误"，避免出现过错。"人之意见，每或不同，有所是非，本为公事"，却有人"护己之短，忌闻其失，有是有非，咸以为怨"，还有人"苟避私隙，相惜颜面，知非正事，遂即施行，难违一小官之情，顿为万人之大弊"，更有人"面从背言"，当面奉承，背后乱说，这都是"亡国之政"，各级官员"特须在意防也"。

《政体》篇最后一章，反映唐太宗"锐精为政"，"得帝王之体"所达到的"古昔未有"的大治景象。

卷二、卷三的任贤纳谏、君臣鉴戒、为民择官等，都是围绕"君臣共治"的议论和行事。

卷二分《任贤》《求谏》《纳谏》《直谏附》4篇。《任贤》篇为贞观名臣8人，既有唐太宗心腹之臣房玄龄、杜如晦，又有唐太宗昔日政敌太子建成旧臣魏徵、王珪，也有隋旧郡丞李靖，还有"文学之宗"虞世南，更有义军将领李勣、布衣宰相马周，来自"五湖四海"，各有所长。这样一个施政核心，体现的是"君臣一体，共为治也"的关系。《求谏》《纳谏》《直谏》3篇，以实例展现"君臣上下，各尽至公，共相切磋，以成治道"的理念。从《求谏》篇第三章可知，唐太宗的这一理念是贞观二年作为"朕今志在"提出来的。这既是对"一人独断"政体的挑战，又是贞观年间求谏、纳谏深受历代推崇的根源所在。唐太宗的听谏分三种情况，即魏徵所说"恐人不言，导之使谏"，为"求谏"；"见人谏，悦而从之"，为"纳谏"；"不悦人谏"，经"直谏"而"黾勉听受"。另有一种情况是君臣认识不一，经反复"执奏"达到一致，"执奏"是另一种形式的"直谏"。典型例子是简点未满十八岁的中男入军，"敕三四出，魏徵执奏以为不可"，主持简点应役入军的宰相"重奏"，唐太宗怒而出敕，魏徵仍然"不肯署敕"，唐太宗"作色"质问，魏徵"正色"做答，最终使唐太宗承认"我不寻思，过已深矣。行事往往如此错失，若为致理？"这固然有制度保障，魏徵时为门下省给事中，职责就是"诏敕不便者，涂窜而奏还"，但更反映"贞观之治"是"君臣共治"的结果。此外，还应看到，求谏、纳谏、直谏的排序，在一定程度上反映唐太宗听谏态度的微妙变化。

卷三分《论君臣鉴戒》《论择官》《论封建》3篇。《论君臣鉴戒》篇论君臣关系与历代治乱兴衰的关系。唐太宗强调"君臣本同治乱，共安危"，"若君自贤，臣不匡正，欲不危亡，不可得也"。魏徵形象地比喻"君为元首，臣作股肱，齐契同心，合而成体"，"首虽尊极，必资手足以成体；君虽明哲，必藉股肱以致理"，强调"君臣相遇，自古为难"，若"上下相疑，则不可以言至治矣"，殷切希望"博求时俊，上下同心"。

《论择官》篇论选官与致治的关系。唐太宗一而再、再而三地强调"致理之本，惟在于审。量才授职，务省官员"，"致安之本，惟在得人"。魏徵不仅提出择官的标准，"乱代惟求其才，不顾其行。太平之时，必须才行俱兼，始可任用"，还指出选官言行不一的情况，"徒爱美锦，而不为民择官"，"有至公之言，无至公之实，爱而不知其恶，憎而遂忘其善，徇私情以近邪佞，背公道而远忠良"，尽管"夙夜不怠，劳神苦思，将求至理，不可得也"。应当看到，这中间更有对《政体》篇谈君民关系的补充，即涉及官民关系的认识。贞观初，唐太宗"每夜恒思百姓间事"，使其"或至夜半不寐"的一件事是"惟恐都督、刺史堪养百姓以否"，认为都督、刺史等地方官"实治乱所系，尤须得人"。贞观十一年（637）马周上疏强调，"欲令百姓安乐，惟在刺史、县令"，出现"百姓未安"的情况，就是由于不重视刺史、县令的选任。唐太宗当即表示："刺史朕当自简择，县令诏京官五品以上各举一人。"强化对地方官的选任，目的在处理好官民关系。

《论封建》篇所论封建问题，是汉、唐数百年间长期争论的一大"政体"问题，选录了唐代前期最有代表性的论述。

《论君臣鉴戒》篇最后一章唐太宗发问："自古草创之主，至子孙多乱，何也？"卷四围绕这个问题，分《论太子诸王定分》《论尊敬师傅》《教戒太子诸王》《论规谏太子》4篇。《论太子诸王定分》篇反映唐太宗对待诸子的微妙变化。贞观前期，虽立太子承乾，却又宠爱其他诸王，因而有马周、褚遂良谏。贞观后期，因太子承乾屡教不改，这个问题被提升为国事中"最急"之事。唐太宗问诸臣"当今国家何事最急"，随即指出："自古嫡庶无良，何尝不倾败国家。公等为朕搜访贤德，以辅储宫，爱及诸王，咸求正士。"并任重臣为太子太师、太傅、太保，辅导新立太子。《论尊敬师傅》篇为尊敬师傅的仪制，以确保师傅受到太子、诸王礼敬，使师傅能够履行训导、匡正太子、诸王的职责。《教戒太子诸王》篇教戒的太子是新立太子，一再指出太子、诸王"生长深宫，百姓艰难都不闻见"，"生长富贵，好尚骄逸"，"生而富贵，不知疾苦"，反复强调"常须为说百姓间利害事"。唐太宗亲自以吃饭、骑马、乘舟、依于树下等日常之事教戒新立太子，使知"稼穑艰难""不尽其力则常有马""水能载舟亦能覆舟""木虽曲得绳则正"的道理。同时命魏徵编纂《自古诸侯王善恶录》并作序，以历史教训教戒诸王，使"置于座右，用为立身之本"。《论规谏太子》篇为规谏太子承乾的疏奏，反映教戒太子的艰难。

（二）从政修养，紧接君道政体，集中在卷五、卷六

卷五分《论仁义》《论忠义》《论孝友》《论公平》《论诚信》5篇。仁义、公平、诚信，被提到治国施政的高度。《论仁义》篇以仁义为治国之道。贞观初，针对隋炀帝"正由仁义不修，而群下怨叛"的教训，唐太宗提出"今欲专以仁义诚信为治"，"为国之道，必须抚之以仁义，示之以威信"。贞观十三年，仍然不忘"夫仁义之道，当思之在心，常令相继，若斯须懈怠，去之已远"。《论忠义》篇主要记前代、边族"忠义"之事。《论孝友》篇以房玄龄为重臣中尽孝的典型，以唐太宗十一弟韩王元嘉、十九弟鲁王灵夔为孝友兼具的典型，以突厥人尽孝表示"仁孝"不分种族。

将执法与公平、诚信联系在一起，尤其值得重视。《论公平》篇论执政公平、执法公平。唐太宗即位之初说："君人者，以天下为公，无私于物。"国舅长孙无忌犯法，唐太宗明确表示："法者非朕一人之法，乃天下之法，何得以无忌国之亲戚，便欲扰法耶？"贞观初，唐太宗下敕，谎报官阶和资历，不自首者罪至于死。不久，有谎报者被查出，大理少卿戴胄据法判其流刑，唐太宗以"朕初下敕，不首者死，今断从法，是

示天下以不信矣"。戴胄回答："法者，国家所以布大信于天下；言者，当时喜怒之所发耳。陛下发一朝之忿而欲杀之，既知不可而置之于法，此乃忍小忿而存大信。"唐太宗听从了戴胄的意见，表示"朕法有所失，卿能正之，朕复何忧也。"皇帝诏敕不能凌驾于法律之上，诏敕"不稳便"，臣下须"执奏"纠正。这两点是实现"贞观之治"的最大突出点，值得历代最高决策者效法。房玄龄提出"理国要道，实在于公正平直"，是对治国施政理念的重要补充。《论诚信》篇以"信之为道大矣"，一则强调君臣间互信，二则主张对边族"布德施惠"，使"远人自服"。

卷六分《论俭约》《论谦让》《论仁恻》《慎所好》《慎言语》《杜谗佞》《论悔过》《论奢纵》《论贪鄙》9篇。从篇目的编排即可看出崇尚俭约、谦让，反对奢纵、贪鄙的意向，而且都与"存百姓""正自身"的理念紧密相连。

《论俭约》篇的禁断一切超标准的奢靡消费，使贞观年间风俗简朴，强调"诚能自节。若百姓不欲，必能顺其情"，想的是"存百姓""正自身"。《论谦让》篇将谦恭作为一种修养，与存百姓、正自身、纳谏净联系在一起。唐太宗表示："凡为天子，若唯自尊崇，不守谦恭者，在身傥有不是之事，谁肯犯颜谏奏？""以此思之，但知常谦常惧，犹恐不称天心及百姓意也。"魏徵更把"守此常谦常惧之道，日慎一日"视为"宗社永固，无倾覆矣"的重要前提。《慎所好》《慎言语》二篇也都如此，一是强调"下之所行，皆从上之所好"，尤须谨慎。唐太宗表示："君天下者，惟须正身修德而已，此外虚事，不足为怀。"二是表示"每日坐朝，欲出一言，即思此一言于百姓有利益否，所以不能多言"。《杜谗佞》篇论如何避免"曲受谗谮，妄害忠良"，是施政者尤须随时注意的一大问题。贞观初，唐太宗即指出："朕观前代谗佞之徒，皆国之蟊贼也。或巧言令色，朋党比周。若暗主庸君，莫不以之迷惑；忠臣孝子，所以泣血衔冤。"至贞观十六年，唐太宗总结自己"勤行三事"时，把"斥弃群小，不听谗言"，与"鉴前代败事""进用善人共成政道"二事相提并论，实际是对贞观前中期治国施政经验的一个简要概括。《论悔过》独立为篇，结合《论公平》《论刑法》篇相关记事，表明把敢于承认过错作为衡量国君修养的一项标准。奢纵、贪鄙被视为最恶劣的品质与行径分作两篇，以实例和论述指出其必将导致丧国、亡身的危害。《论奢纵》篇马周上疏强调明王圣主因人、因时设教，其"大要"是"以节俭于身、恩加于人二者是务"，"国之兴亡，不由蓄积多少，唯在百姓苦乐"。正因为此，以致本篇有二章与卷八《辩兴亡》篇重出，表明奢纵与兴亡的密不可分。《论贪鄙》篇不仅指出"贤者多财损其志，愚者多财生其过"，"徇私贪浊，非止坏公法、损百姓"，更将贪鄙与丧国、亡身紧紧联系在一起，反复强调"为主贪，必丧其国；为臣贪，必亡其身"，应当引以为深诫。

通过卷五、卷六可以看到，经贞观君臣的提倡和力行不倦，虽然人们生活并不十分富足，社会却是风气淳朴，崇尚节俭，人自谦恭，相互友爱，处事公平，讲究诚信，不信谗邪，戒奢戒贪，呈现出一幅治世的美好情景。

（三）基本国策，集中在卷七至卷九，用十六个字概括：兴文备武，布德施惠，固本宽刑，富国强兵。

卷七为兴文教，分《崇儒学》《论文史》《论礼乐》3篇。《崇儒学》篇以执政在用人，用人必须以德行、学问为根本，将勤学视为一种美德。《论文史》篇一则强调"人主唯在德行""有益于人"，不图虚名，二则要求国史纪实无隐，"改削浮词，直书其事"。《论礼乐》篇内容庞杂，多与社会风习密切相关，涉及礼乐的社会功用、社会和谐等诸多问题，如惩革婚嫁陋习鄙俗，公主下嫁应遵守礼仪、孝敬公婆，为人之道首先要"和睦九族"、使整个家族相亲相爱，杜绝祝寿，提倡不忘父母辛劳，等等。

卷八为固本富国、用法宽平，分《论务农》《论刑法》《论赦令》《论贡献》《禁末作附》《辩兴亡》6篇。《论务农》篇强调"国以人为本，人以衣食为本，凡营衣食，以不失时为本"，"省徭薄赋""积谷于民"，"使比屋之人，恣其耕稼，此则富矣"，"乡间之间少敬长、妻敬夫，此则贵矣"，不仅勾画出"贞观之治"富国富民的实际图景，而且反映唐太宗的"富贵观"，即发展生产，关注民生，和睦家庭，稳定社会，并将这一切与"唯欲躬务俭约，必不辄为奢侈"紧紧联系在一起，印证其"先存百姓""先正自身"的基本治国施政理念。

《论刑法》《论赦令》篇应与卷五《论公平》《论诚信》篇结合阅读，一是指出"法乃天下之法"，二是针对"法司覆理一狱，必求深劾，欲成其考课"的弊端，反复强调"深宜禁止，务在宽平"，表明实现"用法务在宽简"并不容易。要求法律条文"惟须简约，不可一罪作数种条"，避免"更生奸诈，若欲出罪即引轻条，若欲入罪即引重条"等现象发生。贞观四年"断死刑二十九人，几至刑措。东至于海，南至于岭，皆外户不闭"⑩，成为"贞观之治"的一大标志。《论贡献》《禁末作附》《辩兴亡》篇，与卷六《论俭约》《慎所好》篇密切相关，都是从关系兴亡的角度取材和论证的。

卷九为备武强兵，分《议征伐》《议安边》2篇，主要反映唐太宗关于"土地虽广，好战则民凋；中国虽安，忘战则民殆。凋非保全之术，殆非拟寇之方，不可以全除，不可以常用"的理念，体现"中国既安，远人自服"，怀之以德，慎用武力的国策。但《议征伐》篇也不隐讳唐太宗晚年在征高丽问题上拒谏的事实，反映其"终不如初"的细微变化。

（四）善始慎终，在卷十最后一卷

"居安思危，善始慎终"，不仅是贞观君臣一代人的问题，更是关系下一代"继位守成"的大问题。卷十《论行幸》《论田猎》《论灾祥》《论慎终》4篇，都与能否"善始慎终"相关，而以《论慎终》篇为重点。

卷一《君道》篇始论创业与守成问题，卷十《论慎终》篇全是关于"居安思危，善始慎终"的论述。本篇第一章表明，唐太宗明确提出"安不忘危，治不忘乱，虽知今日无事，亦须思其终始"的理念，是在"天下大治"初见成效之后的贞观五年。如果说魏徵贞观十二年从君臣两个方面提醒"自古帝王初即位者，皆欲励精为政，比迹于尧、舜。及其安乐也，则骄奢放逸，莫能终其善。人臣初见任用者，皆欲匡主济时，追踪于稷、契。及其富贵也，则思苟全官爵，莫能尽其忠节。若使君臣常无懈怠，各保其终，则天下无忧不理，自可超迈前古也"的话，那么贞观十三年上《十渐不克终疏》就专从"帝王"这一方面对比唐太宗十余年间 10 个方面"稍乖曩志（稍背初心）""渐不克终"的表现，并分析"其故何哉"的原因："岂不以居万乘之尊，有四海之富，出言而莫己逆，所为而人必从，公道溺于私情，礼节亏于嗜欲故也？"亦如古语所言："非知之难，行之惟难；非行之难，终之斯难。"直至贞观十六年，仍然提醒唐太宗："愿陛下常能自制，以保克终之美，则万代永赖！"

尽管唐太宗"功业虽盛，终不如初"，但毕竟是历史上"居安思危，善始慎终"做得最好的皇帝，所以吴兢热望唐玄宗"克遵太宗之故事"。

作为一本最早专门记录贞观君臣论政、施政的政论集，是吴兢在续修唐代《国史》过程中，"缀集所闻，参详旧史"而成，较现存其他相关史籍，包括《旧唐书》《唐会要》《新唐书》等，都更为详细。但由于是"志在匡君，用备劝戒"而"撮其指要，举其宏纲"，因而在编纂上难免漏略、疏误。首先是重在贞观前中期君臣的嘉言美行，缺失对贞观后期朝政微妙变化的记载，如《任贤》篇记李勣事止于贞观十七年，不记唐太宗临终前对李勣的猜疑；又如贞观二十一年唐太宗总结"朕所以成今日之功"之"五事"，第五事即"自古皆贵中华，贱夷、狄，朕独爱之如一"⑪，书中只字不提。其次是编纂上的具体问题，一是系年不准确，如《政体》篇将魏徵与封德彝论自古理政得失系于贞观七年，《论择官》篇将唐太宗"谓封德彝曰"系于贞观二年，却忽略了封德彝卒于贞观元年六月；二是有的章编排不尽符合篇的分类，如卷五《论公平》篇与卷八《论刑法》篇中魏徵的几篇奏疏，究竟编排在哪一篇更合适？再如卷八《论赦令》篇第二、三章，据其内容应编在《论刑法》篇；三是全书有三章完全重复，即卷六《论贪鄙》篇末章与卷三《论君臣鉴戒》篇末章，卷八《辩兴亡》篇第二、四章与卷六《论奢纵》篇第一、三章重复，本书做了去重处理，分见相关篇目批注。

三、《贞观政要》的影响与价值

自《贞观政要》进奏以来，截至清末帝制终结，对历代皇帝的评价，形成这样一种观念：以是否喜读《贞观政要》、效法"唐太宗之故事"作为衡量的标准。

最初，是吴兢从"有国有家者"如何"保克终之美"的角度，提醒唐太宗的继承者唐玄宗，要其"行之而有恒，思之而不倦"，使"巍巍贞观之化，可得而致矣"。然而，唐玄宗一味粉饰"盛世"，穷奢极欲，无视吴兢《贞观政要》的提醒，忘记开元即位之初心。结果，在吴兢逝后六年，就爆发了"安史之乱"，将这一在位时间最长的皇帝撵出京城，把达到鼎盛的唐朝推向衰亡，唐玄宗也落得缢杀爱妃、失去帝位、被禁大内、老病孤寂而死的下场！因此，中晚唐以来，对唐玄宗的作为就分为前治、后乱两段来认识，并为历代因循。唐宪宗问宰相："玄宗之政，先理而后乱，何也？"崔群回奏："臣独以为开元二十四年罢张九龄相，专任李林甫，此理乱之所分也。愿陛下以开元初为法，以天宝末为戒，乃社稷无疆之福！"⑫唐文宗想仿效《贞观政要》修《开元政要》，宰相杨嗣复认为，"玄宗或好游畋，或好声色，与贞观之政不同，故取舍须当，方堪流传"⑬，修《开元政要》之事便就此作罢。五代修《旧唐书·玄宗纪》，仍然沿引唐人说法，认为唐玄宗前一段"志在升平，贞观之风，一朝复振"，后一段"政才勤倦，妖集廷除"，以致"靡不有初"，出现"永鉴前车"的教训。北宋修《新唐书》，对唐玄宗同样分为前后两段："方其励精政事，开元之际，几致太平，何其盛也！及侈心一动，穷天下之欲不足为其乐，而溺其所甚爱，忘其所可戒，至于窜身失国而不悔……可不慎哉！可不慎哉！"《资治通鉴》在开元十七年八月唐玄宗以生日为千秋节，布告天下，咸令宴乐之后，有这样一段记述：宇文融"以治财赋得幸于上，始广置诸使，竞为聚敛，由是百官浸失其职而上心益侈，百姓皆冤苦之"。这更把唐玄宗前后转变的发端提前到开元十七年吴兢上《贞观政要》、被贬之际。

玄宗之后，现今所见明确记录读《贞观政要》、效法"太宗之故事"的唐代皇帝有三位：宪宗、文宗、宣宗。历来对他们的评价，基本都是肯定的。

元和二年（807）十二月，唐宪宗对宰臣说："近读《贞观政要》，粗见当时之事。以太宗神武，一事少差，谏者往复数四。"元和六年三月又说："尝读《贞观政要》，见太宗立言行事，动本至仁。"⑭《旧唐书》评价他："嗣位之初，读列圣《实录》，见贞观、开元故事，竦慕不能释卷"，"由是中外咸理"，"睿谋英断，近古罕俦"，并称赞"元和之政，闻于颂声"⑮。

唐文宗未登基前即"喜读《贞观政要》，每见太宗孜孜政道，有意于兹"，即位之后"尤勤于政理，凡选内外群官，宰府进名，帝必面讯其行能，然后补除"。《旧唐书》评价他："恭俭儒雅，出于自然，承父兄奢弊之余，当阉寺挠权之际，而能以治易乱，化危为安。大和之初，可谓明矣。"⑯

唐宣宗大中二年二月"书《贞观政要》于屏风，每正色拱手而读之"。《资治通鉴》评价他："性明察沉断，用法无私，从谏如流，重惜官赏，恭谨节俭，惠爱民物。故大中之政，讫于唐亡，人思咏之，谓之小太宗。"⑰

北宋仁宗君臣向往唐朝"为国长久"，希望效法唐朝典制、故事，掀起朝堂议政必引唐代故事的风气，这才有庆历七年（1047）四月仁宗"读

《太宗政要》，亦云太宗言'任人必以德行、学业为本'"的记载。《宋史》评价宋仁宗，称其"恭俭仁恕"，"在位四十二年之间，吏治若偷惰，而任事蓦残刻之人；刑法似纵弛，而决狱多平允之士。国未尝无弊幸，而不足以累治世之体；朝未尝无小人，而不足以胜善类之气。君臣上下恻怛之心，忠厚之政，有以培壅宋三百余年之基"⑱。

北宋年间，不仅君臣读《贞观政要》，而且编纂《政要》之书。真宗乾兴元年（1022）"出《政要》十卷"，"于先帝《圣纪》中掇其事之要者纂为此书"。仁宗天圣五年（1027），监修国史王曾奏请仿效吴兢《贞观政要》"采太祖、太宗、真宗实录、日历、时政记、起居注，其间事迹不入正史者，别为一书，与正史并行"，明道元年（1032）正月"敕以《三朝宝训》为名"。其后，嘉州判官石介"撮取太祖、太宗、真宗三圣之政为书，凡十九条，始君道、英断、谨惜、名器，终戒贪吏，每篇自为赞，以申讽喻。序曰：'唐吴兢为《贞观政要》，臣窃效之，作《三朝圣政录》。'"张唐英进《仁宗君臣政要》，"自天圣初至嘉祐八年三月，凡二百八十有五条，分四十卷，随事立题"。史家范祖禹以"仁宗言为谟训，动为典则，实守成之规矩，致治之准绳，谨录天禧以来，迄于嘉祐，五十年之事，凡三百七十篇，为六卷，名曰《仁宗训典》"⑲。直至南宋理宗，《政要》《训典》《宝训》《事要》《圣政》一类的编纂不绝于史⑳。

当北方契丹、党项、女真、蒙古族入主中原，建立辽、西夏、金、元之后，无不学习中原文化，把《贞观政要》当作向皇帝讲授施政要诀的经典。辽兴宗重熙十五年（1046），萧韩家奴"欲帝知古今成败，译《通历》《贞观政要》《五代史》"㉑。西夏有《贞观政要》西夏文译本。金哀宗时，赵秉文轮直进讲《贞观政要》，因而有金版《贞观政要》。元代戈直集论《贞观政要》，也有"开广将来进讲此书者之视听"的意图。

直至清末，仍以尧舜禹汤文武之后，"递嬗且二千年，贤君哲辟治道修明者，周成康、汉文景而外，莫不称唐之太宗、宋之仁宗，而贞观之治为尤盛"[22]，所以帝制终结前夕的宣统二年（1910），实录馆纂修、国史馆协修、翰林院检讨章梫还在"用吴兢《贞观政要》之例，辑为《康熙政要》"，始君道，终慎终，分42篇。除新增遵法祖制、优礼大臣、勤学、恤勋旧、尚廉、理学、舆地学、历算学等篇目，改仁义为宽仁、孝友为孝治，去封建、仁恻，其余32篇篇目与《贞观政要》全同（畋猎附巡幸）。

《贞观政要》传至国外者，主要在日本，南家本奥书有"安元三年二月五日，奉授主上既讫"，菅家本奥书有"仁治三年七月廿八日，侍当今皇帝御读"，江家本奥书有"以累代秘说本奉授圣上了"，等等。这些记载表明，日本现存《贞观政要》主要抄本，都是因为给天皇进讲得以流传下来的。

就这样，自中晚唐以来，"贞观之治"成为"有国有家者"实现天下大治应遵循的"前轨"，也成为中国历史上封建社会（或帝制社会）最受称道的治世，《贞观政要》随之被视为"帝学"的圭臬。

中国封建社会受称赞的"治世"，主要是西汉的"文景之治"、唐代的"贞观之治"和清朝的"康乾之世"。不过，前两个"治世"与后一个"治世"有所不同。"文景之治""贞观之治"是中国封建社会上行阶段出现的治世，特别是"贞观之治"处在上行阶段将要达到巅峰之际。"文景"过后的汉武帝，达到西汉的鼎盛，也是西汉由盛转衰的开始；"贞观"之后的"开元"，达到唐代的鼎盛，同样是唐代由盛转衰的开始，中国封建社会转而下行，也是帝制社会由盛转衰的开端。"康乾之世"则是中国封建社会下行阶段最后一次由治而盛、由盛转衰。如果说康熙之世类似"文景之治""贞观之治"，那么乾隆之世则类似"汉武""开元"之盛，出现了由盛转衰的明显变化，一直衰败下去，直至整个帝制寿终正寝。

总结中国历史上的这一现象，尤其需要警惕"治世"之后出现"盛世"所面临的问题，不可沾沾于"盛世"的辉煌而无视可能出现的由盛转衰，应把马周所说"知前代政教之所由丧，而皆不知其身之有失"作为警戒语，避免"后之视今，亦犹今之视古"的情况发生。魏徵强调"有善始者实繁，能克终者盖寡"，是任何时代、任何个人都回避不了的问题。大到建国、治国，中到创业、置家，小到个人成长，都面临这样的考验。细审中国历史上的史书，有几部能够在社会即将达到"鼎盛"之际，提醒在位皇帝"克遵前轨，择善而从"，并表示出"陛下倘不修祖业，微臣亦耻之"的坚决态度！这是《贞观政要》的一大重要价值。

《贞观政要》虽被视为"帝学"的圭臬，但对其在中华传统文化遗产中的价值，仍有认识不到位之处。通常一说治国施政，想到的往往是儒家的"修身、齐家、治国、平天下"。戈直集诸儒评论评价"贞观之治"，认为唐太宗"正心修身之道，齐家明伦之方，诚有愧于二帝三王之事矣"，明宪宗御制序同样认为唐太宗"正心修身有愧于二帝三王之道，而治未纯也"。所谓的"修、齐、治、平"，只是儒家从个人修养出发提出的一种理想化、神话化的"圣君"标准，并不是对历史上治国施政者实践的客观总结，所以多为空言说教，缺少实践验证。而且，被认为是中华优秀传统文化的一系列思想主张，如富国富民、重本强兵、兼听纳下、法求宽平、讲究文明、崇尚和睦、诚信、友善，追求自由、平等、公正以及恪尽职守、鞠躬尽瘁等，也不是"修身、齐家、治国、平天下"所能完全涵盖的。

其实，以孔孟为代表的儒家学说，只是春秋战国时期涌现出的各家学说中的一家，在当时社会大变革的数百年间并不特别突出。当时不同的封国，由于各自不相同的历史原因、社会原因等，往往选择适应于自己国家的学说或主张作为治国施政的指导，而且不断地进行变换、调整，或刑名，或纵横，或兵战，或非攻……秦推奉刑名之说，一统天下，但二世而亡。汉初改为奉行黄老之术，开出"文景之治"的局面，却被"七国之乱"中断。汉武帝虽然"独尊儒术"，实则"以霸王道杂之"、外儒内法，结果使儒学成为"禄利之路"，由"支叶蕃滋"演为"分争王庭"，以致灾异说弥漫朝野，不断变换"德""统"观念，最终导致西汉政权被替代。东汉一代，谶纬之说由皇家垄断，"言《五经》者，皆凭谶为说"[23]，成为全社会信奉的准则。东汉以下，中国社会进入又一轮长达数百年的动荡年代。四个世纪当中，政权不断更迭，民族逐渐融合，佛教传入，玄学充斥，儒学进一步凋零，治国施政主要依靠世家大族的家族统治。

　　自春秋战国至东汉末，在长达近千年的十个世纪中，涌现出诸多"哲人"著述，其中不乏有价值的治国施政主张，但这些主张并非各代施政者从施政实践中总结出来，而是"哲人"们在不同社会变革时期提出的不同认识和不同主张，针砭时政者多，付诸实践者少，大都未能与具体的治国施政实践切实结合，既没有取得治国施政的巨大成就，也很少得到客观历史的验证。

　　另一方面，唐代以前虽然出现过深受推崇的"文景之治"，却没有出现系统总结"文景之治"的史著，人们只能从《史记》《汉书》《汉纪》等记载和汉代"哲人"的论述中了解其称"治"的片段。

　　"贞观之治"的取得，不同于以往的治世。贞观君臣十分重视从历代哲人论述和历代兴衰教训中总结治国施政之道。贞观五年，唐太宗为"取鉴乎哲人"，命魏徵主持编选历代哲人论述，魏徵以"圣思所存，务乎政术"，"网罗政体"，"爰自六经，迄乎诸子，上始古帝，下尽晋年"，"本求治要，故以《治要》为名"[24]，编辑完成《群书治要》50卷，供君臣议政、论政参取。唐太宗"欲览前王之得失，为在身之龟镜"[25]，又命宰相房玄龄、魏徵主持修撰前五代——梁、陈、齐、周、隋史，至贞观十年完成。魏徵上《论时政第三疏》明确表示："鉴国之安危，必取于亡国。……若能思其所以危，则安矣；思其所以乱，则治矣；思其所以亡，则存矣。"[26]从《贞观政要》全书可以看出，贞观君臣议政、论政，所引"哲人"论述和历史教训，主要取自《五经》《群书治要》和齐、周、隋史以及《汉书》《汉纪》等。从"哲人""亡国"两个方面"取鉴",而且是"为在身之龟鉴",从自身治国施政实际出发,结合治国施政具体实践,综合各家学说、历代兴衰得失,确立施政理念,制定治国决策,提倡传统美德,期以宏远目标,并得到实现,成为历史上最受推崇的治世。

《贞观政要》与哲人论述、历代史书不同,是结合客观实际,对贞观君臣治国理念、治国实践的历史总结,而且是由熟悉唐代前期历史的著名史家进行总结的。因此,《贞观政要》融汇了唐代以前中国最优秀的治国施政思想、治国施政经验,是对中国历史上取得辉煌治国施政成就的实际经验的系统总结。同时,中华传统文化中的优良成分,天下为公、民惟邦本的思想,为政以德、德法相济的主张,富不忘贫、居安思危的观念,正己修身、慎独谦恭的修养,以及崇仁义、尽职守、求公平、守诚信、重教育、尊师长、尚和睦、讲友爱、倡俭约、反奢纵、远谗佞、戒贪鄙等,在书中都有记录和论述,为提升治国施政水平提供出了丰富的智慧滋养,这是《贞观政要》的又一大重要价值。

总起来说,《贞观政要》是总结中国历史进程中上升阶段即将达到鼎盛之际的治国施政思想、治国施政实践的一部最具代表性的著述,是仅有思想观念而无实践验证的各类政论集、史论集无可企及和取代的。"良足可观"的"太宗时政化",吴兢"盛中见衰"的前瞻意识,是读《贞观政要》应当并重的两大基本方面,也是《贞观政要》能够恒久远、永流传的根本原因所在!

四、《贞观政要》进奏时间辨析

《贞观政要》虽有《表》奏、自《序》,却无明确的成书时间和进奏时间,自宋至清引出种种臆测,主要形成三种说法:中宗时进书说,开元八、九年进奏说,开元、天宝之际成书进书说。

中宗时进书说，国内现存两个刻本系统"戈本"（通行本）和"明本"的刻印者均持此说，并无确凿的根据。日本学者原田种成系统研究日本现存《贞观政要》各种写本后，以抄本江家本《上贞观政要表》最后有"景龙三年正月　日卫尉少卿兼修国史崇文馆学士臣吴兢等上表"26字，作为中宗时"初进"的"证据"^㉗。但这26字有着明显的错误，一是景龙年间，吴兢只是从七品上的左补阙，还没有升任卫尉少卿，也没有兼任何馆职；二是吴兢曾兼职"弘（昭）文馆学士"，从未兼职"崇文馆学士"。弘（昭）文馆为朝廷官署，崇文馆为东宫官署，分属两大职官系统。连弘（昭）文馆、崇文馆都分不清楚，怎么会是吴兢本人写的上表呢？再者，抄本《上贞观政要表》末均有"谨诣明福门奉表以闻"八字，明福门是唐代东都洛阳皇宫宫门之一，在东都觐见皇帝，明福门是进宫路线之一，在东都上疏皇帝，才可能"诣明福门奉表以闻"。然而，自神龙二年护武则天灵驾还西京长安以后，中宗就常驻西京，不在东都，尤其景龙三年绝不在东都^㉘，职为左补阙、起居郎的吴兢，只能随中宗在西京，怎么会"诣"东都皇宫的明福门"奉表以闻"呢？显然，这是一条由不懂那段史实的外人添写的文字，不足为据！

至于开元八、九年间进奏说，是将吴兢受命编纂《贞观政要》的时间误认作进奏的时间了，既忽略了书《序》中"爰命下才"数字，又忽略了张嘉贞、源乾曜封爵的时间。此时张嘉贞尚未封河东侯、源乾曜尚未封安阳郡公，书《序》怎么可能提前写上"侍中安阳公、中书令河东公"呢？

开元、天宝之际成书、进书说，同样忽略一条最根本的事实，就是自开元二十五年"车驾不复幸东都矣"^㉙，玄宗常驻西京。吴兢不论在地方任职，还是随恒王常驻西京，都不可能"诣"东都皇宫的明福门"奉表"进奏《贞观政要》！

确定吴兢进书在开元十七年八月或稍后的基本依据是两条不可动摇的史实，一是抄本南家本、菅家本《上贞观政要表》末的"诣明福门奉表以闻"八个字,二是《贞观政要序》开头的"有唐良相曰侍中安阳公"。

先说"诣明福门奉表以闻"八个字。《唐六典》卷七记载:

> (东都)皇宫在皇城之北。南面三门:中曰应天,左曰兴教,右曰光政。其内曰乾元门。兴教之内曰会昌,其北曰章善。光政之内曰广运,其北曰明福。乾元之左曰万春,右曰千秋,其内曰乾元殿。……明福之东曰武成门,其内曰武成殿;明福之西曰崇贤门,其内曰集贤殿。[30]

明福门,在东都皇宫内,从光政门进入,经广运门往北。从明福门再往西是崇贤门,其内是集贤殿。同书卷九《集贤殿书院》明确记着"集贤殿书院,开元十三年所置"。开元十四年七月吴兢上《请总成国史奏》,玄宗"敕兢就集贤院修成其书"[31],是让吴兢往东都,在集贤院修书,这才有可能"诣明福门奉表以闻"。开元十七年吴兢被贬荆州司马,至天宝元年累迁台、洪、饶、蕲四州刺史,转相州长史、邺郡太守,长期居官在外。外官进书,杜佑为淮南节度使检校左仆射、同平章事,尚且"自淮南使人诣阙献"《通典》[32],吴兢仅为刺史,岂能逾制"诣明福门奉表以闻"?显然,吴兢被贬之后进书说也难以成立。

再说"有唐良相侍中安阳公"。侍中安阳公,指宰相源乾曜,开元十七年六月罢侍中之职,八月封安阳郡公。吴兢书《序》的写定时间只能在这一年八月或稍后,不可能提前,进书更不可能在此之前。罢源乾曜侍中的同时,以萧嵩为中书令,取代张说,并加萧嵩集贤殿学士、知院事、兼修国史衔。在源乾曜封安阳郡公前几天,先前命吴兢"甄录"《贞观政要》的另一"良相"张嘉贞去世(开元十三年封河东侯)。缅怀两位"良相",避开张说进书,正当其时。于是,吴兢在写定书《序》(称"有唐良相曰侍中安阳公、中书令河东公")之后,又写了《上贞观政要表》，连同《贞观政要》一并经集贤殿学士、知院事、兼修国史萧嵩"奉表以闻"，"诣明福门"就成了必经之路。

"诣明福门奉表以闻"，不仅证明吴兢"奉表"进奏《贞观政要》的时间在开元十七年（729）八月或稍后，亦可推定吴兢"十七年，出为荆州司马"的具体时间在当年八月至年底前。

通盘考察过后，应得出的结论是：在中宗景龙三年（709）之后的几年，面对政令是否"依贞观故事"的政治纷争，吴兢开始考虑编录"贞观故事"。玄宗开元四年修定则天、中宗、睿宗《实录》受到褒奖后，吴兢着手编辑《贞观政要》。开元八年（720）"二公并相"，吴兢受命正式编纂《贞观政要》。其后，不断改修、调整，才有写字台本卷四与其他各本卷四的不同。直至开元十七年八月或稍后，吴兢在东都洛阳"诣明福门"正式进奏《贞观政要》。

五、《贞观政要》的流传与版本

开元十七年，吴兢"坐书事不当，贬荆州司马"，《贞观政要》没有被禁毁。这样，在玄宗之世有三个本子同时并存：一是正式进奏本，没有得到玄宗认可，留在集贤院未经著录，因而《新唐书·艺文志》将其列入"不著录"范围；二是进奏本的底本；三是底本之前的稿本。后二种，在吴兢家中。

（一）整理与流传

迄今所见最早读《贞观政要》的记载是《玉海》卷四九引《会要》"元和二年十二月（宪宗）谓宰臣曰：近读《贞观政要》……六年三月帝曰：尝读《贞观政要》……"这不能不使人们将目光转向德宗至宪宗时的史官蒋乂。

蒋乂（747—821），吴兢外孙。蒋乂出生时，吴兢尚在世。吴兢故去后不几年，幼年的蒋乂便"从外家学，得其书"㉝。蒋乂"家藏书一万五千卷"，无疑包括吴兢藏书"一万三千四百六十余卷"以及"兢自撰书"㉞，必然能够得见《贞观政要》的底本和稿本。蒋乂之父将明，为集贤院学士，以安史之乱后图籍淆乱，奏引蒋乂入院助其整理。蒋乂于乱中勒成部帙，得二万余卷，应当包含吴兢进奏的《贞观政要》，才有后来所说"中秘本"。德宗贞元九年（793），蒋乂累转右拾遗，充史馆修撰，"在朝垂三十年，前后每有大政事、大议论，宰执不能裁决者，必召以咨访。乂征引典故，以参时事，多合其宜"㉟。

宪宗读《贞观政要》，显然跟"每有大政事、大议论"必召蒋乂"咨访"，蒋乂"征引典故"、推荐《贞观政要》有直接关联。《贞观政要》在唐代被皇家视为定本的本子，是经蒋乂整理的本子。唐文宗、唐宣宗，直至宋仁宗所读，即《玉海》卷四九《唐贞观政要》著录的唐宪宗读《贞观政要》、唐文宗"尝读《太宗政要》"、唐宣宗"书《贞观政要》于屏风"、宋朝仁宗庆历七年"尝读《太宗政要》"的《贞观政要》，均属这一版本。《玉海》引《书目》（《邯郸书目》）著录《贞观政要》的文字，是记录这一版本系统最详尽的文字：

> （吴）兢于《太宗实录》外采太宗与群臣问对之语，以备观戒，为《政要》凡四十篇十卷，始《君道》《政体》《任贤》《求谏》，终于《谨（慎）终》。《表》云："比见朝野士庶论及国家政教者，咸云'若陛下之圣明，克遵太宗之故事，则不暇远求上古之术，必致太平之业'。"《序》云："有唐良相曰侍中安阳公源乾曜、中书令河东公张嘉贞，爰命下才，备加甄录。"君道、政体一卷，任贤、求谏、纳谏二，君臣鉴戒、论择官上下、论封建三，太子诸王定分、尊师傅、教戒太子、规谏太子四，仁义、论忠义、孝友、公平、诚信五，俭约、谦逊、仁恻、谨（慎）所好、谨（慎）言语、杜谗邪、论悔过、论

奢纵、论贪鄙六，崇儒学、文史、礼乐七，务农、刑法、敕令、辨兴亡、贡赋八，谨（慎）征伐、议安边九，行幸、田猎、灾祥、谨（慎）终十，凡十卷四十篇。[36]

所著录的 10 卷 40 篇，与元、明刻本以及抄本中南家本、菅家本的卷、篇基本相同。

（二）现存刻本与抄本

1. 现存刻本。五代后唐国子监天成二年（927）刻印过《贞观政要》，并流传到南宋绍兴年间。及至元代，经戈直集论之后，《贞观政要》刻本逐渐形成三个系统：一是戈直集论之前的"旧本"，二是戈直集论本，三是宋濂作序本[37]。

甲、戈直集论之前的"旧本"，以日本秩父宫家旧藏、赵文敏写刻本为代表（简称"元刻"）。署名"史臣吴兢撰"，无《上贞观政要表》。

乙、戈直集论本（统称"戈本"），以元至顺四年（1333）刻本为祖本，以明成化元年（1465）刊本为代表（即"通行本"）。署名"戈直集论"，无吴兢《上贞观政要表》。

丙、宋濂作序本，是经皇家藏本（"中秘本"）校勘过的一个本子，以国家图书馆藏明洪武庚戌（1370）勤有堂刊本为代表（简称"明本"），署名"史臣吴兢撰"。吴兢的进奏本留在集贤院，成为中唐以后直至明初皇家藏本，即"中秘本"。只有进奏本才会有《上贞观政要表》，因此有《上贞观政要表》是这一版本的重要标志。

2. 现存抄本。所见抄本，均在日本，数目虽多达二十余种，但完整而承传清楚的抄本有两大系统：南家本系统、菅家本系统。

甲、南家本系统，其承传最早可以追溯到安元三年（1177），至建治元年（1275）抄写的一部，称建治本，是日本现存《贞观政要》最古写本。

乙、菅家本系统，其承传最早可以追溯到建保四年（1216），到永禄三年（1560），抄录的一部，曾为内藤湖南氏藏，称内藤本，是现存菅家本系统最古写本。不过，卷九阙，是据宋刊本补入的。

此外，另有一个"异本"系统，卷四与南家本、菅家本、各刻本完全不同，为《辅弼》第九、《直言谏争》第十、《兴废》第十一、《求媚》第十二。传本有二：写字台文库藏本（写字台本）缺卷一、卷二；藤波家藏本（藤波本）缺卷一、卷二、卷七、卷八。两本均缺奥书识语，传授情况不详[38]。

3. 抄本与刻本的差异

除南家本、菅家本、明本有《上贞观政要表》，元刻、戈本无之外，尚有篇目有无、章之有无的差异。

甲、篇目有无

其一，卷二，《直谏附》，元刻、明本、戈本有，南家本、菅家本、写字台本无。

其二，卷八，《禁末作附》，元刻、明本有（多关于"禁末作"的39字），南家本、菅家本、写字台本、戈本无。

其三，卷八，《辩兴亡》第三十四，元刻、明本、戈本有，南家本、菅家本、写字台本无。

乙、章之有无

其一，元刻、明本、戈本有，南家本、菅家本无者14章：卷二《纳谏》篇3章，《直谏附》篇4章，卷三《论君臣鉴戒》篇2章，卷五《论公平》篇1章，卷六《论贪鄙》篇4章。

其二，南家本、菅家本有，元刻、明本、戈本无者16章：卷一《政体》篇6章，卷六《慎所好》篇1章，《杜谗佞》篇3章，《论悔过》篇1章，《论奢纵》篇1章，《论贪鄙》篇1章，卷七《论文史》篇1章，卷八《务农》篇1章，《论刑法》篇1章。

其三，戈本有，元刻、明本无者 2 章半：卷一《政体》篇 1 章、卷五《论忠义》篇 1 章、《论公平》篇半章（贞观十一年魏徵上疏的后半部分，即《理狱听谏疏》及太宗手诏）。这 2 章半，南家本、菅家本有，为卷五《论忠义》篇 2 章、《论诚信》篇半章。

其四，写字台本有，元刻、明本、戈本无者 5 章：《直言谏争》篇 2 章、《兴废》篇 3 章。

至于章的分合、排序不同、文字错乱，详见拙著《贞观政要集校》（中华书局，2012 年 9 月第 3 次印刷）各章校注。

（三）本书编撰细则

在遵循《中华传统文化百部经典·凡例》的前提下，结合本书特点确定以下细则。

1. 本书以国家图书馆藏明洪武庚戌勤有堂刊本为底本，其卷二《任贤》篇、卷十《论慎终》篇据通行本或别本配补的文字，分别改以江苏省常熟市图书馆藏洪武庚午遵正堂刊本、日本静嘉堂文库藏明初刊本配补，再校以通行本、日本现存三个抄本（建治本、内藤本、写字台本），形成这个解读本。

2. 底本各章句首原有○，依其顺序排列。通行本多出的各章，句首标符号◎，编入相关处。

3. 凡底本与通行本分章不一、章的位置不同、章有重出者，均在批注中说明。

4. 凡据底本以外本子改、补的文字，一律出注，如"诣明福门：原缺，据建治本、内藤本补"；"或惮闻奏：原作'或纠弹闻奏'，据抄本及《旧唐书·刘洎传》改"。底本残缺字、描改字、模糊字的判定，不出注；以唐太宗作"上"者，统改为"太宗"，不出注。

5. 凡称"抄本"，包括建治本、内藤本、写字台本；凡称"刻本"，包括元刻、明本、通行本。

6.底本与通行本字、句互异处，包括文句颠倒、文句移动、多字少字等，不校不注。

7.贞观君臣提到的唐代以前人物，随事作注，只注相关事迹，不注其人生卒年、字号、籍贯、经历、成就。贞观大臣不注，贞观诸王仅注其与高祖、太宗的关系，如"唐高祖堂兄""唐太宗第四子"等。

8.抄本所多篇、章，仅作为补文置于10卷之后，不做注释、点评。

① 《旧唐书》卷九《玄宗纪下》"史臣曰"。
② 《资治通鉴》卷二百一十一唐玄宗开元五年九月。
③ 《唐会要》卷六十四《史馆杂录下》。《新唐书》《资治通鉴》均载此事，文字稍异。
④ 《新唐书》卷一百三十二《吴兢传》。
⑤ 汪篯《唐玄宗时期吏治与文学之争》，《汪篯隋唐史论稿》，中国社会科学出版社1981年，第200页。
⑥ 《全唐文》卷二百九十八。
⑦ 《新唐书》卷一百三十二《吴兢传》。
⑧ 从《旧唐书》卷一百零二《吴兢传》知其"出为荆州司马"在开元十七年，从《新唐书》卷一百三十二《吴兢传》知其"贬荆州司马"的原因。
⑨ 《旧唐书》卷一百零二《吴兢传》。
⑩ 《旧唐书》卷三《太宗纪下》。
⑪ 详见《资治通鉴》卷一百九十八唐太宗贞观二十一年五月。
⑫ 《资治通鉴》卷二百四十一唐宪宗元和十四年九月。
⑬ 《旧唐书》卷一百七十六《杨嗣复传》。
⑭ 《玉海》卷四十九《唐贞观政要》。
⑮ 《旧唐书》卷十五《宪宗纪》"史臣蒋系曰"及"赞曰"。
⑯ 《旧唐书》卷十七下《文宗纪下》"史臣曰"。
⑰ 《资治通鉴》卷二百四十八、卷二百四十九唐宣宗大中二年二月、十三年八月。
⑱ 《宋史》卷十二《仁宗纪》"赞曰"。
⑲ 《玉海》卷四十九《唐贞观政要》《仁宗君臣政要》《元祐仁皇训典》。
⑳ 详见《玉海》卷四十九《政要宝训》各条。
㉑ 《辽史》卷一百零三《萧韩家奴传》。

㉒　瞿鸿禨《康熙政要叙》，《康熙政要》（中华文史丛书本）卷首。

㉓　《隋书》卷三十二《经籍志一》"图谶"后序。

㉔　《群书治要序》，《群书治要》，《四部丛刊》初编本。

㉕　《册府元龟》卷五百五十四《国史部·恩奖》。

㉖　《贞观政要》卷八《论刑法》、《旧唐书》卷71《魏徵传》。

㉗　原田种成《本邦传来的贞观政要古写本研究》，日本《中国学会报》第 9 集，1957 年；《贞观政要之研究》，吉川弘文馆，1965 年。

㉘　详见《资治通鉴》卷二百零九中宗景龙三年末。

㉙　《资治通鉴》卷二百一十四唐玄宗开元二十五年九月。

㉚　《唐六典》卷七《尚书工部》。

㉛　《唐会要》卷六十三《在外修史》。

㉜　《旧唐书》卷一百四十七《杜佑传》。

㉝　《新唐书》卷一百三十二《蒋乂传》。

㉞　《郡斋读书志》卷九《书目类》。

㉟　《旧唐书》卷一百四十九《蒋乂传》。

㊱　《玉海》卷四十九《唐贞观政要》。

㊲　详见谢保成《〈贞观政要〉元、明刻本比较》，《文献》2018 年第 5 期。

㊳　详见谢保成《贞观政要集校》，中华书局 2012 年 9 月第 3 次印刷本。

贞观政要

贞观政要

上贞观政要表

臣兢言：臣愚，比尝见朝野士庶有论及国家政教者，咸云："若陛下之圣明，克遵太宗之故事，则不假远求上古之术，必致太宗之业。"故知天下苍生所望于陛下者，诚亦厚矣。《易》曰[1]："圣人感人心，而天下和平。"今圣德所感，可谓深矣。窃惟太宗文武皇帝之政化[2]，自旷古而来，未有如此之盛者也。虽唐尧、虞舜、夏禹、殷汤、周之文武、汉之文景，皆所不逮也[3]。至如用贤纳谏之美，垂代立教之规，可以弘阐大猷、增崇至道者[4]，并焕乎国籍，作鉴来叶[5]。微臣以早居史职，莫不诚诵在心。其有委质策名、立

明本与日本现存南家本、菅家本系统的抄本均有此表，通行本无此表。

这是本书作者吴兢对贞观之治的总评价，认为贞观政化旷古未有，夏商周三代及西汉文景之治，皆所不逮。

功树德、正词鲠义、志在匡君者，并随事载录，用备劝戒，撰成一帙十卷，合四十篇，仍以《贞观政要》为目，谨随表奉进。望纡天鉴[6]，择善而行，引而伸之，触类而长。《易》不云乎，"圣人久于其道，而天下化成。"伏愿行之而有恒，思之而不倦，则贞观巍巍之化，可得而致矣。昔殷汤不如尧舜，伊尹耻之。陛下傥不修祖业，微臣亦耻之。《诗》云[7]："念兹皇祖，陟降庭止。"又云："无念尔祖，聿修厥德。"此诚钦奉祖先之义也。惟陛下念之哉，则万方幸甚，不胜诚恳之至，谨诣明福门奉表以闻[8]。谨言。

在上书表中"耻"唐玄宗"不修祖业"，足见吴兢编纂此书的目的和诚恳殷切之意。

明福门，是唐代洛阳皇宫宫门之一，既是判定吴兢进书地点的唯一证据，也是判定吴兢进书时间的重要证据。

[注释]

[1]《易》：《周易》的简称，亦称《易经》。儒家重要经典之一。相传为周人所作，故名《周易》。包括经、传两部分。经主要是六十四卦和三百八十四爻，卦、爻各有说明，谓之卦辞、爻辞。传是对经最早的解说，包括解释卦辞、爻辞的七种文辞共十篇，统称"十翼"。马王堆汉墓出土帛书《周易》与传本卦辞、爻辞基本相同，但卦名、次序迥异，传的分篇、名称、内容也有不同。　[2]太宗文武皇帝：指唐太宗。太宗，是李世民死后的庙号。文武皇帝，是高宗时给李世民所上尊号。政化：政治教化。　[3]不逮（dài）：不及。　[4]大猷（yóu）：大道。　[5]来叶：来世。叶，世、时期。　[6]望纡天鉴：希望屈尊接受上天明示。纡，屈抑，屈尊

降贵。　[7]《诗》：中国最早的诗歌总集，春秋时期编成，分风、雅、颂，收诗305篇。下面二句出《周颂·闵予小子》《大雅·文王》，意为思念皇祖文王，以直道事天、治民；怀念你祖文王，述而修其德。这是借周成王"念兹皇祖""无念尔祖"的诗句告诫唐玄宗。庭，直。无念，念也。无，语助词。念兹皇祖、无念尔祖，原作"念我皇祖""无忝尔祖"，据建治本、内藤本及《诗》改。　[8]诣明福门奉表以闻：原作"奉表以闻"，据建治本、内藤本补"诣明福门"四字。

贞观政要序

卫尉少卿兼修国史弘文馆学士臣吴兢撰

有唐良相曰侍中安阳公、中书令河东公[1]，以时逢圣明，位居宰辅，寅亮帝道，弼谐王政，恐一物之乖所，虑四维之不张，每克己励精，缅怀故实，未尝有乏。太宗时政化良足可观，振古而来，未之有也。至于垂世立教之美，典谟谏奏之词，可以弘阐大猷、增崇至道者，爰命下才，备加甄录，体制大略，咸发成规。于是缀集所闻，参详旧史，撮其指要，举其宏纲，词兼质文，义在惩劝，人伦之纪备矣，军国之政存焉。凡一帙

通行本署"唐卫尉少卿兼修国史修文馆学士吴兢撰"，另行有"按"曰："兢，汴州浚仪人。……神龙中，为左补阙，累迁卫尉少卿，兼修文馆学士。复修史……合四十篇上之，名曰《贞观政要》。"此"按"以吴兢"神龙中""累迁卫尉少卿，兼修文馆学士"、上《贞观政要》，与吴兢经历不符，应当纠正。

"太宗时政化良足可观，振古而来，未之有也"，代表着开元年间有识之士的普遍心声。

一十卷，合四十篇，名曰《贞观政要》。庶乎有国有家者克遵前轨，择善而从，则可久之业益彰矣，可大之功尤著矣，岂假祖述尧、舜，宪章文、武而已哉！其篇目次第，列之于左：

第一　论君道一　论政体二

第二　论任贤三　论求谏四　论纳谏五

第三　论君臣鉴戒六　论择官七　论封建八

第四　论太子诸王定分九　论尊敬师傅十　论教戒太子诸王十一　论规谏太子十二

第五　论仁义十三　论忠义十四　论孝友十五　论公平十六　论诚信十七

第六　论俭约十八　论谦让十九　论仁恻二十　慎所好二十一　慎言语二十二　杜谗邪二十三　论悔过二十四　论奢纵二十五　论贪鄙二十六

第七　崇儒学二十七　论文史二十八　论礼乐二十九

"辩兴亡三十三　论贡赋三十四"，正文作"论贡献第三十三辩兴亡第三十四"。

第八　务农三十　论刑法三十一　论赦令三十二　辩兴亡三十三　论贡赋三十四

第九　议征伐三十五　议安边三十六

第十　论行幸三十七　论畋猎三十八　论灾祥三十九^[2]　论慎终四十

[**注释**]

[1] 侍中安阳公、中书令河东公：指开元八年五月为侍中的源乾曜、为中书令的张嘉贞。后源乾曜封安阳郡公、张嘉贞封河东侯。　[2] 灾祥，原作"灾详"，据建治本、通行本改。

贞观政要卷第一

本篇各本均为五章。

《君道》篇第一句就非常明确地提出"为君之道，必须先存百姓"，这是从隋朝以及历代皇朝覆灭教训中总结出的带规律性的结论。由在位皇帝明确提出这样一个"必须"，在中国历史上是第一次。

"若安天下，必须先正其身"，从皇帝口中说出，比起哲人提出的"修身、齐家、治国、平天下"更具权威性。

君道第一

○贞观初[1]，太宗谓侍臣曰："为君之道，必须先存百姓。若损百姓奉其身，犹割股以啖腹[2]，腹饱而身毙。若安天下，必须先正其身。未有身正而影曲，上理而下乱者[3]。朕每思伤其身者不在外物[4]，皆由嗜欲以成其祸。若耽嗜滋味[5]，玩悦声色，所欲既多，所损亦大，既妨政事，又扰生人。且复出一非理之言，万姓为之解体。怨讟既作[6]，离叛亦兴。朕每思此，不敢纵逸。"谏议大夫魏徵对曰[7]："古者圣哲之主，皆近取诸身[8]，故能远体诸物。昔楚聘詹何[9]，问其理国之要，詹何对以修身之术。楚王又问理国

何如？詹何曰：'未闻身理而国乱者。'陛下所明，
实同古义。"

[注释]

[1]贞观：唐太宗年号，公元627—649年，共23年。　[2]割
股以啖腹：割大腿肉吃，以填饱肚子。啖，吃。　[3]理：治、治理。
避高宗李治名讳，改"治"为"理"。　[4]"朕每思伤其身者不
在外物"以下两句是说：我常想，伤害自身者并非来自身外之物，
大都由于不良嗜好和欲望才酿成灾祸。　[5]"若耽嗜滋味"以下
两句是说：过度嗜好美滋美味，沉溺于歌舞美色。耽，过度、沉
溺。　[6]怨讟（dú）：因恨而出怨言。　[7]谏议大夫：门下省属官，
置四员，正五品上，掌侍从赞相，规谏讽谕。　[8]"皆近取诸身"
以下两句是说：都是就近从自身入手，所以能够远远体察其他事
物。　[9]詹何：春秋时期楚詹尹之后，楚庄王召而问政，见《列
子·说符篇》。

○贞观二年，太宗问魏徵曰："何谓为明君、
暗君？"徵曰："君之所以明者，兼听也；其所
以暗者，偏信也。《诗》曰：'先人有言，询于刍
荛[1]。'昔尧、舜之世，辟四门[2]，明四目，达
四聪。是以圣无不照[3]，故共、鲧之徒不能塞也，
静言庸违不能惑也。秦二世则隐藏其身[4]，捐隔
疏贱而偏信赵高，及天下溃叛，不得闻也。梁武

帝偏信朱异^[5]，而侯景举兵向阙，竟不得知也。隋炀帝偏信虞世基^[6]，而诸贼攻城剽邑，亦不得知也。故人君兼听纳下，则贵臣不得拥蔽^[7]，而下情必得上通也^[8]。"太宗甚嘉其言。

皇帝提出为君之道的两个"必须"后，大臣又提出一个"必得"："人君兼听纳下"，"下情必得上通"。

[注释]

[1] 刍荛（chú ráo）：割草、砍柴的人，用指草民。　[2]"辟四门"以下三句是说：广开四方之门招贤，察看四方实情，听取四方意见，使耳聪目明，不被蒙蔽。　[3]"是以圣无不照"以下三句是说：所以圣明的君主没有什么事看不清，因此共工、鲧之类的人不能蒙蔽他，奸佞小人的花言巧语不能够迷惑他。塞，闭塞视听。巧言，顺情好话；庸违，小人奸计。　[4]"秦二世则隐藏其身"以下四句是说：秦二世不问朝政，舍弃不亲近的臣下，疏远贫贱的百姓，偏信赵高，以致天下崩溃，一概不知。　[5]"梁武帝偏信朱异"以下三句是说：梁武帝听信朱异，以东魏叛臣侯景为大将军，侯景叛梁，率军攻打京城，朱异"不闻奏"，梁武帝被困台城，病饿而死。　[6]"隋炀帝偏信虞世基"以下三句是说：隋炀帝偏信虞世基，义军攻掠城邑，虞世基"不以实闻"，炀帝不得而知，二人均为宇文化及等所杀。　[7]拥蔽：亦作"壅蔽"，堵塞、遮蔽。　[8]上通：原作"通"，据建治本、内藤本、通行本补"上"字。

贞观中期开始，守成之难的问题逐渐提上议政日程。

○贞观十年，太宗谓侍臣曰："帝王之业，草创与守成孰难^[1]？"尚书左仆射房玄龄对曰[2]："天地草昧[3]，群雄竞起，攻破乃降，战胜乃克。由此言之，草创为难。"魏徵对曰："帝王之起，必承衰乱。覆彼昏狡[4]，百姓乐推，四海归命，天授人与，乃不为难。然既得之后，志趣骄逸，百姓欲静而徭役不休，百姓凋残而侈务不息，国之衰敝，恒由此起。以斯而言，守文则难。"太宗曰："玄龄昔从我定天下，备尝艰苦，出万死而遇一生，所以见草创之难也。魏徵与我安天下，虑生骄逸之端，必践危亡之地，所以见守文之难也。今草创之难既已往矣，守文之难者，当思与公等慎之。"

[注释]

[1]守成：下文或作"守文"。　[2]尚书左仆射（yè）：与右仆射同为尚书省长官，各置一员，从二品，掌统六部，唐初与中书令、侍中并为宰相。　[3]天地草昧：天地初开之际，杂乱无章，混沌不清。此处指天下大乱。草，杂乱；昧，冥晦。　[4]覆彼昏狡：覆灭昏乱狂暴统治者。

○贞观十一年，特进魏徵上疏曰[1]：

臣观自古受图膺运[2]，继体守文，控御英杰[3]，南面临下，皆欲配厚德于天地，齐高明于

从唐太宗这些话语，不仅可以看到魏徵在贞观前中期政治决策中所起的重要作用，还可以看到唐太宗不居功自傲的胸怀。

日月，本枝百世^[4]，传祚无穷。然而克终者鲜，败亡相继，其故何哉？所以求之，失其道也。殷鉴不远^[5]，可得而言。

[注释]

[1]特进：文散官，正二品，授予功臣或德高望重大臣，以示优待，无具体职掌。　[2]"臣观自古受图膺运"以下二句是说：得河图承天运，继政体（皇位）、守典章制度和法令条文。受图，得到河图。膺运，接受天命。传说伏羲时有龙马从黄河出现，背驮"河图"，有神龟从洛水出现，背负"洛书"。后以"河出图、洛出书"喻为天意，借以表示明君将要出现。　[3]"控御英杰"以下二句是说：掌控各类人才，面南君临天下。南面，面向南坐。古代以面南为尊，称居帝位为南面。　[4]"本枝百世"以下二句是说：根本牢固才能百年长久，传授帝位没有穷尽。祚，禄位，这里指帝位。　[5]殷鉴不远：殷灭夏，夏亡的教训不远，殷应引以为戒。

昔在有隋^[1]，统一寰宇，甲兵强盛，三十余年，风行万里^[2]，威动殊俗，一旦举而弃之，尽为他人之有。彼炀帝岂恶天下之治安，不欲社稷之长久，故行桀虐，以就灭亡哉？恃其富强，不虞后患。驱天下以从欲^[3]，罄万物以自奉，采域中之子女，求远方之奇异。宫苑是饰，台榭是崇，徭役无时，干戈不戢。外示严重，内多险忌，谗

魏徵以隋为"克终者鲜"的例证，揭其"恃其富强，不虞后患"的种种行径，提醒唐太宗"殷鉴不远"。

邪者必受其福，忠正者莫保其生。上下相蒙，君臣道隔，民不堪命，率土分崩[4]。是以四海之尊[5]，殒于匹夫之手，子孙殄绝，为天下笑，可不痛哉！

[注释]

[1] 有隋：隋朝（581—618）。有，发语词。　[2]"风行万里"以下二句是说：风化传播万里，声威震动远方。风，风化，教化。殊俗，风俗不同于中原的边远异地。　[3] 从欲：顺从自己的奢欲。　[4] 率土分崩：天下分崩离析。率土，"率土之滨"的省略。　[5]"是以四海之尊"以下三句是说：所以作为天下至尊的皇帝，竟死在亲信小人手中，子孙灭绝。殒，死亡、丧命。殄（tiǎn）绝，灭绝。

圣哲乘机，拯其危溺，八柱倾而复正[1]，四维弛而更张。远肃迩安[2]，不逾于期月；胜残去杀[3]，无待于百年。今宫观台榭，尽居之矣；奇珍异物，尽收之矣；姬姜淑媛[4]，尽侍于侧矣；四海九州，尽为臣妾矣。若能鉴彼之所以失，念我之所以得，日慎一日[5]，虽休勿休。焚鹿台之宝衣[6]，毁阿房之广殿，惧危亡于峻宇[7]，思安处于卑宫[8]，则神化潜通[9]，无为而治，德之上也。若成功不毁，即仍其旧，除其不急，损之又损。杂茅茨于桂栋[10]，参玉砌于土阶，悦以使人，不竭其力。常念居之者逸，作之者劳，亿兆悦以子来[11]，群生仰而遂性，德之次也。若惟圣罔念[12]，不慎厥终，忘缔构之艰难，谓天命之可恃，忽采椽之恭俭[13]，追雕墙之靡丽，因其基以广之，增其旧以饰之。触类而长，不知止足，人不见德，而劳役是闻，斯为下矣。譬之负薪救火，扬汤止沸，以暴易暴，与乱同道，莫可测也，后嗣何观？夫事无可观则人怨神怒，人怨神怒则灾害必生。灾害既生，则祸乱必作，祸乱既作，而能以身名全者鲜矣。顺天革命之后[14]，将隆七百之祚[15]，贻厥孙谋[16]，传之万叶，难得易失，可不念哉！

结合商亡、秦亡教训，强调"难得易失，可不念哉！"

［注释］

[1]"八柱倾而复正"以下二句是说：国家倾覆重被匡正，道德废弛得到弘扬。八柱，《淮南子》曰："地有九州八柱。"八柱支撑着天，故天不会塌。此处借指国家。四维，与八柱相对，八柱擎天，四维系地。后借以指礼、义、廉、耻。《管子》曰："礼、义、廉、耻，是谓四维。四维不张，国乃灭亡。"　[2]"远肃迩安"以下二句是说：远方的人来朝拜，近处的人安居乐业，不超过一年。

肃，参拜。期月，月份的一个周期，此处指一周年。　[3]"胜残去杀"以下二句是说：战胜残暴，消除杀戮，无需百年。　[4]姬姜：周代姬、姜两族常通婚，故以姬姜为贵族妇女的美称，后借指贤淑美丽的女子。　[5]"日慎一日"以下二句是说：一天比一天谨慎，虽美好却不恃美好。休，吉祥、美好。　[6]"焚鹿台之宝衣"以下二句是说：武王伐纣，纣王穿上珠玉缀成的宝衣登鹿台自焚而死。秦始皇作前殿阿房，夸耀富有，后为项羽焚毁。　[7]峻宇：高峻的宫殿。《古文尚书·五子之歌》："甘酒嗜音，峻宇雕墙，有一于此，未或不亡。"　[8]卑宫：低矮的宫室。　[9]神化潜通：精神潜移默化，达到一通百通。　[10]"杂茅茨于桂栋"以下二句是说：建华丽的宫室间杂一些简陋的茅屋，铺玉石台阶也筑一些泥土台阶。茅茨，茅草屋，泛指简陋的居室；桂栋，桂树做房梁，泛指华丽的房屋。　[11]"亿兆悦以子来"以下二句是说：百姓高兴像子女趋奉父母那样来侍奉您，众生敬仰您而自己也称心如意。　[12]惟圣罔念：自以为圣明，不作反思。惟，思。罔，不。　[13]"忽采椽之恭俭"以下二句是说：忽略建宫室应恭行节俭，却一味追求雕绘华丽。采椽，有彩绘的椽子。雕墙，有雕刻的墙体。泛指华美的宫室。　[14]顺天革命：顺应天意，改朝换代。革命，原作"格命"，据建治本、内藤本、通行本改。　[15]将隆七百之祚：周成王占卜预测周的气数，卦象显示周将延续三十世七百年。　[16]贻厥孙谋：留给子孙。

是月，徵又上疏曰：

臣闻求木之长者，必固其根本；欲流之远者，必浚其泉源；思国之安者，必积其德义。源不深而望流之远，根不固而求木之长，德不厚而思国之理，臣虽下愚，知其不可，而况于明哲乎！人君当神器之重[1]，居域中之大，将崇极天之峻，永保无疆之休，不念居安思危，戒奢以俭，德不处其厚，情不胜其欲，斯亦伐根以求木茂，塞源而欲流长也。

[注释]

[1]"人君当神器之重"以下四句是说：人君当国家重任，居天下重要地位，将享受高耸如天的尊崇，永保无穷的福禄。神器，帝位、政权。无疆之休，无穷的福禄。

凡百元首[1]，承天景命，莫不殷忧而道著[2]，功成而德衰[3]。有善始者实繁，能克终者盖寡，岂取之易、守之难乎？昔取之而有余，今守之而不足，何也？夫在殷忧，必竭诚以待下；既得志，则纵情以傲物。竭诚则胡越为一体[4]，傲物则骨肉为行路。虽董之以严刑[5]，振之以威怒，终苟免而不怀仁，貌恭而心服。怨不在大[6]，可畏惟人，载舟覆舟，所宜深慎。奔车朽索[7]，其可忽乎！

[注释]

[1]"凡百元首"以下二句是说：历代国君，授命于天。　[2]殷

忧而道著：深怀忧虑而德行显著。　[3]德衰：原作"德厚"，据抄本、通行本改。　[4]"竭诚则胡越为一体"以下二句是说：竭诚相待，即便北胡南越也会亲如一体。傲视他人，至亲骨肉也会像同路的陌生人。　[5]"虽董之以严刑"以下四句是说：虽然以严刑峻罚来督察，用雷霆之威去震慑，在得到赦免后并不感怀国君的仁心，貌似恭敬而内心不服。　[6]"怨不在大"以下四句是说：怨不怕大，可怕的还是民众啊，水能载船也能翻船，这才是应当慎重考虑和对待的。载舟覆舟，比喻君民关系如同水与船的关系。　[7]"奔车朽索"以下二句是说：用不结实的缰绳驾驭奔驰的马车，怎么能够疏忽大意呢！

　　君人者[1]，诚能见可欲则思知足以自戒，将有作则思知止以安人，念高危则思谦冲而自牧[2]，惧满盈则思江海下百川，乐盘游则思三驱以为度[3]，忧懈怠则思慎始而敬终，虑壅蔽则思虚心以纳下，惧谗邪则思正身以黜恶，恩所加则思无因喜以谬赏，罚所及则思无以怒而滥刑。总此十思，弘兹九德[4]，简能而任之，择善而从之，则智者尽其谋，勇者竭其力，仁者播其惠，信者效其忠。文武争驰，在君无事，可以尽豫游之乐[5]，可以养松、乔之寿[6]，鸣琴垂拱[7]，不言而化。何必劳神苦思，代下司职，役聪明之耳目，亏无为之大道哉！

分析"守之而不足"的原因，提醒唐太宗，"君人者"要经常怀此"十思"，特别要"忧懈怠则思慎始而敬终"，"永保无疆之休"。

[注释]

[1]君人者：统治者。君，本指国君，这里用作动词，意为统治。　[2]念高危则思谦冲而自牧：意识到高高在上的危险就想到应该谦恭和蔼，加强自我修养。自牧，自身修养。　[3]乐盘游则思三驱以为度：陶醉于游乐、打猎的欢乐时就想到以一年打猎三次为限度。三驱：一说为一年中田猎三次，一说打猎不合围，从三面驱赶围捕野兽。　[4]弘兹九德：弘扬九种美德。古籍中"九德"内容稍异。《尚书·皋陶谟》："行有九德，宽而栗，柔而立，愿而恭，乱而敬，扰而毅，直而温，简而廉，刚而塞，强而义。"《逸周书·常驯》："九德，忠、信、敬、刚、柔、和、固、贞、顺。"　[5]豫游之乐：游乐巡猎的欢快。豫，乐；游，巡。　[6]松、乔：赤松、王乔，传说中长寿仙人。　[7]"鸣琴垂拱"以下二句是说：舜弹五弦之琴，造《南风》之诗，教化百姓，垂衣拱手，无为而治，言语不多而人得感化。

太宗手诏答曰：

省频抗表[1]，诚极忠款，言穷切至。披览忘倦，每达宵分。非公体国情深，启沃义重[2]，岂能示以良图，匡其不及。朕闻晋武帝平吴已后[3]，务在骄奢，不复留心治政。何曾退朝谓其子劭曰："吾每见主上不论经国远图，但说平生常语，此非贻厥子孙者也。尔身犹可以免，"指诸孙曰："此等必遇乱死。"及孙绥，果为淫刑所戮。前史美之，以为明于先见。朕意不然，谓曾之不忠，其罪大矣。夫为人臣，当进思竭诚，退思补过，将顺其美[4]，匡救其恶，所以共为治也。曾位极台司[5]，名器崇重，当直词正谏，论道佐时。今乃退有后言，进无廷诤，以为明智，不亦谬乎！颠而不扶，安用彼相[6]？公之所陈也，朕闻过矣。当置之几案，事等韦、弦[7]。必望收彼桑榆[8]，期之岁暮，不使康哉良哉[9]，独盛于往日，若鱼若水，遂爽于当今。迟复嘉谋，犯而无隐[10]。朕将虚襟静志，敬伫德音[11]。

唐太宗期望的君臣"共为治也"是：为人臣"当进思竭诚，退思补过"，"犯而无隐"；做皇帝则"虚襟静志，敬伫德音"。

[注释]

[1]省频抗表：见你的屡次上表。抗，进谏。表，奏议的一种。　[2]启沃：启发开导。启，开。沃，灌溉。　[3]平吴：指晋武帝司马炎灭东吴，结束三国分裂。　[4]"将顺其美"以下二句是说：君有美善则顺势助成，君有过恶则匡正补救。　[5]台司：三公之位。　[6]颠而不扶，安用彼相：国有危难而不扶持，还用这个宰相干什么？《论语·季氏》孔子告冉求之语："危而不持，颠而不扶，焉用彼相。"　[7]韦、弦：韦，柔皮。弦，弓弦。《韩非子·观行》："西门豹之性急，故佩韦以自缓。董安之性缓，故佩弦以自急。"后指有益的规劝。　[8]"必望收彼桑榆"以下二句是说：初有小失终会得到弥补，暮年之时必定收到预期效果。桑榆，本指日落余光所在处。《后汉书·冯异传》："始虽垂翅回溪，终能奋翼渑池，可谓失之东隅，收之桑榆。"　[9]"不使康哉良哉"以下四句是说：不使赞美股肱、庶事之声只盛行于往日的

虞舜时代，不使刘备对诸葛亮所说"犹鱼之得水"的情景错失于当今。康哉良哉，舜时天下大治，皋陶歌曰："元首明哉！股肱良哉！庶事康哉！"若鱼若水，像鱼与水那样的密切，比喻君臣相得无间。　[10]犯而无隐：不怕冒犯，敢说实话。　[11]敬伫：恭敬的期待您的嘉音善言。伫，待、期待。

○贞观十五年，太宗谓侍臣曰："守天下难易？"侍中魏徵对曰[1]："甚难。"太宗曰："任贤能、受谏诤则可，何谓为难？"徵曰："观自古帝王，在于忧危之间，则任贤受谏。及至安乐，必怀宽怠。恃安乐而欲宽怠[2]，言事者惟令兢惧，日陵月替[3]，以至危亡。圣人所以居安思危，正为此也。安而能惧，岂不为难？"

"任贤能，受谏诤"不是任何人在任何时候都能做到的，只有真正懂得"居安思危"的人才能做得到。

连续强调"居安思危"之难，难在安乐之后容易懈怠，不再怀畏惧之心。

［注释］

[1]侍中：门下省长官，置二员，正三品，掌封驳中书省草拟诏敕，与中书省、尚书省长官同为宰相，在政事堂共议国政。　[2]恃安乐而欲宽怠：刻本均无此七字，据建治本、内藤本补。　[3]日陵月替：国势一天天、一月月衰颓。陵替，衰颓。

［点评］

本篇是全书的总纲，集中了贞观君臣治国施政的四大理念。但四大理念中，"为君之道，必须先存百姓"是最基本和首要的，所以本篇名以《君道》。其他几项，都是围绕这一"为君之道"展开的。

唐太宗一登基首先提出为君之道的一个"必须"：必须先存活百姓。进而提出安天下的一个"必须"：必须先端正自身。同时明确认识到，"正自身"是"存百姓"的前提，"若损百姓以奉其身"，一味"耽嗜滋味，玩悦声色，所欲既多，所损亦大，既妨政事，又扰生人"。如何确保皇帝做到两个"必须"，大臣魏徵补充了一个"必得"：人君兼听纳下，广开言路，"辟四门，明四目，达四聪"，使下情"必得"上通。唐太宗更进一步提出君臣"共为治也"。贞观中期，日渐发现"既得之后，志趣骄逸"，忽略、忘记百姓、民生，出现"百姓欲静而徭役不休，百姓凋残而徭务不息"的情况，联系到历史上"有善始者实繁，能克终者盖寡"的实际，开始将"草创与守成孰难"的问题提上议政日程，使唐太宗认识到"草创之难既已往矣，守文之难者，当思与公等慎之"，最终形成贞观君臣治国施政的四大理念——先存百姓、先正自身、君臣共治、善始慎终，成为实现"贞观之治"的四项基本保证。

政体第二

本篇明本十三章，通行本十四章，有从《忠义》篇移入的一章。

〇贞观初，太宗谓萧瑀曰："朕少好弓矢，自谓能尽其妙[1]。近得良弓十数，以示弓工。乃曰：'非良材也。'朕问其故，工曰：'木心不正，则脉巧妙的比喻，木心不正，造出的弓射箭不直。君心、臣心不正，引领的道必是歪道、邪道。

询访外事，了解下情，为的是"知百姓利害，政教得失"，贯彻的正是时刻不忘"先存百姓"的理念。

设置中书省、门下省，目的是为了防止错误，不是互相牵制，权力制衡。这在认识上是超前的。

理多斜[2]。弓虽刚劲而遣箭不直，非良弓也。'朕始悟焉。朕以弧矢定四方，用弓矢多矣，而犹不得其理。况朕有天下之日浅，得为理之意[3]，固未及弓。弓犹失之，而况于理乎？"自是诏京官五品以上，更宿中书内省[4]。每召见，皆赐坐与语，询访外事，务知百姓利害、政教得失焉。

[注释]

[1]尽其妙：深知其奥妙。　[2]脉理：木材的纹路走向。　[3]理：治理。　[4]中书内省：中书省在宫城内外分设衙署，在宫内的衙署称中书内省。

○贞观元年，太宗谓黄门侍郎王珪曰[1]："中书所出诏敕[2]，颇有意见不同，或兼错失而相正以否。元置中书、门下[3]，本拟相防过误。人之意见，每或不同，有所是非，本为公事。或有护己之短，忌闻其失，有是有非，咸以为怨。或有苟避私隙[4]，相惜颜面，知非正事，遂即施行。难违一官之小情，顿为万人之大弊，此实亡国之政，卿辈特须在意防也。隋日内外庶官[5]，政以依违而致祸乱[6]，人多不能深思此理。当时皆谓祸不及身，面从背言，不以为患。后至大乱一起，家国俱丧，虽有脱身之人，纵不遭刑戮，皆辛苦仅免，甚为时论所贬黜。卿等须灭私徇公，坚守直道，庶事相启沃，勿上下雷同也[7]。"

［注释］

[1] 黄门侍郎：即门下侍郎，门下省副长官，置二员，正四品上，协助长官侍中掌门下省事务。　[2] "中书所出诏敕"以下三句是说：中书省发出的诏敕，有些（与门下省）意见不一，或者都有失误，需要相互纠正偏差。否，不对。　[3] 元：原本。中书、门下：即中书省、门下省，为决策、出令最高机构，共掌国政。　[4] "或有苟避私隙"以下二句是说：或为避免个人嫌隙，相互照顾颜面。　[5] 庶官：众官。庶，众。　[6] 依违：犹豫不决，模棱两可。　[7] 雷同：无主见，附和人言。

○贞观二年，太宗问王珪曰："近代君臣理国，多劣于前古，何也？"对曰："古之帝王为政，皆志尚清净，以百姓心为心。近代则惟损百姓以适其欲[1]，所以任用大臣，复非经术之士。汉家宰相，无不精通一经[2]，朝廷若有疑事，皆引经史决定，由是人识礼教，理致太平[3]。近代重武轻儒，或参以法律，儒行既亏[4]，淳风大坏。"

指出官场三大弊政：护己之短，听到不同意见便生怨恨；顾及情面，明知有碍政事也照样施行；阳奉阴违，当面顺从，背后议论。强调这都是"亡国之政"，提醒各级官员"特须在意防"。

"灭私徇公，坚守直道"，既是为官必须恪守的准则，也是做人应当遵循的准则。

王珪强调帝王为政"以百姓心为心"，与唐太宗提出"为君之道，必须先存百姓"相呼应，反映贞观君臣治国施政理念的一致。

太宗深然其言。自此百官中有学业优长、兼识政体者，多进其阶品^[5]，累加迁擢焉。

[注释]

[1]适其欲：满足欲望。适，畅快、满足。　[2]经：指儒家经典《诗》《尚书》《易》《礼》《春秋》等。　[3]理致太平：治理国家，达到太平。　[4]"儒行既亏"以下二句是说：儒家行为规范既已受到损害，纯朴的社会风气也就大大地变坏。亏，损害、毁弃。　[5]阶品：官员的等级。唐朝职官分九品三十阶。品有正、从之分，如正一品、从一品。正四品以下，正、从再分上、下阶，自正四品上阶、正四品下阶，至从九品上阶、从九品下阶。

○贞观三年，太宗谓侍臣曰："中书、门下，机要之司。擢才而居，委任实重。诏敕如有不稳便，皆须执论。比来惟觉阿旨顺情^[1]，唯唯苟过，遂无一言谏诤者，岂是道理？若惟署诏敕、行文书而已，人谁不堪？何烦简择，以相委付？自今诏敕疑有不稳便，须执言，无得妄有畏惧，知而寝默^[2]。"

只会转发文件而无所作为，要你何用！

要求官员，特别是高官，对不稳便的诏旨，必须"执言"相奏，不得明知有错，却沉默不语。

[注释]

[1]阿旨顺情：迎合旨意，顺从上情。　[2]寝默：沉默。

○贞观四年，太宗问萧瑀曰："隋文帝何如主也？"对曰："克己复礼[1]，勤劳思政，每一坐朝，或至日昃[2]，五品以上，引坐论事，宿卫之士，传飱而食[3]，虽性非仁明，亦是励精之主。"太宗曰："公知其一，未知其二。此人性至察而心不明。夫心暗则照有不通，至察则多疑于物。又欺孤儿寡妇以得天下[4]，恒恐群臣内怀不服，不肯信任百司，每事皆自决断，虽即劳神苦形，未能尽合于理。朝臣既知其意，亦不敢直言。宰相以下，惟承顺而已。朕意不然，以天下之广，海内之众，千端万绪，须合变通，皆委百司商量、宰相筹画，于事稳便，方可奏行。岂得以一日万机[5]，独断一人之虑也。且日断十事而五条不中，中者信善，如其不中者何？以日继月，乃至累年，乖谬既多，不亡何待？岂如广任贤良，高居深视，法令严肃，谁敢为非？"因令诸司，若诏敕颁下有未稳便者，必须执奏，不得顺旨便即施行，务尽臣下之意。

[注释]

[1]克己复礼：约束自己言行，使之符合于"礼"。 [2]日昃：太阳西斜，约午后二时前后。 [3]传飱（sūn）：传送简单的饭

这段话包括两层意思：一是处理政务"须合变通"，要有应变能力；二是明确"百司商量，宰相筹画，于事稳便，方可奏行"的处理政务的程序，发挥中央各机构的职能作用，用体制和法令来保证政令的正确制定、政务的正常运行。

"岂得以一日万机，独断一人之虑"，是唐太宗形成"君臣共治"理念的思想基础。

唐太宗接二连三强调，颁下的诏敕"有不稳便"处，臣下"必须执奏，不得顺旨便即施行"，要求臣下"尽"做臣子的职责。既可见唐太宗的求谏之情，又反映贞观君臣的"共为治也"。

食。　[4]欺孤儿寡妇以得天下：指杨坚为北周静帝皇后之父，周宣帝死后，杨坚废黜年幼的静帝而自立，为隋文帝。　[5]一日万机：一日时间虽短，发生事情却多。万机，万端。

○贞观五年，太宗谓侍臣曰："治国与养病无异也。病人觉愈，弥须将护[1]，若有触犯，必至殒命。治国亦然，天下稍安，尤须兢慎[2]，若便骄逸，必至丧败。今天下安危，系之于朕。故日慎一日，虽休勿休。然耳目股肱，寄在卿辈，既义均一体，宜协力同心，事有不安，可极言无隐。傥君臣相疑，不能备尽肝膈，实为治国之大害也。"

强调君臣"义均一体，协力同心"，指出君臣相疑，"实为治国之大害"。

［注释］

[1]弥须将护：尤其需要将养调护。　[2]兢慎：兢兢业业，谨慎小心。

○贞观六年，太宗谓侍臣曰："看古之帝王，有兴有衰，犹朝之有暮，皆为蔽其耳目，不知时政得失。忠正者不言，邪谄者日进，既不见过，所以至于灭亡。朕既在九重[1]，不能尽见天下事，故布之卿等，以为朕之耳目。莫以天下无事，四海安宁，便不存意。《书》云'可爱非君，可畏非民'。天子者，有道则人推而为主，无道则人弃而不用，诚可畏也。"魏徵对曰："自古失国之主，皆为居安忘危，处理忘乱，所以不能长久。今陛下富有天下，内外清晏，能留心治道，常临深履薄[2]，国家历数[3]，自然灵长。臣又闻古语云：'君，舟也；人，水也。水能载舟，亦能覆舟。'陛下以为可畏，诚如圣旨。"

［注释］

[1]九重：比喻宫禁门深，常人不可到达。　[2]临深履薄：身临深渊、脚踩薄冰。　[3]历数：本指岁时节候次序，用来指帝位继承次第，则谓国之气运。

○贞观六年，太宗谓侍臣曰："古人云：'危而不持，颠而不扶，焉用彼相？'君臣之义，得不尽忠匡救乎？朕尝读书，见桀杀关龙逢[1]，汉诛晁错[2]，未尝不废书叹息。公等但能正词直谏，裨益政教，终不以犯颜忤旨，妄有诛责。朕比来临朝断决，亦有乖于律令者。公等以为小事，遂不执言。凡大事皆起于小事，小事不论，大事又

这是对"可爱非君，可畏非民"的最有体会的解读。把民对君的关系归结为推举与废除、拥护与遗弃的关系，比"载舟覆舟"说更加深刻、透彻。

"留心治道"，从君臣关系延伸到君民关系，不忘"载舟覆舟"的古训，常如临深渊、履薄冰，反映存百姓、重民生的理念。

将不可救。社稷倾危，莫不由此。隋主残暴，身死匹夫之手，率土苍生，罕闻嗟痛。公等为朕思隋氏灭亡之事，朕为公等思龙逢、晁错之诛，君臣保全，岂不美也！"

强调防患于未然，重视小错可能造成的后果，并与"社稷倾危"联系在一起，值得主大政者特别注意！

唐太宗登基后的这场辩论，对于贞观之治的形成具有决定性的意义。长年战乱之后，是民心浇讹，还是民心思治，这是确定治国方针的基本前提。封德彝出身山东士族，加之个人在官经历，不可能有比较准确的认识。而魏徵来自下层，亲身经历了战乱，能够有清醒的认识，因而帮助唐太宗认清形势，确定治国施政的基本方略。唐太宗接受了魏徵行帝道、王道，实行教化的意见，并力行不倦，实现了天下大治。

[注释]

[1] 桀杀关龙逢：桀，夏桀。关龙逢，夏之贤大夫，谏桀被杀。   [2] 汉诛晁错：汉景帝时御史大夫晁错建言削夺诸侯王，诸侯王以诛晁错为名发动叛乱，晁错被景帝斩杀。

○贞观七年[1]，太宗与秘书监魏徵从容论自古治政得失[2]，因曰："当今天下大乱之后，造次不可致治[3]。"徵曰："不然，凡人在危困则忧死亡，忧死亡则思治，思治则易教。然则乱后易教，犹饥人易食也。"太宗曰："善人为邦百年，然后胜残去杀。大乱之后将求致治，宁可造次而望乎？"徵曰："此据常人，不在圣哲。若圣哲施化，上下同心，人应如响[4]，不疾而速[5]，期月而可理，信不为难，三年成功，犹谓其晚。"太宗以为然。封德彝等对曰："三代之后，人渐浇讹[6]，故秦任法律[7]，汉杂霸道，皆欲理而不能，岂能理而不欲？若信魏徵所说，恐败乱国家。"徵曰："五帝、三王[8]，不易人而治。行帝道则帝，行王道则王，在于当时所理，化之而已。考之载籍，可得而知。昔黄帝与蚩尤七十余战，其乱甚矣，既胜残之后，便致太平。九黎乱德，颛顼征之，既克之后，不失其理。桀为乱虐，而汤放之，在汤之代即致太平。纣为无道，武王伐之，成王之代亦致太平。若言人渐浇讹，不及淳朴，至今应悉为鬼魅，宁可复得而教化耶？"德彝等无以难之，然咸以为不可矣。

王夫之《读通鉴论》卷二十评论："魏徵折封德彝曰：'若谓古人淳朴，渐至浇讹，则至于今日，当悉化为鬼魅矣'。伟哉其为通论已。"

［注释］

[1] 七年：或作"四年"，均误，封德彝卒于贞观元年八月。此事当在武德九年太宗登基至贞观元年八月间。　[2] 秘书监：秘书省长官，置一员，从三品，掌邦国经籍图书之事。从容：和缓，不慌不忙。　[3] 造次：急遽，匆忙。　[4] 人应如响：人们像回声那样迅速响应。　[5] 不疾而速：不求快而快。　[6] 浇讹：民情轻浮，人心狡诈。　[7] "故秦任法律"以下二句是说：秦之治，专用刑律。汉之治，以王道、霸道并行。王道，以德、仁治天下。霸道，以威、权治天下。　[8] 五帝、三王：或以黄帝、颛顼、帝喾、唐尧、虞舜为五帝，或以少昊、颛顼、高辛、唐、虞为五帝。三王，指夏商周三代创业之君夏禹、商汤、周武王。

太宗每力行不倦，数年间，海内康宁，突厥破灭[1]，谓群臣曰："贞观初，人皆异论，云当今必不可行帝道、王道，惟魏徵劝我。既从其言，不过数载，遂得华夏安宁，远戎宾服。突厥自古以来，常为中国勍敌[2]，今酋长并带刀宿卫，部落皆袭衣冠[3]。使我遂至于此，皆魏徵之力。"顾谓徵曰："玉虽有美质，在于石间，不值良工琢磨，与瓦砾不别。若遇良工，即为万代之宝。朕虽无美质为公所切瑳[4]，劳公约朕以仁义，弘朕以道德，使朕功业至此，公亦足为良工尔。"

这是唐太宗接受魏徵意见，实现天下大治之后，对先前的辩论的总结。既充分肯定魏徵对形成贞观之治的作用，又表现出其个人的胸怀和"君臣共治"的理念。

[注释]

[1]突厥：南北朝后期兴起的北方少数民族，姓阿史那氏，隋初分为东、西突厥。贞观四年，颉利可汗为唐俘获，东突厥亡。　[2]勍（qíng）敌：劲敌，强敌。　[3]部落皆袭衣冠：边远部族都跟着穿戴中原的衣帽。　[4]朕虽无美质为公所切瑳：我虽然没有美好的本质被你雕琢、研磨。切瑳，即切磋，把骨、角、玉、石加工成器物。

两章之间，通行本有从卷五《忠义》篇移入的一章。

○贞观九年，太宗谓侍臣曰："往昔初平京师[1]，宫中美女珍玩，无院不满。炀帝意犹不足，征求无已。兼东西征讨，穷兵黩武，百姓不堪，遂致亡灭。此皆朕所目见，故夙夜孜孜[2]，惟欲清净，使天下无事。遂得徭役不兴，年谷丰稔[3]，百姓安乐。夫治国犹如栽树，本根不摇，则枝叶茂盛。君能清净，百姓何得不安乐乎？"

［注释］

[1]京师：天子建都之地。此指隋之东都洛阳。　[2]夙（sù）夜孜孜：早晚孜孜不倦。夙夜，早晚。孜孜，勤勉不怠。　[3]丰稔（rěn）：庄稼成熟。

○贞观十六年，太宗谓侍臣曰："或君乱于上，臣理于下；或臣乱于下[1]，君理于上。二者苟逢，何者为甚？"特进魏徵对曰："君心理，则照见下非。诛一劝百，谁敢不畏威尽力？若昏暴于上，忠谏不从，虽百里奚、伍子胥之在虞、吴[2]，不救其祸，败亡亦继。"太宗曰："必如此。齐文宣昏暴[3]，杨遵彦以正道扶之得理，何也？"徵曰："遵彦弥缝暴主，救理苍生，才得免乱，亦甚危苦。与人主严明，臣下畏法，直言正谏，皆见信用，不可同年而语也。"

这是唐太宗"为君之道"理念的认识来源之一。

"徭役不兴，年谷丰稔，百姓安乐"，是存百姓、重民生的具体表现，也是治国施政的"本根"。

［注释］

[1]或臣乱于下：原作"臣乱于下"，据抄本、通行本及上文补"或"字。　[2]"虽百里奚、伍子胥之在虞、吴"以下三句时说：百里奚、伍子胥二人，都不能挽救其故国虞、吴的危难，所以败亡相继。虞、吴，春秋时二国名。百里奚，虞国大夫，晋借道虞伐虢，欲并取虞，百里奚知虞君不可谏而离虞，虞为晋所灭。伍子胥，名员，楚国人，父兄被楚王杀害，投奔吴国，助吴王阖闾攻下楚都郢。　[3]"齐文宣昏暴"以下二句是说：北齐文宣帝嗜酒淫泆，肆行强暴。尚书令杨遵彦总理朝政，史称"一人丧德，维持匡救，实有赖焉"。得理，得以治理。

○贞观十九年，太宗谓侍臣曰："朕观古来帝王，骄矜而取败者，不可胜数。不能远述古昔，至如晋武平吴、隋文伐陈已后，心逾骄奢，自矜诸己[1]，臣下不复敢言，政道因兹弛紊[2]。朕自平突厥、破高丽已后，兼并铁勒[3]，席卷沙漠，以为州县，夷狄远服，声教益广。朕恐怀骄矜，恒自抑折[4]，日昃而食[5]，坐以待晨。每思臣下有谠言直谏，可以施于政教者，当拭目以师友待之。如此，庶几于时康道泰耳[6]。"

檢讨晋、隋以来帝王骄矜取败的事例，表示要"恒自抑折"，从"自身"做起，以师友对待臣下，确保"时康道泰"。

［注释］

[1]自矜诸己：自己夸耀自己的种种才能。　[2]弛紊：散

乱。　[3]铁勒：匈奴后裔，曾称丁零，又称敕勒、高车，太宗时讨平其部。　[4]恒自抑折：常常约束自己。抑折，控制、约束。　[5]日旰（gàn）而食：很晚吃饭。　[6]时康道泰：时局康宁，天下平安。

○太宗自即位之始，霜旱为灾，米谷踊贵，突厥侵扰，州县骚然。帝志在忧人，锐精为政。崇尚节俭，大布恩德。是时，自京师及河东、河南、陇右[1]，饥馑尤甚[2]，一匹绢才得一斗米，百姓虽东西逐食，未尝嗟怨，莫不自安。至贞观三年，关中丰熟[3]，咸自归乡，竟无一人逃散，其得人心如此。加以从谏如流，雅好儒学[4]，孜孜求士，务在择官，改革旧弊，兴复制度，每因一事，触类为善。初，息隐、海陵之党[5]，同谋害太宗者数百千人，事宁复引居左右近侍，心术豁然，不有疑阻。时论以为能决断大事，得帝王之体。深恶官人贪浊，有受枉法财者，必无赦免。在京流外，有犯赃者，皆遣执奏，随其所犯，置以重法，由是官吏多自清谨。制驭王公、妃主之家，大姓豪猾之伍，皆畏威屏迹，无敢侵欺细民[6]。商旅野次，无复盗贼，囹圄常空[7]，牛马这一整段，全方位地展示了贞观之治的历史实际。如果结合《礼记·礼运篇》对照阅读，更可以了解贞观之治的魅力，也就可以清楚吴兢为什么一再强调贞观政化"旷古而来，未之有也"，"古昔未有"了！这不是贞观君臣的自夸，而是通过比较唐前期历史后得出的结论。

布野，外户不闭。又频致丰稔，米斗三四钱，行旅自京师至于岭表[8]，自山东至沧海[9]，皆不赍粮[10]，取给于路。入山东村落，行客经过者，必厚供待，或发时有赠遗。此皆古昔未有也。

[注释]

[1]河东、河南、陇右：唐代行政区划分作十道，河东、河南、陇右三道，大致相当于今山西、山东、河南、甘肃、新疆地域。 [2]饥馑：谷不熟曰饥，菜不熟曰馑，泛指灾荒。 [3]关中：一般指今陕西渭水流域一带。或以东起函谷关、西至陇关为关中，或以东函关、南武关、西散关、北萧关之中为关中。 [4]雅好儒学：特别喜好儒学。雅，甚、特别。 [5]息隐：唐高祖长子，名建成，立为皇太子。海陵，高祖第四子，名元吉，封齐王。二人在玄武门之变中被秦王李世民斩杀。秦王即帝位后，封建成为息王，谥曰隐，故后称"隐太子"；封元吉为海陵王，谥曰剌，故后称"巢剌王"。 [6]细民：指平民百姓。 [7]囹圄（líng yǔ）：牢狱。 [8]岭表：五岭之外，即岭南。 [9]山东：或以崤山、华山以东为山东，或以太行山以东为山东。沧海：指东海。 [10]赍（jī）粮：携带干粮。

[点评]

本篇反映唐太宗"锐精为政"，"得帝王之体"，实现天下大治的认识和举措。

治理天下要"心正"，"心不正，则脉理皆邪"。心正，才能君臣"义均一体，协力同心"，"共为治也"。

　　君臣共治，作为帝王，要做到"以百姓心为心"，"务知百姓利害，政教得失"，克制私心私欲，不可一人独断，而要广任贤良，接纳臣下谠言直谏。作为臣下，"须灭私徇公，坚守直道，庶事相启沃"；对于未稳便的诏敕，"必须执奏，不得顺旨即便施行"，努力尽到为臣的职责。强调两点：一是"凡大事皆起于小事"，要防患于未然，避免小错酿成大祸，致使"社稷顷危"；二是各级官员"特须在意"防范官场的种种弊端。

　　唐太宗"得帝王之体"，还表现在对民众力量的认识上："可爱非君，可畏非民。天子者，有道则人推而为主，无道则人弃而不用，诚可畏也。"魏徵引申为君与民如舟与水的关系："水能载舟，亦能覆舟。"大乱之后，实行教化，上下同心，人应如响，徭役不兴，年谷丰稔，百姓安乐，使得"华夏安宁，远戎宾服"。

贞观政要卷第二

任贤第三

本篇各本均八章。

○房玄龄，齐州临淄人也 [1]。初仕隋，为隰城尉 [2]。坐事除名，徙上郡 [3]。太宗徇地渭北 [4]，玄龄杖策谒于军门 [5]。太宗一见，便如旧识，署渭北道行军记室参军 [6]。玄龄既喜遇知己，遂罄竭心力。是时，贼寇每平，众人竞求珍玩，玄龄独先收人物，致之幕府 [7]。及有谋臣猛将，与之潜相申结，各致死力。累授秦王府记室，兼陕东道大行台考功郎中 [8]。玄龄在秦府十余年，恒典管记。隐太子、巢刺王以玄龄及杜如晦为太宗所亲礼，甚恶之，谮之于高祖，由是与如晦并遭驱斥。及隐太子将有变也，太宗召玄龄、如晦，令

网罗人才胜过聚敛钱财，这是贞观君臣创业之时就坚持的一贯之道，既是创业之道，也是治国施政之道。

衣道服，潜引入阁谋议。及事平，太宗入春宫[9]，迁拜太子右庶子[10]。贞观元年，迁中书令[11]。三年，拜尚书左仆射、监修国史[12]，封梁国公，赐实封一千三百户[13]。既任总百司，虔恭夙夜，尽心竭节，不欲一物失所。闻人有善，若己有之。明达吏事，饰以文学，审定法令，意在宽平。不以求备取人，不以己长格物[14]，随能收叙[15]，无隔卑贱。论者称为良相焉[16]。十三年，加太子少师[17]。玄龄自以一居端揆十有五年[18]，频抗表辞位，优诏不许。十六年，进拜司空[19]，仍总朝政，依旧监修国史。玄龄复以年老请致仕，太宗遣使谓曰："国家久相任使，一朝忽无良相，如失两手。公若筋力不衰，无烦此让。自知衰谢，当更奏闻。"玄龄遂止。太宗又尝追思王业之艰难、玄龄佐命之力，乃作《威凤赋》以自喻，因赐玄龄，其见称类如此[20]。

这是对房玄龄在实现"贞观之治"中所做贡献的总评价。

[注释]

[1]齐州临淄：今山东省淄博市临淄区。　[2]隰（xí）城尉：隰城县尉。隰城县，今山西省汾阳县。县尉，置一至二员，从九品，分判县众曹，收率课调。　[3]上郡：今陕西富县。　[4]徇

地渭北：率军巡行，攻占渭水以北土地。   [5]杖策：原作“策杖”，据抄本、通行本改。通常以“杖”为名词，释为“拄杖”。但“杖”作动词，有“执持”的意思。故此句释为“执持谋略谒于军门”比释为“手拄拐杖谒于军门”更恰当。   [6]署：代理、暂任。渭北道：军政区划。记事参军：官名，掌王公府、军府文书，此为掌军府文书者。   [7]幕府：将帅出征，府署为帐幕，故称幕府。   [8]陕东道大行台考功郎中：唐初统一战争军务事繁，以有战事诸道分置行台尚书省，由亲王为尚书令。陕东道设大行台，由秦王李世民为大行台尚书令，均开府置官署。考功郎中，为其属官，掌行台省官员考绩。   [9]春宫：太子宫，亦称东宫，也用来代指太子。   [10]右庶子：原作“左庶子”，据建治本、内藤本及《旧唐书·房玄龄传》改。左、右庶子，东宫官，各置二员，分别为正四品上、下，侍从太子左右，掌献纳启奏。   [11]中书令：中书省长官，置二员，正三品，掌军国政令，总判省事，宰相之职。   [12]监修国史：监督纂修国史，由宰相领衔。   [13]实封：指实际得到封地租税。汉代诸侯王封者即可得其租税，魏晋以后公侯渐成虚名，只有实封者才能实得其租税。   [14]格物：研究事物原理。此处指衡量人物。   [15]收叙：收录任用。叙，按规定等级授官职、以劳绩大小给奖励。   [16]论者称为良相焉：原无此七字，据建治本、内藤本、通行本补。   [17]太子少师：教谕太子之官，置一员，从二品。   [18]端揆：相位。   [19]司空：三公之一，置一员，正一品，佐天子治理邦国。   [20]类如此：原作“赖如此”，据建治本、通行本改。

○杜如晦，京兆万年人也[1]。武德初，为秦王府兵曹参军[2]，俄迁陕州总管府长史[3]。时府中多英俊，被外迁者众，太宗患之。记室房玄龄曰："府寮去者虽多，盖不足惜。杜如晦聪明识达，王佐材也。若大王守藩端拱[4]，无所用之；必欲经营四方，非此人莫可。"太宗自此弥加礼重，寄以心腹，遂奏为府属，常参谋帷幄。时军国多事，剖断如流，深为时辈所服。累除天策府从事中郎[5]，兼文学馆学士[6]。隐太子之败，如晦与玄龄功居第一，迁拜太子左庶子。俄迁兵部尚书[7]，进封蔡国公，赐实封一千三百户。贞观二年，以本官检校侍中[8]。三年，拜尚书右仆射，兼知吏部选事[9]。仍与房玄龄共掌朝政。至于台阁规模，典章文物，皆二人所定，甚获当时之誉，时称"房杜"焉。

这是贞观初年房玄龄、杜如晦"共掌朝政"的主要贡献，以及朝野对他二人的评价。

［注释］

[1]京兆万年：在今陕西临潼、富平一带。 [2]兵曹参军：王府属官，置一员，正九品下，掌王府武官簿书、考课、仪卫、假使。 [3]陕州：今河南省三门峡市。总管府：军事要地所置军府，长官为总管，副长官为长史。 [4]守藩端拱：守住藩王地位，端坐拱手，无所作为。 [5]天策府：武德四年，高祖李渊以秦王李世民平定窦建德、王世充，功高，旧官号不足相称，遂加号天策上将，位在王公上，开府置官属，府第称天策府。从事中郎：

天策府属官，通判府事。　[6] 文学馆学士：秦王李世民在宫城西所置学馆，收聘贤才。学士，文学馆任职学者。　[7] 兵部尚书：兵部长官，置一员，正三品。兵部，尚书省六部之一，掌武选、地图、车马、甲械之政令。　[8] 检校：代理而非正授。　[9] 知吏部选事：主持吏部铨选之事。知，主持、执掌。吏部，尚书省六部之一，掌文官选拔、任免、勋封、考课之政令。

○魏徵，巨鹿人也[1]，近徙家相州之临黄[2]。武德末，为太子洗马[3]。见太宗与隐太子阴相倾夺，每劝建成早为之谋。及诛隐太子，太宗召徵责之曰："汝离间我兄弟，何也？"众皆为之危惧。徵慷慨自若，从容对曰："皇太子若从臣言，必无今日之祸。"太宗为之敛容[4]，厚加礼异，擢拜谏议大夫。太宗数引之卧内，访以得失。徵雅有经国之材，性又抗直，无所屈挠。太宗每与之言，未尝不悦。徵亦喜逢知己之主，竭其力用。又劳之曰："卿所谏前后二百余事，皆称朕意，非卿忠诚奉国，何能若是？"三年，累迁秘书监，参预朝政[5]，深谋远算，多所弘益。太宗尝谓曰："卿罪重于中钩[6]，我任卿逾于管仲，近代君臣相得，宁有似我于卿者乎？"六年，太宗幸九成宫[7]，宴近臣，长孙无忌曰："王珪、魏徵，往事息隐，臣见之若仇，不谓今者又同此宴。"太宗曰："魏徵往者实我所仇，但其尽心所事，有足嘉者。朕能擢而用之，何惭古烈？然徵犯颜切谏，每不许我为非，我所以重之也。"徵再拜曰："陛下导臣使言，臣所以敢言。若陛下不受臣言，臣亦何敢犯龙鳞、触忌讳也[8]。"太宗大悦，各赐钱十五万。七年，代王珪为侍中，累封郑国公。寻以疾乞解所职，请为散官[9]。太宗曰："朕拔卿于仇虏之中[10]，任卿以枢要之职，见朕之非，未尝不谏。公独不见金之在矿，何足贵哉？良冶锻而为器，便为人所宝。朕方自比于金，以卿为良工。卿虽有疾，未为衰老，岂得便尔耶？"徵乃止。后复固辞，听解侍中，授以特进，仍知门下省事[11]。十二年，以诞皇孙，诏宴公卿，帝极欢，谓侍臣曰："贞观以前，从我平定天下，周旋艰险，玄龄之功无所与让。贞观之后，尽心于我，献纳忠说，安国利人，成我今日功业，为天下所称者，惟魏徵而已。古之名臣，何以加也。"于是亲解佩刀以赐二人。庶人承乾

回顾"贞观之治"成就，以房玄龄为协助"平定天下"、开创基业的代表，以魏徵为协助"成今日功业"、安国利民的代表。

在春宫[12]，不修德业。魏王泰宠爱日隆[13]，内外庶寮[14]，咸有疑议。太宗闻而恶之，谓侍臣曰："当今朝臣，忠謇无如魏徵[15]，我遣傅皇太子，用绝天下之望。"十七年，遂授太子太师[16]，知门下事如故。徵自陈有疾，太宗谓曰："太子，宗社之本，须有师傅，故选中正，以为辅弼。知公疹病，可卧护之。"徵乃就职。寻遇疾。徵宅内先无正堂，太宗营小殿，乃辍其材为造，五日而就。遣中使赐以布被素褥，遂其所尚。后数日，薨[17]。太宗亲临恸哭，赠司空，谥曰文贞[18]。太宗亲制碑文，复自书于石。特赐其家食实封九百户。太宗后尝谓侍臣曰："夫以铜为镜，可以正衣冠；以古为镜，可以知兴替；以人为镜，可以明得失。朕常保此三镜[19]，以防己过。今魏徵殂逝，遂亡一镜矣！"因泣下久之。乃诏曰："昔惟魏徵，每显余过。自其逝也，虽过莫彰。朕岂独有非于往时，而皆是于兹日？故亦庶僚苟顺，难触龙鳞者欤！所以虚己外求，披迷内省。言而不用，朕所甘心。用而不言，谁之责也？自斯已后，各悉乃诚。若有是非，直言无隐。"

魏徵亡，遂亡"明得失"的一面镜子，表明唐太宗时刻不忘"正自身""纳谏诤"的治国施政理念。

魏徵去世以后，先前那种直言谏诤的情况不复存在，表明贞观朝政已出现微妙的变化。而且，此时唐太宗对魏徵的评价也从肯定"成我今日功业"转而为"可以明得失"，透露出其思想变化的信号。

[注释]

[1]巨鹿：今河北省巨鹿县。　[2]临黄：今河南省范县。《元和郡县图志》卷十六，临黄县北十五里有徵父魏长贤墓。　[3]太子洗马：东宫左春坊司经局长官，置二员，从五品下，掌东宫四库图籍刊辑之事。　[4]敛容：正容起敬。　[5]参预朝政：以非宰相之职官而为宰相之任者，加"参预朝政""参议得失""参知政事"等名号，名目非一。　[6]"卿罪重于中钩"以下二句是说：你罪大于曾用箭射中齐桓公带钩的管仲，我对你的信任却超过齐桓公对管仲的信任。　[7]九成宫：即隋仁寿宫，旧址在今陕西省麟游县。　[8]犯龙鳞、触忌讳：比喻触及国君短处可能遭杀生之祸。语出《韩非子·说难》："夫龙之为虫也，柔可狎而骑也，然其喉下有逆鳞径尺。若人有婴之者必杀人。人主亦有逆鳞，说者能无婴人主逆鳞，则几矣。"　[9]散官：无职事之官，以门荫结品，然后劳考进叙，分文、武，也称阶官，表示阶品。　[10]仇雠：仇敌。此处指政敌太子李建成的党羽。　[11]仍知门下省事：仍然主持门下省之事。　[12]庶人：无官爵的平民。承乾：太宗长子，初立为太子，后废为庶人。　[13]魏王泰：太宗第四子，贞观十年封魏王。礼贤下士，善属文。　[14]庶寮：众官。寮，同"僚"。　[15]忠謇（jiǎn）：忠诚正直。　[16]太子太师：教谕太子之官，置一员，从一品。　[17]薨（hōng）：唐代二品以上官员去世用"薨"字。　[18]谥（shì）：皇帝、贵戚、大臣死后，按其事迹给予的评价。皇帝谥号由礼仪官议上，大臣谥号由朝廷赐给。　[19]常保：原作"尝保"，据抄本、通行本改。

○王珪，太原祁县人也[1]。武德中，为隐太子中允[2]，甚为建成所礼。后以连其阴谋事，流于巂州[3]。建成诛后，太宗即位，召拜谏议大夫。每推诚尽节，多所献纳。珪尝上封事切谏[4]，太宗谓曰："卿所论朕，皆中朕之失。自古人君莫不欲社稷永安，然而不得者，只为不闻己过，或闻而不能改也。今朕有所失，卿能直言，朕复闻过能改，何虑社稷之不安乎？"太宗又尝谓珪曰："卿若常居谏官，朕必永无过失。"顾待益厚。贞观元年，迁黄门侍郎，参预政事，兼太子右庶子。二年，进拜侍中。时房玄龄、魏徵、李靖、温彦博、戴胄与珪同知国政，尝因侍宴，太宗谓珪曰："卿识鉴清通[5]，尤善谈论，自玄龄等，咸宜品藻[6]，又可自量，孰与诸子贤？"对曰："孜孜奉国，知无不为，臣不如玄龄。每以谏净为心，耻君不及尧、舜，臣不如魏徵。才兼文武，出将入相，臣不如李靖。敷奏详明[7]，出纳惟允，臣不如温彦博。处繁理剧，众务毕举，臣不如戴胄。至如激浊扬清[8]、嫉恶好善，臣于数子，亦有一日之长。"太宗深然其言，群公亦各以为尽己所怀，谓之确论。

在皇帝面前品评执政大臣，皇帝"深然其言"，各位大臣也"谓之确论"，既反映君臣的"一体"，又表现出施政大臣间的相互了解、彼此"契合"，这种"君臣共治"的情景，在中国历史上极为罕见！

[注释]

[1] 太原祁县：今山西省祁县。原作"太原祈县"，据通行本改。　[2] 太子中允：太子左春坊副长官，即太子左庶子副职，置二员，正五品下。　[3] 巂（xī）州：今四川省西昌地区。　[4] 封事：密封的奏章。　[5] 清通：原作"精通"，据建治本、内藤本改。　[6] 品藻：品评。　[7] 敷奏详明：上奏陈述，详细明白。　[8] 激浊扬清：抨击污浊，表扬清廉。

〇李靖，京兆三原人也[1]。大业末[2]，为马邑郡丞[3]。会高祖为太原留守，靖观察高祖，知有四方之志，因自锁上变[4]，将诣江都[5]。至长安，道塞不通而止。高祖克京城，执靖，将斩之，靖大呼曰："公起义兵除暴乱，不欲就大事，而以私怨斩壮士乎？"太宗亦加救请，高祖遂舍之。武德中，以平萧铣、辅公祏功[6]，历迁扬州大都督府长史[7]。太宗嗣位，召拜刑部尚书[8]。贞观二年，以本官检校中书令。三年，转兵部尚书，为代州道行军总管[9]。进击突厥定襄城[10]，破之。突厥诸部落并走碛北[11]，擒隋齐王暕之子杨政道及炀帝萧后[12]，送于长安。突利可汗来降，颉利可汗仅以身遁。太宗谓曰："昔李陵提步卒五千[13]，不免身降匈奴，尚得名书竹帛。卿以三千轻骑，深入虏庭，克复定襄，威振北狄，实古今未有，足报往年渭水之役矣[14]。"以功进封代国公。此后，颉利可汗大惧，四年退保铁山[15]，遣使入朝谢罪，请举国内附。又以靖为定襄道行军总管，往迎颉利。颉利虽外请降，而内怀犹豫。诏遣鸿胪卿唐俭、摄户部尚书将军安修仁慰谕之[16]，靖谓副将张公谨曰："诏使到彼，虏必自宽，乃选精骑赍二十日粮，引兵自白道袭之[17]。"公谨曰："诏许其降，使人在彼，未宜讨击。"靖曰："此兵机也，时不可失。"遂督军疾进。至阴山，遇其斥候千余骑，皆俘以随军。颉利见使者甚悦，不虞官兵至也。靖军乘雾而行，去其牙帐七里[18]，颉利始觉，列兵未及成阵，单马轻走，虏众因而溃散，斩万余级，杀其妻隋义成公主，俘男女十余万，斥土界自阴山至于大漠[19]，遂灭其国。寻获颉利可汗于别部落，余众悉降。太宗大悦，顾谓侍臣曰："朕闻主忧臣辱，主辱臣死。往者国家草创，突厥强梁，太上皇以百姓之故，称臣于颉利，朕未尝不痛心疾首，志灭匈奴，坐不安席，食不甘味。今者暂动偏师，无往不捷，单于稽颡[20]，耻其雪乎！"群臣皆称万岁。寻拜靖光禄大夫[21]、尚书右仆射，赐实封通前五百户。又为西海道行军大总管，征吐谷浑[22]，大破其国。改封卫国公。及靖妻亡[23]，有诏许其坟茔制度依汉卫、霍故事[24]，筑阙象突厥内燕然山、吐谷浑内碛石二山[25]，以旌殊勋。

[注释]

[1]京兆三原：今陕西省三原县。 [2]大业：隋炀帝年号，605—617，共13年。 [3]马邑郡丞：马邑郡行政副长官。马邑，今山西省朔州。丞，郡守副贰，置一员正六品至正五品不等。 [4]自锁上变：封锁自己的守地（或作"自戴枷锁"），向朝廷报告事变。 [5]江都：今江苏省扬州市，时为隋炀帝行宫所在。 [6]萧铣、辅公祏：割据势力首领、义军首领。 [7]大都督府长史：原作"大都督长史"，据内藤本、通行本补"府"字。大都督，总管十州的地方长官，由亲王遥领，以长史主持其地军政要务。 [8]刑部尚书：刑部长官，置一员，正三品。刑部，尚书省六部之一，掌律法、刑狱之政令。 [9]代州：今山西省代县。行军总管：武德年间各地征战的统军官。 [10]定襄城：今山西省定襄县。 [11]碛北：漠北。碛，沙漠。 [12]杨政道：隋炀帝之孙。 [13]李陵：汉武帝时为骑都尉，将兵击匈奴，因无救援，败降匈奴。 [14]往年渭水之役：太宗即位，颉利可汗率军逼近长安附近渭水便桥，太宗用疑兵计与颉利可汗隔岸而语，指

其背盟负约，并订立盟约，突厥退兵。　[15]铁山：在今内蒙古阴山北。　[16]鸿胪卿：鸿胪寺长官，九卿之一，置一员，从三品，掌宾客及祭祀之事。摄户部尚书：代理户部长官之职。摄，代理，非正式任命。户部尚书，户部长官，置一员，正三品。户部，尚书省六部之一，掌天下土地、户口、钱谷之政令。　[17]白道：阴山南北重要通道之一，在今内蒙古呼和浩特市西北。　[18]牙帐：主帅营帐，因帐前树牙旗得名。　[19]斥土：开拓疆土。斥，开拓。　[20]单于稽颡：单于下拜叩头。单于，汉时匈奴君长，此处借指突厥首领。稽颡，古代的跪拜之礼，屈膝下跪，以额触地。　[21]光禄大夫：从二品文散官。　[22]吐谷（yù）浑：本辽东鲜卑族一支，西晋末迁徙至青海、新疆地区，为西域之国。　[23]及靖妻亡：原作"及靖身亡"，据建治本、内藤本及《旧唐书·李靖传》改。　[24]卫霍：卫青、霍去病，汉武帝时大将军，讨击匈奴有大功。　[25]燕然山：今蒙古人民共和国杭爱山。碛石山，《旧唐书·李靖传》作"积石山"，即阿尼玛卿山，在今青海省东南部，延伸至甘肃省南部。

○虞世南，会稽余姚人也[1]。贞观初，太宗引为上客，因开文学馆，馆中号为多士，咸推世南为文学之宗，授以记室，与房玄龄对掌文翰。尝命写《列女传》以装屏风[2]，于时无本，世南暗书之，一无遗失。贞观七年，累迁秘书监。太宗每机务之隙，引之谈论，共观经史。世南虽容貌儒懦，若不胜衣，而志性抗烈，每论及古先帝王为政得失，必存规讽，多所补益。及高祖晏驾[3]，太宗执丧过礼[4]，哀容毁悴[5]，久替万机，文武百僚，计无所出，世南每入进谏，太宗甚嘉纳之，益所亲礼。尝谓侍臣曰："朕因暇日，每与虞世南商榷古今，朕有一言之善，世南未尝不悦；有一言之失，未尝不怅恨。近尝戏作一诗[6]，颇涉浮艳，世南进表谏曰：'陛下此作虽工，体非雅正。上之所好，下必随之。此文一行，恐致风靡，轻薄成俗，非为国之利。赐令继和，不敢不作。而今之后，更有斯文，继以死请，不奉诏。'其恳诚若此，朕用嘉焉。群臣皆若世南，天下何忧不理？"因赐帛一百五十段[7]。太宗尝称世南有五绝：一曰德行，二曰忠直，三曰博学，四曰词藻[8]，五曰书翰[9]。及卒，太宗举哀于别次[10]，哭之甚恸。丧事官给，仍赐以东园秘器[11]，赠礼部尚书[12]，谥曰文懿。太宗手敕魏王泰曰："虞世南于我，犹一体也。拾遗补阙，无日暂忘，实当世名臣，人伦准的。吾有小善，必将顺而成之；吾有小失，必犯颜而谏之。今其云亡，石渠、东观之中[13]，无复人矣，痛惜岂可言耶！"未

"上之所好，下必随之"，风俗所以然也，尤其需要警惕！

几，太宗为诗一篇，追思往古理乱之道，既而叹曰："钟子期死，伯牙毁琴[14]。朕之此篇，将何所示？"因令起居褚遂良诣其灵帐读讫焚之[15]，其悲悼也若此。又令与房玄龄、长孙无忌、杜如晦、李靖等二十四人，图形于凌烟阁[16]。

[注释]

[1] 会稽余姚：今浙江省余姚市。　[2]《列女传》：一名《古列女传》，西汉刘向撰，7 卷，分母仪、贤明、仁智、贞顺、节义、辩通、孽嬖 7 篇，记古代妇女事迹一百余事。　[3] 晏驾：天子崩殂的讳辞。　[4] 执丧过礼：守丧超过"礼"的规定。　[5] 毁悴：悲哀憔悴。　[6] "近尝戏作一诗"以下十七句：刻本无此七十四字，据建治本、内藤本补。　[7] 因赐帛一百五十段：刻本无此八字，据建治本、内藤本补。　[8] 词藻：本指写作中善于修辞和用典，此处指善写文章。　[9] 书翰：本指书札等，此处主要指书法。　[10] 别次：别处。此处指偏殿。次，停留处。　[11] 东园秘器：西汉以东园掌管王公贵戚丧葬器物制作，故称棺木等为东园秘器。　[12] 赠：追赠，死后加官。礼部尚书：礼部长官，置一员，正三品。礼部，尚书省六部之一，掌礼仪、祭享、贡举之政令。　[13] 石渠、东观：分别为西汉、东汉皇家藏书之所。　[14] 毁琴：春秋时，钟子期与伯牙为友，伯牙鼓琴，子期善听。子期死，伯牙绝弦，以世无知音。　[15] 起居：起居郎简称，门下省属官，置二员，从六品上，与中书省起居舍人同记天子言行法度，谓之《起居注》。　[16] 凌烟阁：贞观十七年为表彰功臣，图绘二十四功臣画像于北阁。

○李勣，曹州离狐人也[1]。本姓徐氏，仕李密，为右武候大将军[2]。密后为王世充所破，拥众归国，勣犹据密旧境十郡之地。武德二年，谓其长史郭孝恪曰[3]："魏公既归大唐，今此人众、土地，魏公所有也。吾若上表献之，则是利主之败，自为己功，以邀富贵，是吾所耻。今宜具录州县及军人户口，总启魏公，听公自献，此则魏公之功也，不亦可乎？"乃遣使启密。使人初至，高祖闻无表，惟有启与密，甚怪之。使者以勣意闻奏，高祖方大喜曰："徐勣感德推功，实纯臣也。"拜黎州总管，赐姓李氏[4]，附属籍于宗正。封其父盖为济阴王，固辞王爵，乃封舒国公，授散骑常侍[5]。寻加勣右武候大将军。及李密叛诛，勣发丧行服[6]，备君臣之礼，表请收葬，高祖遂归其尸。于是大具威仪，三军缟素[7]，葬于黎阳山。礼成，释服而散，朝野义之。寻为窦建德所攻，勣陷于建德，又自拔归京师。从太宗征王世充、窦建德，平之。贞观元年，拜并州都督[8]，令行禁止，号为称职，突厥甚畏惮。太宗谓侍臣曰："隋炀帝不解精选贤良，镇抚边境，惟远筑

这一章自"狐人也"至下一章"舍于中郎将"六百二十三字，底本系据通行本配补，本书改用洪武二十三年遵正堂本配补。

长城，广屯将士，以备突厥，而情识之惑，一至于此。朕今委任李勣于并州，遂得突厥畏威远遁，沙垣安静，岂不胜数千里长城耶？"其后并州改置大都督府，又以勣为长史，累封英国公。在并州凡十六年。召拜兵部尚书，兼知政事。勣时遇暴疾，验方云须灰可以疗之，太宗乃自剪须为其和药。勣顿首见血，泣以陈谢。太宗曰："吾为社稷计耳，不烦深谢。"十七年，高宗居春宫，转太子詹事[9]，加特进，仍知政事。太宗又尝宴，顾谓勣曰："朕将属以孤幼，思之无越卿者。公往不遗于李密，今岂负于朕哉！"勣雪涕致辞，因噬指流血。俄沉醉，御服覆之，其见委信如此。勣每行军用师，颇任筹算，临敌应变，动合事机。贞观已来，讨击突厥颉利及薛延陀、高丽等，并大破之。太宗尝曰："李靖、李勣二人，古之名将韩、白、卫、霍[10]，岂能及也。"

[注释]

[1]曹州离狐：今属山东省曹县。　[2]右武候大将军：隋至唐初正三品武官。　[3]长（zhǎng）史：大将军府属官，掌判府事。郭孝恪：原作"郭恪"，据通行本及《旧唐书·李勣传》补

"孝"字。 [4]"赐姓李氏"以下二句是说：赐姓李，与皇族同姓，以其属籍归宗正寺。宗正，即宗正寺，九寺之一，专掌皇族属籍。 [5]散骑常侍：门下省属官，武德年间为从三品加官，无职事。 [6]行服：穿丧服。 [7]三军缟素：原无此四字，据建治本、内藤本、通行本补。 [8]并州都督：并州，治所在今山西省太原市，北至阳曲，南至祁县、太谷，东至寿阳，西至交城、文水，由总管统辖。武德七年，改总管曰都督，开府置属。 [9]太子詹事：东宫詹事府长官，置一员，正三品，掌统东宫三寺、十率府之政令。 [10]韩、白：指汉将韩信、秦将白起。

〇马周，博州茌平人也[1]。贞观五年至京师，舍于中郎将常何之家[2]。时太宗令百官上书言得失，周为何陈便宜二十余事[3]，令奏之，事皆合旨。太宗怪其能，问何，答曰："此非臣所发意，乃臣家客马周也。"太宗即日召之，未至间，凡四遣使催，乃谒见，与语甚悦，令直门下省。授监察御史[4]，累除中书舍人[5]。周有机辩[6]，能敷奏，深识事端，故动无不中。太宗尝曰："我于马周，暂时不见便思之。"十八年，历迁中书令，兼太子右庶子[7]。周既职兼两宫，处事平允，甚获当时之誉。又以本官摄吏部尚书[8]。太宗尝谓侍臣曰："马周见事敏速，性甚贞正。至于论

"四遣使催"，求贤若渴，跃然纸上！

量人物，直道而言，朕比任使之，多称朕意。既写忠诚[9]，亲附于朕，实藉此人，共康时政。"

[注释]

[1]博州茌平：今山东省茌平县。　[2]中郎将：十六卫设亲卫、勋卫、翊卫五府，每府置中郎将一人，正四品下；太子十卫率设亲卫、勋卫、翊卫三府，每府均置中郎将一人，从四品上。掌领各卫、各卫率校尉、旅帅、亲卫、勋卫、翊卫宿卫者，总其府事。　[3]便（biàn）宜：方便、适宜。　[4]监察御史：御史台属官，置十员，正八品上，阶品低而权限大。掌分察百寮，巡按州郡，狱讼、军戎、祭祀、营作、太府出纳皆莅临，监知朝仪。　[5]中书舍人：中书省属官，置六员，正五品上，掌侍进奏，起草进画，签署颁行。　[6]机辩：机智巧辩。　[7]右庶子：原作"左庶子"，据建治本、内藤本及《旧唐书·马周传》改。　[8]吏部尚书：吏部长官，置一员，正三品。吏部，尚书省六部之一，掌天下官吏选授、勋封、考课之政令。　[9]写：尽。

[点评]

本篇为贞观名臣八人，是取得"贞观之治"的施政核心。其中，房玄龄、杜如晦、魏徵、李靖、虞世南、李勣六人为凌烟阁二十四功臣。他们"忠诚奉国"，"罄竭心力"，各展所长，体现的是"各尽至公，共相切磋，以成理道"的政体。

分别以房玄龄为协助"平定天下"、开创基业的代表，以魏徵为协助"成今日功业"、安国利民的代表，表明唐太宗不忘创业艰难，更知守成需要经常"正自身""纳谏诤""防己过"，避免造成施政的失误！

阅读本篇，应当注意两点：一是吴兢为凸显"君臣共治"，没有反映实际存在的君臣隔阂，如唐太宗临终前对李勣的猜疑；二是魏徵去世后，唐太宗对魏徵功绩认识的变化，以及由此反映的唐太宗思想的微妙变化。

求谏第四

本篇明本十章，通行本十一章，分贞观六年一章为二章。

〇太宗威仪俨肃，百僚进见者，皆失其举措。太宗知其若此，每见人奏事，必假借颜色[1]，冀闻谏诤，知政教得失。贞观初，尝谓公卿曰："人欲自照，必须明镜；主欲知过，必藉忠臣。主若自贤，臣不匡正，欲不危败，岂可得也？故君失其国，臣亦不能独全其家。至如隋炀帝暴虐，臣下钳口[2]，卒令不闻其过，遂至灭亡。虞世基等，寻亦诛死。前事不远，公等每看事有不利于人，必须直言规谏。"

[注释]

[1]必假借颜色：必定和颜悦色。　[2]钳口：钳子夹住嘴，即闭口不言。

○贞观元年，太宗谓侍臣曰："正主任邪臣，不能致理；正臣事邪主，亦不能致理。惟君臣相遇，有同鱼水，则海内可安。朕虽不明，幸诸公数相匡救，冀凭直言鲠议[1]，致天下于太平。"谏议大夫王珪对曰："臣闻木从绳则正，君从谏则圣[2]。故古者圣主必有争臣七人[3]，言而不用，则相继以死。陛下开圣虑，纳刍荛，愚臣处不讳之朝[4]，实愿罄其狂瞽。"太宗称善，诏令自是宰相入内平章国计[5]，必使谏官随入，预闻政事。有所开说，必虚己纳之。

比喻通俗，含义深刻。

[注释]

[1]鲠议：耿直议论。鲠，通"耿"。 [2]君从谏则圣：国君听谏诤才能圣明。 [3]争臣：直言谏诤之臣。 [4]"愚臣处不讳之朝"以下二句是说：我作为臣子处在没有忌讳的朝代，很愿意把自己狂妄的想法都说出来。 [5]平章国计：商议国策。

○贞观二年，太宗谓侍臣曰："明主思短而益善，暗主护短而永愚。隋炀帝好自矜夸，护短拒谏，诚亦实难犯忤。虞世基不敢直言，或恐未为深罪。昔微子佯狂自全，孔子亦称其仁[1]。及炀帝被杀，世基合同死否？"杜如晦对曰："天子有争臣，虽无道不失其天下。仲尼称[2]：'直哉史鱼，邦有道如矢，邦无道如矢。'世基岂得以炀帝无道，不纳谏诤，遂杜口无言？偷安重位，又不能解职请退，则与微子佯狂而去，事理不同。昔晋惠帝贾后将废愍怀太子[3]，司空张华竟不能苦争，阿意苟免。赵王伦乃举兵废后，使让张华[4]，华曰：'将废太子日，非是无言，当时不被纳用。'其使曰：'公为三公，太子无罪被废，言既不从，何不引身而退？'华无词以答，遂斩之，夷其三族。古人云：'危而不持，颠而不扶，则将焉用彼相？'故'君子临大节而不可夺也。'张华既抗直不能成节，逊言不足全身，王臣之节固已坠矣。虞世基位居宰辅，在得言之地，竟无一言谏争，诚亦合死。"太宗曰："公言是也。人君必须忠良辅弼[5]，乃得身安国宁。炀帝岂不以下无忠臣，身不闻过，恶积祸盈，灭亡斯及。若人主所行不当，臣下又无匡谏，苟在阿顺，事皆称美，则君为暗主，臣为谀臣，主暗臣谀，危亡不远。朕今志在君臣上下，各尽至公，共相切磋，以成理道。公等各宜务尽忠说，匡救朕恶，终不以直言忤意，辄相责怒。”

[注释]

[1]昔微子佯狂自全，孔子亦称其仁：孔子以"殷有三仁"，指微子谏而不听出走，箕子谏而不听被囚，比干谏而不听被诛。　[2]"仲尼称"以下四句是说：孔子赞美春秋末卫国史鱼正直，不论邦国之主有道、无道，都能够直言谏诤。如矢，如射出箭那样笔直，比喻敢于直谏。　[3]"昔晋惠帝贾后将废愍怀太子"以下三句是说：西晋惠帝司马衷在位16年，贾后（名南风）专权，欲废除愍怀太子，司空张华不竭力谏诤，竟然屈从惠帝、贾后旨意，以求苟且偷生，避免杀身之祸。　[4]让：指责。　[5]人君：原作"人臣"，据建治本、内藤本、通行本改。

○贞观三年，太宗谓司空裴寂曰："比有上书奏事，条数甚多，朕总粘之屋壁，出入观省。所以孜孜不倦者，欲尽臣下之情。每一思政理，或三更方寝。亦望公辈用心不倦，以副朕怀[1]。"

[注释]

[1]副，符合。

○贞观五年，太宗谓房玄龄曰："自古帝王多任情喜怒，喜则滥赏无功，怒则滥杀无罪。以

"君臣上下，各尽至公，共相切磋，以成理道"，这16个字是唐太宗"君臣共治"理念的集中概括，也是取得"贞观之治"的重要保障。贞观年间的直谏、纳谏深受推崇，正根源于此。

是天下丧乱，莫不由此。朕今夙夜未尝不以此为心，恒欲公等尽情极谏。公等亦须受人谏语，岂得以人言不同己意，便即护短不纳？若不能受谏，安能谏人？"

○贞观六年，太宗以御史大夫韦挺、中书侍郎杜正伦、秘书少监虞世南、著作郎姚思廉等上封事称旨[1]，召而谓曰："朕历观自古人臣立忠之事，若值明主，便得尽诚规谏，至如龙逄、比干[2]，竟不免孥戮[3]。为君不易，为臣极难。朕又闻龙可扰而驯之，然颔下有逆鳞，触之则杀人，人主亦然。卿等遂不避犯触，各进封事。常能如此，朕岂虑社稷之倾败！每思卿等此意，不能暂忘，故诏卿等设宴为乐。"仍赐帛有差。

王夫之《读通鉴论》卷二十："太宗曰：'未能受谏，安能谏人。'此知本之论也。"人臣不仅要"尽情极谏"帝王，还必须"受人谏语"，不能因为"人言不同己意"就"护短不纳"。"不能受谏，安能谏人"，实在是各级官员应该牢记的一句箴言！

"为君不易，为臣极难"，这是从治国施政实践中体悟出的两句大实话！

[注释]

[1] 御史大夫：最高监察机构御史台长官，置一员，从三品，掌邦国刑法典章，纠弹百官违法。中书侍郎：中书省副长官，置二员，正四品上。秘书少监：秘书监副长官，置二员，从四品上。著作郎：秘书省著作局长官，置二员，从五品上，掌修撰碑志、祝文、祭文，与佐郎分判局事。　[2] 龙逄、比干：夏桀、商纣之贤臣，皆以忠谏被杀。　[3] 孥戮：连妻、儿一起杀死。

这段文字，通行本别作一章。

太常卿韦挺常上疏陈得失[1]，太宗赐书曰："得所上意见，极是谠言，辞理可观，甚以为慰。若齐桓之难，夷吾有射钩之罪；蒲城之役[2]，勃鞮为斩袂之仇。而小白不以为疑[3]，重耳待之若旧。岂非各吠非主[4]，志在无二。卿之深诚，见于斯矣。若能克全此节，则保令名。如其怠之，可不惜也。勉励终始，垂范将来，当使后之视今，亦犹今之视古，不亦美乎？朕比不闻其过，未睹其阙，赖竭忠恳，数进嘉言，用沃朕怀，一何可道！"

[注释]

[1]太常卿：九卿之一，太常寺长官，置一员，正三品，掌礼乐郊庙社稷之事。　[2]"蒲城之役"以下二句是说：春秋时晋国内乱，公子重耳奔蒲城，晋献公使勃鞮刺杀重耳，勃鞮追之不及，仅割断其衣袖，故谓之"斩袂之仇"。　[3]"而小白不以为疑"以下二句：紧接上述两个典故，齐桓公小白不以管仲曾射中其带钩而怀疑管仲，晋文公重耳不记勃鞮曾斩断其衣袖之仇而待之如故旧。　[4]各吠非主：不咬主人，只咬别人。原作"各吠其主"，据建治本、内藤本、通行本改。

○贞观八年，太宗谓侍臣曰："朕每闲居静

坐，则自内省。恒恐上不称天心，下为百姓所怨。但思正人匡谏，欲令耳目外通，下无冤滞。又比见人来奏事者，多有怖慑[1]，言语致失次第。寻常奏事，情犹如此，况欲谏诤，必当畏犯龙鳞。所以每有谏者，纵不合朕心，亦不以为忤。若即嗔责，深恐人怀战惧[2]，岂敢更言！”

[注释]

　[1]怖慑（shè）：恐惧，害怕。　[2]战惧：原脱“战”字，据建治本、内藤本、通行本补。

○贞观十五年，太宗问魏徵曰：“比来朝臣都不论事，何也？”对曰：“陛下虚心采纳，诚宜有言。然古人云：‘未信而谏，则谓之谤己；信而不谏，谓之尸禄[1]。’但人之材器，各有不同。懦弱之人，怀忠直而不能言；疏远之人，恐不信而不得言；怀禄之人[2]，虑不便身而不敢言。所以相与缄默，俛仰过日[3]。”太宗曰：“诚如卿言。朕每思之，臣欲进谏，辄惧死亡之祸，夫与赴鼎镬、冒白刃[4]，亦何异哉！故忠贞之臣，非不欲竭诚，乃是极难。所以禹拜昌言[5]，岂不谓此以上数章都是唐太宗体谅"为臣极难"，竭诚"乃是极难"，把极言谏诤视为"赴鼎镬、冒白刃"，再三表示"朕今开怀抱、纳谏诤"，"纵不合朕心，亦不以为忤"，希望"卿等遂不避犯触，尽情极谏"。

也！朕今开怀抱、纳谏诤，卿等无劳怖畏，遂不极言。"

[注释]

[1]尸禄：只拿俸禄而不作为。　[2]怀禄之人：只想官位、俸禄之人。　[3]俛仰：同"俯仰"，应付。　[4]鼎镬（huò）：铜铸烹饪器物。鼎有三足，镬无足，即大锅。此处用指鼎镬烹人的酷刑。　[5]禹拜昌言：禹拜谢舜让他直言进谏。昌言，畅言、尽情进言。

○贞观十六年，太宗谓房玄龄曰："自知者明，信为难矣。如属文之士、伎巧之徒[1]，皆自谓己长，他人不及。若名工文匠，商略诋诃[2]，芜词拙迹，于是乃见。由此言之，人君须得匡谏之臣，举其愆过[3]。一日万机，一人听断，虽复忧劳，安能尽善？常念魏徵随事谏正，多中朕失，如明镜鉴形，美恶毕见[4]。"因举觞赐玄龄等数人以勖之[5]。

与卷一《论政体》篇贞观四年一章呼应，表明唐太宗十多年来始终保持着这种"自知之明"的态度，反映其"求谏"的意识。

[注释]

[1]属（zhǔ）文之士：写文章的人。属，缀辑、撰著。　[2]商略诋诃：商讨品评，指责批评。　[3]愆过：错误、过失。　[4]毕见：原作"必见"，据建治本、内藤本及吴兢《上玄宗皇帝纳谏》

疏引太宗语改。　　[5]勖（xù）：勉励。

○贞观十七年[1]，太宗尝问谏议大夫褚遂良曰："昔舜造漆器[2]，禹雕其俎[3]，当谏舜、禹十有余人。食器之间，何须苦谏？"遂良曰："雕琢害农事，纂组伤女工。首创奢淫，危亡之渐[4]。漆器不已，必金为之。金器不已，必玉为之。所以诤臣必谏其渐，及其满盈，无所复谏。"太宗曰："卿言是也。朕所为事，若有不当，或在其渐，或已将终，皆宜进谏。比见前史，或有人臣谏事，遂答云'业已为之'，或道'业已许之'，竟不为停改。此则危亡之祸，可反手而待也。"

　　"必谏其渐，及其满盈，无所复谏"，这是对谏言、谏诤时机的提醒！出现苗头就必须直言、直谏，等到问题成堆才想起建言献策，已经于事无补，无济于事了。防微杜渐，善于发现混乱、祸害的苗头，是任何时代执政者、任何部门主事者都必须具备的基本素质。

　　[注释]

　　[1]贞观十七年：原无此五字，据通行本及《资治通鉴》补。　　[2]舜造漆器：相传造漆器自舜始。　　[3]禹雕其俎：相传禹祭祀用雕有花纹的俎来盛祭品。雕，镂饰。俎，装祭祀用品的器物，又指砧板，长方形，两端有足。　　[4]危亡之渐：危亡的苗头。渐，苗头、开端。

　　[点评]

　　本篇着重唐太宗"求谏"及相关认识。历来谈"贞观之治"，都以唐太宗的任贤纳谏最受称赞，但这仅仅止于赞美唐太宗的"兼听纳下"，却忽略了唐太宗的"君臣共治"理念。在"君为臣纲"的专制体制下，能够如此明确地表示自己的"志向"："朕今志在君臣上下，各尽至公，共相切磋，以成理道。公等各宜务尽忠说，匡救朕恶，终不以直言忤意，辄相责怒。"这显然是对"一人独断"体制的一种挑战，希望实现君臣"各尽至公，共相切磋"的政体，而且不忌讳用"朕恶"一词。这在中国历史上，实在是最圣明的治国施政理念！由于有这一"志向"或理念，才会有贞观年间"诏敕不稳便必须执奏"、大臣不间断直谏的种种美谈。

纳谏第五

本篇明本九章，通行本十章，分贞观十八年一章为二章。

　　○贞观初，太宗与黄门侍郎王珪宴语。时有美人侍侧[1]，本庐江王瑗之姬也，瑗败，籍没入宫[2]。太宗指珪曰："庐江不道，贼杀其夫而纳其室[3]，暴虐之甚，何有不亡者乎！"珪避席曰[4]："陛下以庐江取之为是耶，为非也？"太宗曰："安有杀人而取其妻，卿乃问朕是非，何也？"珪对曰："臣闻于《管子》曰[5]：'齐桓公之郭国[6]，问其父老曰："郭何故亡？"父老曰："以其善善而恶恶也。"桓公曰："如子之言，乃贤君也，何至于亡？"父老曰："不然，郭君善善而不能用，恶恶而不能去，所以亡也。"'今此妇人尚在左右，臣窃以圣心为是之也，陛下若以为非，所谓知恶而不去也。"太宗大悦，称为至言，遽令美人还其亲族。

[**注释**]

[1]美人：内宫女官，置四员，正四品，掌率女官修祭祀、宾客之事。　[2]籍没：登记罪犯家人，没收财产。　[3]贼杀：杀害。贼，虐害、杀害。　[4]避席：离座而起。古人席地而坐，离开座位起来，表示尊敬。　[5]《管子》：传本24卷，旧题管仲撰，有管仲身后事，为后人附益。　[6]之郭国：前往郭国。郭国，春秋时小国。

〇贞观四年，诏发卒修洛阳之乾元殿，以备巡狩[1]。给事中张玄素上书谏曰[2]：

陛下智周万物[3]，囊括四海。令之所行，何往不应？志之所欲，何事不从？微臣窃思秦始皇之为君也，藉周室之余，因六国之盛，将贻之万叶，及其子而亡，谅由逞嗜奔欲，逆天害人者也。是知天下不可以力胜，神祇不可以亲恃[4]。惟当弘俭约、薄赋敛，慎终如始，可以永固。

[注释]

[1]巡狩：亦作"巡守"，指天子巡视地方，一般五年一次。　[2]给事中：门下省属官，置四员，正五品上，掌侍左右，分判门下省事。诏敕不稳便，涂窜奏还；审署奏抄，驳正违失；刑审失中，裁其轻重。　[3]智周万物：智慧高超，遍及万物。　[4]神祇不可以亲恃：神灵不可以亲近依杖。神，天神。祇，地神。此处泛指一切神灵。

方今承百王之末，属凋弊之余，必欲节之以礼制，陛下宜以身为先。东都未有幸期，即令补葺[1]；诸王今并出藩[2]，又须营构。兴发数多，岂疲人之所望？其不可一也。陛下初平东都之始，层构广殿，皆令撤毁，天下翕然[3]，同心倾仰。岂有初则恶其侈靡，今乃袭其雕丽？其不可二也。每承音旨，未即巡幸，此乃事不急之务，成虚费之劳。国无兼年之积[4]，何用两都之好[5]？劳役过度，怨讟将起。其不可三也。百姓承乱离之后，财力凋尽，天恩含育，粗见存立，饥寒犹切，生计未安，三五年间，恐未能复。奈何营未幸之都，而夺疲人之力？其不可四也。昔汉高祖将都洛阳，娄敬一言[6]，即日西驾。岂不知地惟土中[7]，贡赋所均，但以形胜不如关内也。

伏惟陛下化凋弊之人，革浇漓之俗，为日尚浅，未甚淳和，斟酌事宜，讵可东幸？其不可五也。

[注释]

[注释]

[1] 补葺：修补装饰。　[2] 出藩：出京守护藩国。此处指被分封诸王到受封之地就职。　[3] 翕（xī）然：统一、协调。　[4] 兼年：两年。　[5] 两都：西都长安、东都洛阳。　[6]"娄敬一言"以下二句是说：西汉初，娄敬在洛阳向高祖刘邦献定都关中之策，刘邦最终采纳，起驾西行。[7]"岂不知地惟土中"以下三句是说：难道不知洛阳地处国之中心，缴纳贡赋路程均衡，唯独地理形势不如关内险要。形胜，地理形势优胜。

臣尝见隋室初造此殿，楹栋宏壮，大木非近道所有，多自豫章采来[1]。二千人拽一柱，其下施毂[2]，皆以生铁为之，中间若用木轮，动即火出。略计一柱，用数十万功，则余费又过倍于此。臣闻阿房成[3]，秦人散；章华就，楚众离；乾元毕工，隋人解体。且陛下今时功力，何如隋日？承凋残之后，役疮痍之人，费亿万之功，袭百王之弊，以此言之，甚于炀帝远矣。深愿陛下思之，无为由余所笑[4]，则天下幸甚。

与下文合看，将唐太宗修乾元殿与隋炀帝、夏桀、商纣的行径相比，表明大臣的敢于直谏。

[注释]

[1]豫章：古地名，一指江北淮南之地，一指今江西省南昌市。 [2]其下施毂：下面使用轮轴。 [3]"臣闻阿房成"以下六句是说：我听说阿房宫建成，秦朝分崩离析；章华台筑就，楚国人心离散；乾元殿竣工，隋朝随之崩解。 [4]无为由余所笑：不要被由余笑话。典出《史记·秦本纪》。西戎王使由余观秦，秦缪公示以宫室、积聚。由余曰："鬼为之，则劳神矣。使人为之，亦苦民矣。"又笑曰："此乃中国所以乱也。"

太宗谓玄素曰："卿以我不如炀帝，何如桀、纣？"对曰："若此殿卒兴，所谓同归于乱。"太宗叹曰："我不思量，遂至于此。"顾谓房玄龄曰："今玄素上表，洛阳亦实未宜修造，后必事理须行，露坐亦复何苦？所有作役，宜即停之。然以卑干尊[1]，古来不易，非其忠直，安能若此？且众人之唯唯[2]，不如一士之谔谔。可赐绢五百匹。"魏徵叹曰："张公遂有回天之力，可谓仁人之言，其利博哉！"

与上文合看，唐太宗能无保留地兼听纳谏，表明此时已形成君臣议政的良好风气。

[注释]

[1]以卑干尊：以卑微冒犯尊贵。干，冒犯。 [2]"且众人之唯唯"以下二句是说：多人唯唯诺诺，不如一人敢于争辩。谔谔，直言争辩。

○太宗有一骏马，特爱之，恒于宫中养饲，无病而暴死。帝怒养马宫人，将杀之。皇后谏曰[1]："昔齐景公以马死杀人，晏子请数其罪云：'尔养马而死，尔罪一也。使公以马杀人，百姓闻之，必怨吾君，尔罪二也。诸侯闻之，必轻吾国，尔罪三也。'公乃释罪。陛下尝读书见此事，岂忘之耶？"太宗意乃解。又谓房玄龄曰："皇后庶事相启沃，极有利益尔。"

皇后谏。长孙皇后的规劝，是唐太宗成为"圣君"的重要因素。

[注释]

[1] 皇后：长孙皇后。

○贞观七年，太宗将幸九成宫，散骑常侍姚思廉进谏曰[1]："陛下高居紫极[2]，宁济苍生，应须以欲从人，不可以人从欲。然则离宫游幸，此秦皇、汉武之事，固非尧、舜、禹、汤之所为也。"言甚切至。太宗谕之曰："朕有气疾[3]，热便顿剧，故非情好游幸，甚嘉卿意。"因赐帛五十段。

[注释]

[1] 散骑常侍：门下省属官，置二员，从三品，掌侍奉规谏，

备顾问应对。　[2]紫极：古以紫微星垣比喻皇帝住处，称作紫极。　[3]气疾：即"气病"，为上气、贲豚气、七气、九气、逆气、短气等症候，见隋巢元方《诸病源候论》。

○李大亮，贞观初为凉州都督[1]，尝有台使至州境[2]，见有名鹰，讽大亮献之[3]。大亮密表曰："陛下久绝畋猎，而使者求鹰。若是陛下之意，深乖昔旨；如其自擅，便是使非其人。"太宗下书曰："以卿兼资文武，志怀贞确[4]，故委藩牧[5]，当兹重寄。比在州镇，声绩远彰，念此忠勤，无忘寤寐。使遣献鹰，遂不曲顺，论今引古，远献直言，披露腹心，非常恳到，览用嘉叹，不能已已。有臣若此，朕复何忧！宜守此诚，终始若一。《诗》云：'靖恭尔位[6]，好是正直。神之听之，介尔景福。'古人称一言之重，侔于千金[7]，卿之此言，深足贵矣。今赐卿金壶瓶、金碗各一枚，虽无千镒之重[8]，是朕自用之物。卿立志方直，竭节至公，处职当官，每副所委，方大任使，以申重寄。公事之闲，宜观典籍。兼赐卿荀悦《汉纪》一部[9]，此书叙致简要，论议深博，极为政之体，尽君臣之义，今以赐卿，宜加寻阅。"

唐太宗评价《汉纪》，鼓励大臣读史。

[**注释**]

[1]凉州：今甘肃省武威市。　[2]台使：朝廷派出的使臣。　[3]讽：暗示。　[4]贞确：坚贞刚强。　[5]藩牧：重镇镇守。藩，屏。牧，守。　[6]"靖恭尔位"以下四句：意为安于你的职位，喜好正直，神明听到，赐你大福。出自《诗·小雅·小旻》。　[7]侔：等于。　[8]镒（yì）：古代重量单位，一镒重二十两或二十四两。　[9]荀悦《汉纪》：荀悦，东汉末秘书监，撰《汉纪》30卷，为编年体西汉史。

○贞观八年，陕县丞皇甫德参上书忤旨[1]，太宗以为讪谤[2]。侍中魏徵进言曰："昔贾谊当汉文帝上书云云，'可为痛哭者，可为长叹者'。自古上书，率多激切。若不激切，则不能起人主之心。激切即似讪谤，惟陛下详其可否。"太宗曰："非公无能道此者。"赐德参帛二十段。

[**注释**]

[1]上书忤旨：上奏中有冒犯皇帝之处。　[2]讪谤：诽谤。

○贞观中，遣使诣西域立叶护可汗[1]，未还，又令人多赍金帛，历诸国市马。魏徵谏曰："今发使以立可汗为名，可汗未定立，即诣诸国市马，彼必以为意在市马，不为专立可汗。可汗得立，则不甚怀恩；不得立，则生深怨。诸蕃闻之，且不重中国。但使彼国安宁，则诸国之马，不求自至。昔汉文帝有献千里马者，曰：'吾吉行日三十[2]，凶行日五十[3]，銮舆在前[4]，属车在后[5]，吾独乘千里马，将安之乎？'乃偿其道里所费而返之。又光武有献千里马及宝剑者，以马驾鼓车[6]，剑以赐骑士。今陛下凡所施为，皆遐过三王之上[7]，奈何至此欲为孝文、光武之下乎？又魏文帝求市西域大珠，苏则曰：'若陛下惠及四海，则不求自至，求而得之，不足贵也。'陛下纵不能慕汉文之高行，可不畏苏则之言耶？"太宗欣然而止。

[注释]

[1]西域：汉唐时期对玉门关以西地域的总称。叶护可汗：即西突厥乙毗沙钵罗叶护可汗，贞观十五年秋七月唐太宗命左领军将军张大师持节往西域册立。　[2]吉行：巡幸祭祀。　[3]凶行：出兵打仗。　[4]銮舆：皇帝出行的车驾。　[5]属车：皇帝出行的副车。　[6]鼓车：载鼓之车，皇帝出行的仪仗之一。　[7]遐过：远远超过。

○贞观十七年，太子右庶子高季辅上疏陈得

失。特赐钟乳一剂[1]，谓曰："卿进药石之言[2]，故以药石相报。"

[注释]

[1]钟乳：石灰岩洞顶部垂下的碳酸钙积淀物，入药，通气健胃。　[2]药石之言：针砭时弊的良言。药石，治病的药物和石砭，亦泛指药物。

○贞观十八年，太宗谓长孙无忌等曰："夫人臣之对帝王，多顺从而不逆，甘言以取容。朕今发问，不得有隐，宜以次言朕过失。"长孙无忌、唐俭等咸曰："陛下圣化道致太平，以臣观之，不见其失。"黄门侍郎刘洎对曰："陛下拨乱造化，实功高万古，诚如无忌等言。然顷有人上书，辞理不称者，或对面穷诘[1]，无不惭退，恐非奖进言者。"上曰："此言是也，当为卿改之。"

[注释]

[1]穷诘：刨根问底的追问。

太宗尝怒苑西面监穆裕[1]，命于朝堂斩之。时高宗为皇太子，遽犯颜进谏，太宗意乃解。司

这段文字，通行本别作一章。

徒长孙无忌曰[2]：“自古太子之谏，或承间从容而言。今陛下发天威之怒，太子申犯颜之谏，斯诚古今未有。”太宗曰：“夫人久相与处，自然染习。自朕御天下，虚心正直，即有魏徵朝夕进谏。自徵云亡，刘洎、岑文本、马周、褚遂良等继之。太子幼在朕膝前，每见朕心悦谏者，因染以成性，故有今日之谏。”

太子谏，从又一个侧面反映贞观年间的纳谏风气。

[注释]

[1]西面监：原作“西监”，据建治本、内藤本及《新唐书·百官志》补“面”字。　[2]司徒：三公之一，置一员，正一品，佐天子理邦国，无所不统。

[点评]

本篇主要是唐太宗“纳谏”的具体事例，参见《直谏附》篇［点评］。

直谏附

这一附篇明本十六章，通行本十章，合并一章，移出五章。

○贞观二年，隋通事舍人郑仁基女年十六七[1]，容色绝姝，当时莫及。文德皇后访求得之[2]，请备嫔御，太宗乃聘为充华[3]。诏书已出，策使未发[4]，魏徵闻其已许嫁陆氏，方遽进而言曰："陛下为人父母，抚爱百姓，当忧其所忧，乐其所乐。自古有道之主，以百姓心为心，故君处台榭，则欲民有栋宇之安；食膏粱，则欲民无饥寒之患；顾嫔御，则欲民有室家之欢。此人主之常道也。今郑氏之女，久已许人，陛下取之不疑，无所顾问，播之四海，岂为民父母之义乎？臣传闻虽或未的[5]，然恐亏损圣德，情不敢隐。君举必书，所愿特留神虑。"太宗闻之大惊，手诏答之，深自克责[6]，遂停策使，乃令女还旧夫。左仆射房玄龄、中书令温彦博、礼部尚书王珪、御史大夫韦挺等云："女适陆氏，无显然之状，大礼既行，不可中止。"又陆氏抗表云："某父康在日，与郑家还往，时相赠遗资财，初无婚姻交涉亲戚。"并云："外人不知，妄有此说。"大臣又劝进。太宗于是颇以为疑，问徵曰："群臣或顺旨，陆氏何为过尔分疏[7]？"徵曰："以臣度之，其意可识，将以陛下同于太上皇[8]。"太宗曰："何也？"徵曰："太上皇初平京城，得辛处俭妇，稍蒙遇宠。处俭时为太子舍人[9]，太

事事不忘百姓心，这是"为君之道，必须先存百姓"理念的重要组成部分。

上皇闻之不悦，遂令东宫出为万全县，每怀战惧，常恐不全首领。陆爽以为陛下今虽容之[10]，恐后阴加谴谪，所以反复自陈，意在于此，不足为怪。"太宗笑曰："外人意见，或当如此。然朕之所言，未能使人必信。"乃出敕曰："今闻郑氏之女，先已受人礼聘，前出文书之日，事不详审，此乃朕之不是，亦为有司之过。授充华者宜停。"时莫不称叹！

[注释]

[1] 通事舍人：隋内史省属官，后改为通事谒者，置十六员，从六品上，掌呈递奏章，引见臣僚，传达圣旨等。 [2] 文德皇后：即太宗皇后长孙氏。 [3] 充华：后宫女官，唐初九嫔之一，正二品。 [4] 策使：皇帝封授臣下、后妃官爵为"册封"，宣读"册封"的使者即册使或策使。策，通"册"。 [5] 未的：不准确，未必可靠。 [6] 克责：深刻自责。克，通"刻"。 [7] 过尔分疏：如此过分分辩陈述。尔，这样。分疏，分辩陈述。 [8] 太上皇：皇帝之父。原本为尊死者，后凡传位给太子者自称太上皇。此处指李世民之父李渊。 [9] 太子舍人：东宫右春坊属官，置四员，正六品上，掌行令书、表启。 [10] 陆爽：即陆氏之名，郑仁基女儿的未婚夫。

这一章，通行本移在卷六《杜谗邪》篇。

○贞观十年，太宗谓侍臣曰："太子保傅[1]，古难其选。成王幼小，以周、召为保傅，左右皆贤，足以长仁，致理太平，称为圣主。及秦之胡亥，始皇所爱，赵高作傅，教以刑法。及其篡也，诛功臣、杀亲戚，酷烈不已，旋踵亦亡。以此而言，人之善恶，诚由近习[2]。朕弱冠交游，惟柴绍、窦诞等，为人既非三益[3]。及朕居兹宝位，经理天下，虽不及尧、舜之明，庶免乎孙皓、高纬之暴[4]。以此而言，复不由染，何也？"魏徵曰："中人可与为善，可与为恶，然上智之人自无所染。陛下受命自天，平定寇乱，救万民之命，理致升平，岂绍、诞之徒能累圣德？但经云：'放郑声，远佞人[5]。'近习之间，尤宜深慎。"太宗曰："善。"

[注释]

[1]保傅：指太子太保、太傅，辅导太子的高官。　[2]近习：所亲近者。　[3]三益：三种有益的长处，正直、诚信、博学。《论语·季氏下》曰："益者三友……友直，友谅，友多闻，益矣。"　[4]孙皓、高纬之暴：三国吴、北齐亡国之君的暴政。　[5]放郑声，远佞人：抛弃靡靡之音，远离奸佞之人。原作"放郑声淫远佞人"，据写字台本、通行本删"淫"字。郑声，郑国乐歌，多靡靡之音，孔子谓"郑声淫"。

○贞观三年，诏关中免二年租税，关东给复一年[1]。寻有敕：已役已纳，并遣输了，明年总为准折[2]。给事中魏徵上书曰："臣伏见八月九日诏书，率土皆给复一年。老幼相欢，咸歌且舞。又闻有敕，丁已配役[3]，即令役满折造[4]，余物亦遣输了，待明年总为准折。道路之人，或失所望。此诚平分百姓，均同己子。但下民难与图始[5]，日用不足，皆以国家追悔前言，二三其德[6]。臣窃闻之，天之将辅者仁，人之所助者信。今陛下初膺大宝[7]，亿兆观德。始发大号[8]，便有二言。生八表之疑心，失四时之大信。纵国家有倒悬之急，犹必不可。况以太山之安，而辄行此事！为陛下为此计者，于财利小益，于德义大损。臣诚智识浅短，窃为陛下惜之。伏愿少览臣言，详择利益。冒昧之罪，臣所甘心。"

[注释]

[1]关东给复一年：关东免除租赋徭役一年。关东，潼关以东。给复，免除租赋徭役。　[2]明年总为准折：明年再合计折算。　[3]丁已配役：成年男子已调配服役。　[4]"即令役满折造"以下三句是说：就令他们服役期满后折算租税，其余物产

也交纳完毕，等到明年合起来作为依据折算。造，农作物收获次数，此处指借指租税。　[5]难与图始：难于一开始就商议确定。　[6]二三其德：三番两次改变主意，言行不一。　[7]初膺大宝：初登帝位。膺，受、当。大宝，帝位。　[8]大号：诏书。

　　○简点使、右仆射封德彝等[1]，并欲中男十八已上简点入军[2]。敕三四出，徵执奏以为不可。德彝重奏："今见简点使云，次男内大有壮者[3]。"太宗怒，乃出敕："中男已上，虽未十八，身形壮大亦取。"徵又不从，不肯署敕[4]。太宗召徵及王珪，作色而待之，曰："中男若实小，自不点入军。若实大，亦可简取，于君何嫌，过作如此固执，朕不解公意！"徵正色曰："臣闻竭泽取鱼，非不得鱼，明年无鱼。焚林而畋，非不获兽，明年无兽。若次男已上尽点入军，租赋杂徭，将何取给？且比年国家卫士，不堪攻战。岂为其少，但为礼遇失所，遂使人无斗心。若多点取，人还充杂使，其数虽众，终是无用。若精简壮健，遇之以礼，人百其勇，何必在多？陛下每云，'我之为君，以诚信待物，欲使官人百姓，并无矫伪之心'。自登极以来，大事三数件，皆

皇帝诏敕有问题，一个五品官就是不签署下发，这是中国历史上恪尽职守、坚持原则的典范！唐代制度规定，正五品官给事中的职掌之一就是"诏敕不稳便，涂窜而奏还"。从这里看出，这项制度并非徒具虚文，是切实执行了的。当然，这与卷一《论政体》篇唐太宗反复强调"诏敕颁下有未稳便者，必须执奏，不得顺旨即便施行"的旨意密不可分。

为人君者，当以诚信待人待物。魏徵以诏敕是否诚信劝谏，使唐太宗知其行事有"错失"。

是不信，复何以取信于人？"太宗愕然曰："所云不信，是何等也？"徵曰："陛下初即位，诏书曰：'逋租宿债[5]，欠负官物，并悉原免[6]。'即令所司，列为事条，秦府国司，亦非官物。陛下自秦王为天子，国司不为官物，其余物复何所有？又关中免二年租调，关外给复一年。百姓蒙恩，无不欢悦。更有敕旨：'今年白丁多以役讫，若从此放免，并是虚荷国恩[7]，若已折已输，今总纳取了，所免者皆以来年为始。'散还之后，方更征收，百姓之心，不能无怪。已征得物，便点入军，来年为始，何以取信？又共理所寄，在于刺史、县令[8]，常年貌税[9]，并悉委之。至于简点，即疑其诈伪。望下诚信，不亦难乎？"太宗曰："我见君固执不已，疑君蔽此事。今论国家不信，乃人情不通。我不寻思，过亦深矣。行事往往如此错失，若为致理？"乃停中男，赐徵金瓮一口，赐珪绢五十四。

[注释]

[1]简点使：主持督察应役入军事务的使臣。　[2]中男：十六岁至二十岁未成丁男子。唐初规定，十六岁以上为中，

二十一岁成丁。　[3]次男：长子以下的男子。　[4]署敕：签发敕书。　[5]逋租宿债：拖欠的租税和积累的旧债。原作"逋私宿债"，据通行本改。　[6]原免：赦免。　[7]虚荷国恩：表面接受国家恩惠，实际并没有受益。　[8]刺史：州的最高行政长官，置一员，上州从三品，中州、下州正四品下。唐代以户满四万以上为上州，户满二万以上为中州，户不满二万为下州。　[9]貌税："阅其貌以验老小"，定其租、役数目，征收赋税、徭役。

○贞观五年，治书侍御史权万纪、侍御史李仁发[1]，俱以告讦谮毁数蒙引见[2]，遂任心弹射，肆其欺罔，令在上震怒，臣下无以自安。内外知其不可[3]，而莫能论争。给事中魏徵正色而奏之曰："权万纪、李仁发并是小人，不识大体，以谮毁为是、告讦为直，凡所弹射，皆非有罪。陛下掩其所短，收其一切。乃骋其奸计，附下罔上，多行无礼，以取强直之名。诬房玄龄，斥退张亮，无所肃厉[4]，徒损圣明。道路之人，皆兴谤议。臣伏度圣心，必不以为谋虑深长，可委以栋梁之任，将以其无所避忌，欲以警厉群臣[5]。若信其回邪[6]，犹不可以小谋大，群臣素无矫伪，空使臣下离心。以言其龄、亮之徒，犹不可得伸其枉直，其余疏浅，孰能免其欺罔？伏愿陛下留

意再思，自驱使二人以来，有一弘益，臣即甘心
斧钺，受不忠之罪。陛下纵未能举善以崇德，岂
可进奸而自损乎？"太宗欣然纳之，赐徵绢五百
匹。其万纪又奸状渐露，仁发亦解黜，万纪贬连
州司马[7]。朝廷咸相庆贺焉。

[**注释**]

[1]治书侍御史：御史台副长官，置二员，正四品下。因避
高宗名讳，改治为持，作"持书侍御史"。侍御史，御史台属官，
置四至六员，从六品下，掌纠举百僚及入阁承诏，知推、弹、杂
事。　[2]告讦（jié）谮毁：告密中伤。讦，专揭别人短处、隐私。
谮毁，中伤、诋毁。　[3]内外：原无"内"，据建治本、内藤本
补。　[4]肃厉：整肃勉励。　[5]警厉：告诫劝勉。　[6]信其回邪：
信任枉曲不正之人。回邪，枉曲不正。　[7]连州：今广东清远连
州。司马，州郡佐官，位刺史、长史（别驾）下，置一员，从五
品下至从六品上。

○贞观六年，有人告尚书右丞魏徵[1]，言其
阿党亲戚[2]。太宗使御史大夫温彦博案验其事[3]，
乃言者不直。彦博奏称，徵既为人臣，须存形迹，
不能远避嫌疑[4]，为人所道，虽在无私，亦有可
责。遂令彦博谓徵曰："尔谏正我数百条，岂以
此小事便损众美。自今已后，不得不存形迹[5]。"

居数日，太宗问徵曰："昨来在外，闻有何不是事？"徵正色曰："前日令彦博宣敕语臣云：'因何不作形迹？'此言大不是。臣闻君臣同契，义皆一体。未闻不存公道，惟事形迹。若君臣上下，同遵此路，则邦国之兴丧，或未可知！"太宗矍然改容曰[6]："前发此语，寻已悔之。实大不是，公亦不得遂怀隐避。"徵乃拜而言曰："臣以身许国，直道而行，必不敢有所欺负。但愿陛下使臣为良臣，勿使臣为忠臣。"太宗曰："忠、良有异乎？"徵曰："良臣，稷、契、咎繇是也。忠臣，龙逢、比干是也[7]。良臣使身获美名，君受显号，子孙传世，福禄无疆。忠臣身受诛夷，君陷大恶，家国并丧，独有其名。以此而言，相去远矣。"太宗曰："君但莫违此言，我必不忘社稷之计。"乃赐绢二百匹。

忠臣、良臣的重要区别。

[注释]

[1]尚书右丞：尚书省属官，与左丞对掌尚书都省政务，置一员，正四品下，分管兵、刑、工三部。　[2]阿党亲戚：偏袒、包庇亲戚。　[3]案验其事：查办此事。　[4]为人臣，须存形迹，不能远避嫌疑：原无此十三字，据写字台本及《旧唐书·魏徵传》

补。 [5]不存行迹：不检点行为举止。 [6]矍然：惊奇貌。 [7]良臣，稷、契、咎繇是也。忠臣，龙逄、比干是也：原无此十六字，据写字台本及《旧唐书·魏徵传》补。

○贞观六年，匈奴克平[1]，远夷入贡，符瑞日至[2]，年谷频登。岳牧等屡请封禅[3]，群臣等又称述功德，以为"时不可失，天不可违，今行之，臣等犹谓其晚"，惟魏徵以为不可。太宗曰："朕欲得卿直言之，勿有所隐。朕功不高耶？"曰："功高矣。""德未厚耶？"曰："德厚矣。""华夏未理耶？"曰："理矣。""远夷未慕耶[4]？"曰："慕矣。""符瑞未至耶？"曰："至矣。""年谷不登耶？"曰："登矣。""然则何为不可？"对曰："陛下功高矣，民未怀惠。德厚矣，泽未滂流[5]。华夏安矣，未足以供事。远夷慕矣，无以供其求。符瑞虽臻[6]，而罻罗犹密。积岁丰稔，而仓廪尚虚。此臣所以切谓未可。臣未能远譬，且借近喻于人。有人十年长患[7]，疼痛不能任持，疗理且愈，皮骨仅存，便欲负一石米，日行百里，必不可得。隋氏之乱，非止十年。陛下为之良医，除其疾苦，虽已乂安，未甚充实，告成天地，臣窃有疑。且陛下东封，万国咸萃[8]，要荒之外[9]，莫不奔驰。今自伊、洛之东[10]，暨乎海、岱[11]，灌莽巨泽[12]，茫茫千里，人烟断绝，鸡犬不闻，道路萧条，进退艰阻。宁可引彼戎狄，示以虚弱？竭财以赏，未厌远人之望[13]；加年给复，不偿百姓之劳。或遇水旱之灾，风雨之变，庸夫邪议，悔不可追。岂独臣之诚恳，亦有舆人之论。"大宗称善，于是乃止。

[**注释**]

[1] 匈奴：此处借指东突厥。　[2] 符瑞日至：吉祥的征兆天天传至朝廷。　[3] 岳牧：传说中的四岳与二十四牧的合称，后借指州府长官。封禅：皇帝祭祀天地山川的大典。登泰山筑坛祭天叫做"封"，在泰山南面的梁父山辟基祭地叫做"禅"。　[4] "远夷未慕耶"以下六句：原无此十六字，据通行本补。　[5] 滂（pāng）流：恩泽没有像大水涌流那样遍布四方，惠及众人。　[6] "符瑞虽臻"以下二句是说：祥瑞的征兆虽然出现，但刑狱法网还是密布天下。臻，至、出现。罻（wèi），捕鸟小网。罗，亦是网。　[7] 十年：通行本无此二字。　[8] 万国咸萃：各国参加封禅的使者聚集一起。咸萃，荟萃。　[9] 要荒：即要服、荒服，均为边远地方。　[10] 伊、洛之东：伊水、洛水以东，泛指今河南东部与山东大部地区。　[11] 海、岱：东海和泰山。岱，岱岳，即泰山。　[12] 灌莽：灌木丛生。　[13] 厌：满足。

○贞观七年，蜀王妃父杨誉在省竞婢[1]，都官郎中薛仁方留身勘问[2]，未及予夺。其子为千牛[3]，于殿廷陈诉云："五品以上非反逆不合留身。以是国亲，故生节目[4]，不肯决断，淹留岁月。"太宗闻之，怒曰："知是我亲戚，故作如此艰难。"即令杖仁方一百，解所任官。魏徵进曰："城狐社鼠皆微物[5]，为其有所凭恃，故除之犹不易。况世家、贵戚，旧号难理。汉、晋已来，不能禁御。武德之中，以多骄纵，陛下登极，方始萧条。仁方既是职司，能为国家守法，岂可枉加刑罚，以成外戚之私乎！此源一开，万端争起，后必悔之，将无所及。自古能禁断此事，惟陛下一人。备豫不虞[6]，为国常道，岂可以水未横流，便欲自毁堤防？臣切思度，未见其可。"太宗曰："诚如公言，向者不思。然仁方辄禁不言，颇是专擅，虽不合重罪，宜少加惩肃。"乃令杖二十而赦之。

[注释]

[1] 在省竞婢：在皇宫禁地追逐婢女。省，皇宫禁地。竞，追逐。　[2] 都官郎中：刑部都官司长官，置一员，从五品上，掌配

役隶，簿录俘囚，给衣粮药疗，以理诉竞雪冤。 [3] 千牛：千牛备身的简称，左右千牛卫属官，置十二员，正六品下，王公、高品子孙起家之职，掌宫殿侍卫及供御仪仗，执弓箭宿卫。 [4] 节目：枝节。 [5] 城狐社鼠：穴居在城墙下的狐狸和神社下的老鼠。以其栖息地重要而有所凭恃，比喻依仗皇亲国戚势力作恶的小人。 [6] 备豫不虞：防备料想不到的事情发生。

　　○贞观八年，左仆射房玄龄、右仆射高士廉于路逢少府监窦德素[1]，问北门近来更何营造[2]。德素以闻，太宗乃谓玄龄曰："君但知南衙事[3]，我北门少有营造，何预君事？"玄龄等拜谢。魏徵进曰："臣不解陛下责，亦不解玄龄、士廉拜谢。玄龄既任大臣，即陛下股肱耳目，有所营造，何容不知？责其访问官司，臣所不解。且所为有利害，役功有多少[4]，陛下所为善，当助陛下成之；所为不是，虽营造，当奏陛下罢之。此乃君使臣、臣事君之道。玄龄等问既无罪，而陛下责之，玄龄等不识所守[5]，但知拜谢，臣亦不解。"太宗深愧之。

[注释]

[1]少府监：少府长官，置一员，从三品，掌百工缮作之政。

原作"少监"，据写字台本、通行本补"府"字。　[2]北门：指宫城。唐代长安宫城在北，故称北门。　[3]南衙：指朝廷各衙。朝廷各衙在宫城之南，故称南衙。　[4]且所为有利害，役功有多少：原作"且有利害役工多少"，据写字台本添补。　[5]玄龄等：原无"等"字，据写字台本、通行本补。

这一章，通行本移在卷五《忠义》篇。

〇贞观八年，先是桂州都督李弘节以清慎著闻[1]，及身殁后，其家卖珠。太宗闻之，乃宣于朝曰："此人生平宰相皆言其清，今日既然，所举者岂得无罪？必当深理之[2]，不可舍也。"侍中魏徵承间言曰："陛下生平言此人浊，未见受财之所。今闻其卖珠，将罪举者，臣不知所谓。自圣朝已来，为国尽忠，清贞慎守[3]，终始不渝，屈突通、张道源而已。通子三人来选，有一匹羸马[4]，道源儿子不能存立，未见一言及之。今弘节为国立功，前后大蒙赏赉[5]，居官殁后，不言贪残，妻子卖珠，未为有罪。审其清者，无所存问[6]，疑其浊者，旁责举人，虽云疾恶不疑，实亦好善不笃。臣窃思度，未见其可，恐有识闻之，必生枉议，伏愿留心再思[7]。"太宗抚掌曰："造次不思，遂有此语[8]，方知谈不容易，并勿问之。

其屈突通、张道源儿子，宜各与一官。"

［注释］

[1]都督：原衍一"府"字，据写字台本、通行本删。　[2]深理：严加处理。　[3]清贞慎守：清白坚贞，谨慎操守。　[4]羸（léi）马：瘦马。　[5]赏赉：赏赐。　[6]存问：抚恤慰问。　[7]伏愿留心再思：原无此六字，据写字台本补。　[8]遂有：原作"遂闻"，据写字台本改。

○贞观九年，北蕃归朝人奏称[1]："突厥内大雪，人饥，羊马并死。中国人在彼者，皆入山作贼，人情大恶。"太宗谓侍臣曰："观古人君，行仁义、任贤良则理；行暴乱、任小人则败。突厥所信任者，并共公等见之，略无忠正可取者。颉利复不忧百姓，恣情所为，朕以人事观之，亦何可久矣？"魏徵进曰："昔魏文侯问李克[2]：'诸侯谁先亡？'克曰：'吴先亡。'文侯曰：'何故？'克曰：'数战数胜，数胜则主骄，数战则民疲。主骄民疲，不亡何待？'颉利逢隋末中国丧乱，遂恃众内侵，今尚不息，此其必亡之道。"太宗深然之。

这一章，通行本在卷八《辩兴亡》篇。

[**注释**]

[1]北蕃：此指突厥。归朝人，归附唐朝的突厥人。　[2]魏文侯、李克：战国魏国君臣。

○贞观十年，越王，长孙后所生，太子介弟[1]，聪敏绝伦，太宗特所宠异。或言三品已上皆轻蔑王者，意在谮侍中魏徵等，以激上怒。上御齐政殿，引三品以上入坐定，大怒作色而言曰："我有一言，向公等道。往前天子即是天子，今时天子非天子耶？往年天子儿是天子儿，今日天子儿非天子儿耶？我见隋家诸王，达官已下，皆不免被其踬顿[2]。我之儿子，自不许其纵横，公等所容易过，岂得相共轻蔑。我若纵之，岂不能踬顿公等！"玄龄等战栗，皆拜谢。徵正色谏曰："当今群臣，必无轻越王者。然在礼，臣、子一例。《传》称[3]，王人虽微[4]，列于诸侯之上。诸侯用之为公即是公，用之为卿即是卿。若下为公卿[5]，即下士于诸侯也。今三品已上，列为公卿，并天子大臣，陛下所加敬异。纵其小有不是，越王何得辄加折辱？若国家纪纲废坏，臣所不知。以当今圣明之时，越王岂得如此。且隋高祖不知礼义，宠树诸王，使行无礼，寻以罪黜，不可为法，亦何足道！"太宗闻其言，喜形于色，谓群臣曰："凡人言语理到[6]，不可不伏。朕之所言，当身私爱。魏徵所道，国家大法。朕向者忿怒，自谓理在不疑。及见魏徵所论，始觉大非道理，为人君言何容易！"召玄龄等而切责之，赐徵绢一千匹。

[注释]

[1]介弟：对人弟的敬称。　[2]踬（zhì）顿：捉弄、欺侮。　[3]《传》：指《谷梁传》。　[4]王人：即王臣，侍奉国君之人。　[5]公卿：即三公、九卿，高级官员。　[6]理到：理由充足周到。

○贞观十一年，所司奏凌敬乞贫之状，太宗责侍中魏徵等滥进人。徵曰："臣等每蒙顾问，常具言其长短。有学识、强谏争，是其所长；爱生活、好经营[1]，是其所短。今凌敬为人作碑文，教人读《汉书》，因兹附托，回易求利，与臣等所说不同。陛下未用其长，惟见其短，以为臣等欺罔，实不敢心服。"太宗纳之。

[注释]

[1]生活：生计。

这一章，通行本在卷十《畋猎》篇。

○贞观十一年，太宗谓侍臣曰："朕昨往怀州[1]，有上封事者云：'何为恒差山东众丁于苑内营造？即日徭役，似不下隋时。怀、洛以东，残人不堪其命[2]，而田猎犹数，骄逸之主也。今者复来怀州畋猎，忠谏不复至洛阳矣。'四时搜田[3]，既是帝王常礼，今者怀州，秋毫不干于百姓。凡上书谏正，自有常准，臣贵有词，主贵能改。如斯诋毁，有似咒诅。"侍中魏徵奏称："国家开直言之路，所以上封事者尤多。陛下亲自披阅，或冀其言可取，所以侥幸之士得肆其丑。臣谏其君，甚须折衷，从容讽谏。汉元帝尝以酎祭高庙[4]，出便门，御楼船，御史大夫薛广德当乘舆，免冠曰：'宜从桥，陛下不听臣言，臣自刎，以颈血污车轮，陛下不得入庙矣。'元帝不悦。光禄张猛进曰[5]：'臣闻主圣臣直，乘船危，就桥安。圣主不乘危，广德言可听。'元帝曰：'晓人不当如是耶！'乃从桥。以此而言，张猛可谓直臣谏君也。"太宗大悦。

[注释]

[1]怀州：今河南省沁阳市。　[2]残人：战乱之后余生之人。　[3]四时搜田：春曰蒐，夏曰苗，秋曰弥，冬曰狩。　[4]酎（zhòu）：三重酿酒，味厚，用祭宗庙。　[5]光禄：汉代分指光禄大夫、光禄勋，此处指光禄大夫。

○贞观十一年，太宗谓魏徵曰："比来所行得失政化，何如往前？"对曰："若恩威所加，远夷朝贡，比于贞观之始，不可等级而言。若德义潜通，民心悦服，比于贞观之初，相去又甚远。"太宗曰："远夷来服，应由德义所加。往前功业何因益大？"徵曰："昔者四方未定，常以德义为心。旋以海内无虞，渐加骄奢自溢。所以功业虽盛，终不如往初。"太宗又曰："所行比往前何为异？"徵曰："贞观之初，恐人不言，导之使谏。三年已后，见人谏，悦而从之。一二年来，不悦人谏，虽勉强听受，而意终不平，谅有难也。"太宗曰："于何事如此？"对曰："即位之初，处元律师死罪，孙伏伽谏曰：'法不至死，无容滥加酷罚。'

魏徵认为唐太宗"功业虽盛，终不如往初"，直接表现是听谏、纳谏态度的变化：从"恐人不谏，导之使谏"转而"见人谏，悦而从之"，再到"不悦人谏"。这是对"功高业盛"的主大政者的提醒，尤其要警惕"终不如往初"的情况出现！

遂赐以兰陵公主园，直钱百万。人或曰：'所言乃常事，而所赏太厚。'答曰：'我即位来，未有谏者，所以赏之。'此导之使言也。徐州司户柳雄[1]，于隋资妄加阶级[2]，人有告之者，陛下令其自首，不首与罪。遂固言是实，竟不肯首。大理推得其伪[3]，将处雄死罪，少卿戴胄奏法止合徒[4]。陛下曰：'我已与其断当讫，但当与死罪。'胄曰：'陛下既不然，即付臣法司。罪不合死，不可酷滥。'陛下作色遣杀，胄执之不已，至于四五，然后赦之。乃谓法司曰：'但能为我如此守法，岂畏滥有诛夷。'此则悦以从谏也。往年陕县丞皇甫德参上书有忤圣旨，陛下以为讪谤。臣奏称上书不激切，不能起人主意，激切即似讪谤。于时虽从臣言，赏物二十段，意甚不平，难于受谏也。"太宗曰："诚如公言，非公无能道此者。人皆苦不自觉，公向未道时，都自谓所行不变。及见公论说，过失堪惊。公但存此心，朕终不违公语。"

[注释]

[1]司户：即司户参军事，州衙属官，置二员，从七品下至从八品下，掌户籍、计账等。　[2]阶级：官阶等级。　[3]大理：

即大理寺，九寺之一，掌折狱、详刑，朝廷审判机构，以卿、少卿为正、副长官。　[4]徒：五刑之一，自徒一年，递加半年，至三年。

○贞观十二年，太宗东巡狩，将入洛，次于显仁宫，宫苑官司多被责罚。侍中魏徵进言曰："陛下今幸洛州，为是旧征行处[1]，庶其安定，故欲加恩故老。城郭之民未蒙德惠，官司苑监多及罪辜，或以供奉之物不精，又以不为献食，此则不思止足，志在奢靡。既乖行幸本心，何以副百姓所望？隋主先命在下多作献食，献食不多，则有威罚。上之所好，下必有甚，竞为无限，遂至灭亡。此非载籍所闻，陛下目所亲见，为其无道，故天命陛下代之。当战战栗栗，每事省约，参踪盛列，昭训子孙，奈何今日欲在人之下？陛下若以为足，今日不啻足矣[2]。若以为不足，万倍于此亦不足也。"太宗大惊曰："非公，朕不闻此言。自今已后，庶几无如此事。"

这一章，通行本在卷十《行幸》篇。

不思止足，志在奢靡，上之所好，下必有甚，乃亡国之道。

[**注释**]

[1]旧征行处：往日征战行经处。　[2]不啻（chì）：不仅、不止。

［点评］

本篇是大臣直谏、唐太宗接纳的具体事例，反映贞观君臣对一些问题认识的不同、唐太宗纳谏态度的微妙变化。

以三篇的篇幅记录唐太宗求谏、纳谏、大臣直谏和执奏，反映贞观年间君明、臣直的"君臣共治"关系。三篇各有侧重。《求谏》篇主要是唐太宗"求谏"的认识，以贞观二年的一章为代表，不仅表明唐太宗想变革政体之"志"，而且完整概括出"君臣共治"的理念。《纳谏》篇着重唐太宗接纳谏诤的具体事例，属于魏徵所说"恐人不谏，导之使谏"，"见人谏，悦而从之"两种情况。《直谏》篇以大臣的直谏和执奏为主，有属于"诏敕不稳便，必须执奏"的情况，有属于对具体问题认识不同进行的辩论，也有属于魏徵所说"不悦人谏，虽黾勉听受，而意终不平"的情况。贞观十一年魏徵对答唐太宗的一章，可谓是一个小结。

贞观政要卷第三

论君臣鉴戒第六

〇贞观三年，太宗谓侍臣曰："君臣本同治乱，共安危。若主纳忠谏，臣进直言，斯故君臣合契[1]，古来所重。若君自贤，臣不匡正，欲不危亡，不可得也。君失其国，臣亦不能独全其家。至如隋炀帝暴虐，天下钳口，卒令不闻其过，遂至灭亡。虞世基等，寻亦诛死。前事不远，朕与卿等可得不慎，无为后所嗤[2]！"

[注释]

[1]君臣合契：君臣同心合力，意气相投。 [2]嗤：讥笑、嗤笑。

本篇明本八章，删除与卷六《论贪鄙》篇末章相同的一章，存七章。通行本篇目无"论"字，七章。

强调君臣"同治乱、共安危"，"君臣合契，自古所重"，"君臣共治"理念正在形成中。

○贞观四年，太宗论隋日。魏徵对曰："臣往在隋朝，曾闻有盗发，炀帝令於士澄捕逐。但有疑似，苦加拷掠，枉承贼者二千余人[1]，并令同日斩决。大理丞张元济怪之[2]，试寻其状，乃有六七人盗发之日先禁他所，被放才出，亦遭推勘[3]，不胜苦痛，自诬行盗。元济因此更事究寻，二千人内惟九人逗遛不明。官人有谙识者[4]，就九人内四人非贼。有司以炀帝已令斩决，遂不执奏，并杀之。"太宗曰："非是炀帝无道，臣下亦不尽心。须相匡谏，不避诛戮，岂得惟行谄佞，苟求悦誉。君臣如此，何能不败？朕赖公等共相辅佐，遂令囹圄空虚，愿公等善始克终，恒如今日！"

朝廷错误决断的责任，应由君臣共同承担。

[注释]

[1] 枉承：含冤承认。　[2] 大理丞：大理寺断狱官，置六员，从五品。　[3] 推勘：推究勘问。　[4] 官人：官员。谙（ān）识：熟识。

○贞观六年，太宗谓侍臣曰："朕闻周、秦初得天下，其事不异。然周则惟善是务[1]，积功累德，所以能保七百之基。秦乃恣其奢淫，好行刑罚，不过二世而灭。岂非为善者福祚延长[2]，为恶者降年不永？朕又闻，桀、纣，帝王也，以匹夫比之，则以为辱。颜、闵，匹夫也[3]，以帝王比之，则以为荣。此亦帝王深耻也。朕每将此事以为鉴戒，常恐不逮，为人所笑。"魏徵对曰："臣闻鲁哀公谓孔子曰：'有人好忘者，移宅乃忘其妻。'孔子曰：'又有好忘甚于此者，丘见桀、纣之君乃忘其身。'愿陛下每以此为虑，免后人笑！"

[注释]

[1]惟善是务：只做利国利民的好事。 [2]"岂非为善者福祚延长"以下二句是说：难道不是做善事的帝业延绵长远，干坏事的天年不能永久吗？福祚，福分与帝位。降年，天授之年。 [3]颜、闵：指孔子弟子颜回、闵损，皆以德行著称。

○贞观十四年，以高昌平[1]，召侍臣赐宴于两仪殿，谓房玄龄曰："高昌若不失臣礼，岂至灭亡？朕平此一国，甚怀危惧，惟当戒骄逸以自防，纳忠謇以自正。黜邪佞、用贤良，不以小

以戒骄、纳忠为自防、自正的前提，都是为"正自身"。

人之言而议君子，以此慎守，庶几于获安也[2]。"魏徵进曰："臣观古来帝王拨乱创业，必自戒慎，采刍荛之议，从忠谠之言。天下既安，则恣情肆欲，甘乐谄谀，恶闻正议。张子房，汉王计划之臣，及高祖为天子，将废嫡立庶，子房曰：'今日之事，非口舌所能争也。'终不敢复有开说[3]。况陛下功德之盛，以汉祖方之，彼不足准。即位十有五年，圣德光被，今又平殄高昌。屡以安危系意[4]，方欲纳用忠良，开直言之路，天下幸甚。昔齐桓公与管仲、鲍叔牙、宁戚四人饮[5]，桓公谓叔牙曰：'盍起为寡人寿乎[6]？'叔牙捧觞而起曰[7]：'愿公无忘出在莒时[8]，使管仲无忘束缚于鲁时，使宁戚无忘饭牛车下时。'桓公避席而谢曰：'寡人与二大夫能无忘夫子之言，则社稷不危矣！'"太宗谓徵曰："朕必不敢忘布衣时，公不得忘叔牙之为人也。"

创业时患难与共，甚至生死与共，容易做到君臣合契。得天下后，要么是君杀功臣，要么是臣居功自傲。强调得天下后更要"以安危系意"，不要忘记先前的生死与共，不要忘记昔日的布衣之交，这是贞观君臣合契的一大突出处，也是取得"贞观之治"的重要原因之一。

[注释]

[1]高昌：西域国名，治所在今新疆吐鲁番县。　[2]庶几：也许可以。　[3]开说：开导劝说。　[4]系意：记挂在心。　[5]管仲、鲍叔牙、宁戚：春秋时齐桓公的辅佐重臣。　[6]盍（hé）：

起为寡人寿乎：何不向我表示祝福呢！盍，疑问副词，何不。寿，祝福。　[7] 捧觞：捧起酒杯。觞，酒具。　[8]"愿公无忘出在莒时"以下三句是说：愿主公不忘流亡莒国，管仲不忘被囚鲁国，宁戚不忘喂牛车下。

○贞观十四年，特进魏徵上疏曰：

臣闻君为元首，臣作股肱，齐契同心，合而成体，体或不备，未有成人。然则首虽尊极，必资手足以成体；君虽明哲，必藉股肱以致理。故《礼》云[1]："人以君为心，君以人为体，心庄则体舒[2]，心肃则容敬。"《书》云[3]："元首明哉，股肱良哉，庶事康哉。""元首丛脞哉[4]，股肱惰哉，万事堕哉。"然则委弃股肱，独任胸臆，具体成理[5]，非所闻也。

以人的头脑、四肢比喻君臣关系，是对"君臣一体"的形象化描述。

[注释]

[1]《礼》：指《礼记》，儒家经典之一。　[2]"心庄则体舒"以下二句是说：内心端庄则肢体舒畅，内心严肃则容貌敬慎。　[3]《书》：即《尚书》，儒家经典之一。自西汉以来有今、古文之分。今文 28 篇，称《尚书》。古文 58 篇，实多今文 25 篇，称《古文尚书》。　[4]"元首丛脞哉"以下三句是说：元首细琐无大略，臣下就懈怠懒惰，诸事都会办不成。惰、堕，原作"堕"、"隳"，据通行本改。　[5]具体成理：使国家机构完备而达到治理。

具体，具备完整的肢体，此处指整个国家机构。成理，达到治理。

结合历史事实，论述"君臣相遇，自古为难"。

夫君臣相遇，自古为难。以石投水[1]，千载一合，以水投石，无时不有。其能开至公之道，申天下之用[2]，内尽心膂[3]，外竭股肱，和若盐梅[4]，固同金石者，非惟高位厚秩，在于礼之而已。昔周文王游于凤凰之墟，袜系解，顾左右莫可使者，乃自结之。岂周文之朝尽为俊乂，圣明之代独无君子哉？但知与不知，礼与不礼耳！是以伊尹[5]，有莘之媵臣；韩信，项氏之亡命。殷汤致礼，定王业于南巢；汉祖登坛，成帝功于垓下。若夏桀不弃于伊尹，项羽垂恩于韩信，宁肯败已成之国为灭亡之虏乎？又微子[6]，骨肉也，受茅土于宋；箕子，良臣也，陈《洪范》于周。仲尼称其仁，莫有非之者。《礼记》称："鲁缪公问于子思曰[7]：'为旧君反服，古欤？'子思曰：'古之君子，进人以礼，退人以礼，故有旧君反服之礼也。今之君子，进人若将加诸膝，退人若将坠诸泉。无为戎首[8]，不亦善乎，又何反服之有？'"齐景公问于晏子曰："忠臣之事君如之何？”晏子对曰："有难不死[9]，出亡不送。"公曰："裂地以封之[10]，疏爵以待之，有难不死，出亡不送，何也？"晏子曰："言而见用，终身无难，臣何死焉？谏而见纳，终身不亡，臣何送焉？若言不见用，有难而死，是妄死也[11]。谏不见纳，出亡而送，是诈忠也。"《春秋左氏传》曰[12]："崔杼弑齐庄公，晏子立于崔氏之门外，其人曰：'死乎？'曰：'独吾君也乎哉？吾死也？'曰：'行乎？'曰：'吾罪也乎哉？吾亡也？故君为社稷死，则死之，为社稷亡，则亡之。若为己死，为己亡，非其亲昵，谁敢任之。'门启而入，枕尸股而哭，兴，三踊而出。"孟子曰[13]："君视臣如手足，臣视君如腹心；君视臣如犬马，臣视君如国人；君视臣如粪土，臣视君如寇仇。"虽臣之事君无有二志，至于去就之节[14]，当缘恩之厚薄，然则为人主者，安可以无礼于下哉！

[注释]

[1]"以石投水"以下四句是说：让石头顺从水的流动，比喻君对臣言听从不疑，千年一遇；让水的流动顺从石头，比喻君不纳臣言、臣顺从君意，随时可见。投，迎合、顺从。　[2]申天

下之用：尽展天下人才的作用。申，同伸。　　[3]内尽心膂：发自内心的尽心尽力。膂，脊骨，喻力量。　　[4]和若盐梅：盐味咸，梅味酸，古代调羹的调味品。此处比喻君臣契合，就像放在羹汤里的盐和梅，各自发挥其不可替代的作用。　　[5]“是以伊尹”以下十一句是说：伊尹是有莘氏之女的陪嫁之臣，韩信是项羽的逃亡部下。商汤以礼相待（伊尹），在南巢奠定了王业；汉高祖登坛拜（韩信）为大将，在垓下（击败项羽）成就了帝王之功。如果夏桀不抛弃伊尹，项羽加恩于韩信，怎么会毁败已建成的政权而变成灭国亡身之人呢？　　[6]“又微子”以下八句是说：微子是（商纣王）骨肉兄弟，（谏纣不听，离去，武王克商，微子称臣于周）接受周的分封，封为宋国，箕子是（商纣王）贤良大臣，（谏纣不听，被囚为奴。武王即位，访之，）箕子向武王陈述《洪范》。孔子称他二人为仁人，没有非议他们。茅土，古代天子以五色土为社祭之坛，东青、南赤、西白、北黑、中黄。分封诸侯，取其方面之色土，包以白茅授之，使立社于其封国。《洪范》，相传周灭商后，箕子陈述给周武王，被编入《尚书》中，是一篇极为重要的历史文献，深受历代重视。　　[7]“鲁缪公问于子思曰”以下三句是说：鲁缪公问子思：“为已脱离君臣关系的国君服丧，古来就有吗？”缪公，与“穆公”通，战国初期鲁国国君。子思，孔子之孙。反服，为服属关系已断的死者服丧。　　[8]“无为戎首”以下三句是说：脱离旧君臣关系的臣子不做反攻本国的“戎首”就已经不错了，又何须回来为旧君服丧？“无为”亦作“毋为”。　　[9]“有难不死”以下二句是说：国君有难不为其死，国君出逃不为其送行。　　[10]“裂地以封之”以下二句是说：割土地封赐他，分官爵授予他。　　[11]妄死：枉死。　　[12]《春秋左氏传》：即《左传》或《左氏春秋》，记述鲁隐公元年（前722）至鲁悼公二十七年（前468）史事的第一部完备的编年史。以下记事在襄公二十五年（前 548），是说崔杼弑杀了齐庄公，晏子站在崔家门外，随从问："要跟着死（殉葬）吗？"晏子说："只是我一个人的君主吗？让我去死？"随从又问："出走吗？"晏子说："是我的罪吗？让我逃亡？"君主为国家死，就为他死；君主为国家流亡，就随他流亡。如果君主为自己死，为自己流亡，不是他的亲信，谁又敢承担。门开进入，把死者的头枕在自己腿上，仆地哭悼，哭毕行三跳礼后退出来。　　[13]所引孟子语，见《孟子·离娄下》，文字稍异。　　[14]去就之节：离开或留下的原则。

　　窃观在朝群臣，当主枢机之寄者[1]，或地邻秦、晋，或业预经纶，并立事立功，皆一时之选，处之衡轴[2]，为任重矣。任之虽重，信之未笃；信之未笃，则人或自疑；人或自疑，则心怀苟且；心怀苟且，则节义不立；节义不立，则名教不兴[3]；名教不兴，而可与固太平之基、保七百之祚，未之有也。又闻国家重惜功臣，不念旧恶，方之前圣，一无所间[4]。然但宽于大事，急于小罪，临时责怒，未免爱憎之心，不可以为政。君严其禁，臣或犯之，况上启其源，下必有甚，川壅而溃，其伤必多，欲使凡百黎元[5]，何所措其手足！此则君开一源，下生百端之变，无不乱者也。《礼记》曰："爱而知其恶[6]，憎而知其善。"

君臣合契，首要的是互信。彼此猜疑，人人苟且，岂能保全太平基业！

若憎而不知其善，则为善者必惧；爱而不知其恶，则为恶者实繁。《诗》曰："君子如怒[7]，乱庶遄沮。"然则古人之震怒，将以惩恶，当今之威罚，所以长奸，此非尧、舜之心也，非禹、汤之事也。《书》曰："抚我则后[8]，虐我则仇。"孙卿子曰[9]："君，舟也。人，水也。水所以载舟，亦以覆舟。"孔子曰："鱼失水则死，水失鱼犹为水也。"故尧、舜战战栗栗，日慎一日。安可不深思之乎？安可不熟虑之乎？

[注释]

[1]当主枢机之寄者：承担中枢机要部门的责任人。枢，门曰；机，门槛。二者合称，比喻关键部位。　[2]衡轴：比喻朝廷要职。衡，衡星（北斗中星）。轴，车轴。　[3]名教：指正名定分的礼教。　[4]一无所间：一点没有差别。间，差别。　[5]凡百黎元：天下百姓。黎元，黎民百姓。　[6]"爱而知其恶"以下二句是说：喜爱的要知其为恶处，憎恶的要知其为善处。　[7]"君子如怒"以下二句是说：君子如能怒责谗佞，祸乱则会很快终止。庶，庶几，差不多。遄（chuán），速，快。沮（jù），终止。　[8]"抚我则后"以下二句是说：安抚我（百姓）者是我国君，虐待我（百姓）者是我仇敌。后，指古代天子和诸侯。　[9]孙卿子：又作"荀卿子"，名况，赵人，著书《荀子》。卿，当时人相尊之号。

夫委大臣以大体 [1]，责小臣以小事，为国之常也，为理之道也。今委之以职，则重大臣而轻小臣；至于有事，则信小臣而疑大臣。信其所轻，疑其所重，将求至治，岂可得乎？又政贵有恒，不求屡易。今或责小臣以大体，或责大臣以小事，小臣乘非其据 [2]，大臣失其所守；大臣或以小过获罪，小臣或以大体受罚。职非其位，罚非其辜，欲其无私，求其尽力，不亦难乎？小臣不可委以大事，大臣不可责以小罪。任以大官，求其细过，刀笔之吏，顺旨承风，舞文弄法，曲成其罪。自陈也，则以为心不伏辜；不言也，则以为所犯皆实。进退惟咎，莫能自明。莫能自明 [3]，则苟求免祸；大臣苟免，则谲诈萌生；谲诈萌生，则矫伪成俗；矫伪成俗，则不可以臻至理矣！

委任大臣、小臣的重要区别，如果错位则"不可以臻至治"。

[注释]

[1]大体：此处意指大事、重任。　[2]小臣乘非其据：小臣占据不应有的高位。原无"小臣"二字，据抄本、通行本补。　[3]莫能自明：原无此四字，据抄本补。

又委任大臣，欲其尽力，每官有阙，责其取

人。或言所知，则以为私意[1]；有所避忌不言，则为不尽。若举得其人，何嫌于故旧；若举非其任，何贵于疏远。待之不尽诚信，何以责其忠恕哉[2]！臣虽或有失之，君亦未为得也。夫上之不信于下，必以为下无可信矣。若必下无可信，则上亦有可疑矣！《礼》云："上人疑[3]，则百姓惑。下难知，则君长劳。"上下相疑，则不可以言至理矣。当今群臣之内，远在一方，流言三至而不投杼者[4]，臣窃思度，未见其人。夫以四海之广，士庶之众，岂无一二可信者哉？盖信之则无不可信，疑之则无可信者，岂独臣之过乎？且以一介庸夫结为交友，以身相许，死且不渝，况君臣契合，意同鱼水。若君为尧、舜，臣为稷、契[5]，岂有遇小事则变志，见小利则易心哉！此虽下之立忠未能明著，亦由上怀不信、待之过薄之所致也。岂君使臣以礼、臣事君以忠乎？以陛下之圣明，以当今之功业，诚能博求时俊，上下同心，则三皇可追而四[6]，五帝可俯而六矣。夏、殷、周、汉，夫何足数！

太宗深嘉纳之，赐骏马一匹[7]。

引曾子之母"投杼"的典故，强调未见贞观群臣中有"流言三至而不投杼者"，说明流言的巨大危害。如何对待流言、如何第一时间止住流言，考验着主政者的自信力和智慧。

[注释]

[1] 有阙，责其取人。或言所知，则以为私意：原无此十五字，据抄本补。　[2] 忠恕：儒家伦理。忠，尽心为人；恕，推己及人。　[3] "上人疑"以下四句是说：在上位者多疑，则百姓就迷惑。对下情不了解，则君长就忧劳。　[4] 投杼（zhù）：扔下织布的梭子。杼，织布机编制纬线的梭子。《战国策·秦策二》：有与曾参同名者杀人，"人告曾子母曰：'曾参杀人。'曾子之母曰：'吾子不杀人。'织自若。有顷焉，人又曰：'曾参杀人。'其母尚织自若也。顷之，一人又告之曰：'曾参杀人。'其母惧，投杼逾墙而走。夫以曾参之贤，与母之信也，而三人疑之，则慈母不能信也。"后以"投杼"比喻流言再三，可以动摇最亲近人的自信心。　[5] 稷、契（xiè）：传说中人物。稷，后稷，周的始祖、舜的农官。契，商的始祖，曾助禹治水有功，封于商。　[6] "则三皇可追而四"以下二句是说：可以追加三皇为四皇、超越五帝为六帝。　[7] 赐骏马一匹：原无此五字，据抄本补。

○贞观十六年，太宗问特进魏徵曰："朕克己为政，仰企前烈[1]。至如积德、累仁、丰功、厚利四者，常以为称首[2]，朕皆庶几自勉。人苦不能自见，不知朕之所行，何等优劣？"徵曰："德、仁、功、利，陛下兼而行之。然则内平祸乱，外除戎狄，是陛下之功。安诸黎元，各有生业，是陛下之利。由此言之，功利居多，惟德与仁，愿陛下自强不息，必可致也。"

唐太宗虽然德、仁、功、利兼而有之，魏徵却认为"功利居多"，"惟德与仁"还需"自强不息"、继续努力。不要过多地宣扬丰功、厚利，更应该注重积德、累仁，贞观年间社会风气淳朴，与这一方面的认识直接相关。

［注释］

[1]仰企前烈：仰慕并企盼赶上前代雄才大略的君主。　[2]称首：称第一、首要。

○贞观十七年，太宗谓侍臣曰："自古草创之主，至子孙多乱，何也？"司空房玄龄曰："此为幼主生长深宫，少居富贵，未尝识人间情伪、理国安危[1]，所以为政多乱。"太宗曰："公意推过于主，朕则归咎于臣。夫功臣子弟多无才行，藉祖父资荫遂处大官[2]，德义不修，奢纵是好。主既幼弱，臣又不才，颠而不扶，岂能无乱？隋炀帝录宇文述在藩之功[3]，擢化及于高位，不思报效，翻行弑逆。此非臣下之过欤？朕发此言，欲公等戒勖子弟，使无愆犯，即国家之庆也。"太宗又曰："化及与玄感[4]，即隋大臣受恩深者，子孙皆反，其故何也？"岑文本对曰："君子乃能怀德，小人不能荷恩[5]，玄感、化及之徒，并小人也。古人所以贵君子而贱小人。"太宗曰："然。"

房玄龄、唐太宗从不同角度分析"至子孙多乱"的原因。

这一章以下，原有一章与卷六《论贪鄙》篇末章相同，本书去此存彼。

［注释］

[1]情伪：事情的真假，或谓人情世故。　[2]资荫：子孙靠父、

祖的功勋而授官封爵。　[3]"隋炀帝录宇文述在藩之功"以下四句是说：隋炀帝根据宇文述的功劳提拔他的儿子宇文化及官居高位，宇文化及不思报效，反而弑杀了炀帝。　[4]玄感：即杨玄感，宰相杨素之子，大业九年起兵反隋，兵败自杀。　[5]小人不能：原无此四字，据抄本补。

[点评]

本篇论实现"君臣共治"必须警惕的历史教训，是对"君臣共治"理念的补充，要点有四：一是"君臣相遇，自古为难"，必须常"以安危系意"，勿忘先前的君臣生死与共；二是"上下相疑，则不可以言至治"；三是虽有丰功、厚利，却应以积德、累仁自强不息；四是"戒勖子弟"，避免子孙起祸乱。

论择官第七

○贞观元年，太宗谓房玄龄等曰："致理之本，惟在于审[1]。量才授职，务省官员。故《书》称：'任官惟贤才。'又云：'官不必备，惟其人。'若得其善者，虽少亦足矣。其不善者，纵多亦奚为？古人亦以官不得其才，比于画地作饼，不可食也。《诗》曰：'谋夫孔多[2]，是用不就。'又孔子曰：'官事不摄[3]，焉得俭？'且'千羊

本篇通行本篇目无"论"字，刻本均十一章。

之皮[4]，不如一狐之腋。'此皆载在经典，不能具道。当须更并省官员，各当所任，则无为而理矣。卿宜详思此理，量定庶官员位。"玄龄等由是所置文武总六百四十员。太宗从之，因谓玄龄曰："自此傥有乐工杂类，假使术逾侪辈者[5]，只可特赐钱帛以赏其能，必不可超授官爵，与夫朝臣君子比肩而立、同坐而食，遣诸衣冠以为耻累。"

[注释]

[1]审：详知、审慎。　[2]"谋夫孔多"以下二句是说：谋划者虽多，但非贤能，始终不成。　[3]"官事不摄"以下二句是说：做官任事不兼任，怎么谈得上节俭？摄，兼任。　[4]"千羊之皮"以下二句是说：一千张羊皮，不抵一只狐狸腋下的毛皮，比喻选官贵在得人。　[5]侪（chái）辈：同辈，同类。

主持政务部门的宰相，不要陷入读公文符牒不暇、处理琐事当中，而应"广开耳目，求访贤哲"。细碎事务，应交由尚书左右丞办理。

政务部门长官、属官职责分明，是贞观年间职官制度的重要特点。

○贞观二年，太宗谓房玄龄、杜如晦曰："公为仆射，当助朕忧劳，广开耳目，求访贤哲。比闻公等听受词讼，日有数百。此则读符牒不暇[1]，安能助朕求贤哉？"因敕尚书省，细碎务皆付左右丞[2]，惟冤滞大事合闻奏者[3]，关于仆射。

[注释]

[1] 符牒：泛指公文、凭证。符，此处指尚书省下于州，州下于县，县下于乡的公文。牒，与庶人之间的文书称"辞"相区别，指有品级者之间的文书，亦可以理解为官人之间处理公务的文书。　[2] 左右丞：尚书省属官，对掌尚书都省政务，各置一员。左丞，正四品上，管辖诸司，纠正省内，勾吏、户、礼三部，通判省事。右丞，正四品下，管兵、刑、工三部。左丞阙，右丞兼知其事。　[3] 冤滞大事：冤屈、久拖不决的大案。

○贞观二年，太宗谓侍臣曰："朕每夜恒思百姓间事，或至夜半不寐，惟恐都督、刺史堪养百姓以否[1]。故于屏风上录其姓名，坐卧恒看。在官如有善事，亦具列于名下。朕居深宫之中，视听不能及远，所委者惟都督、刺史，此辈实理乱所系[2]，尤须得人。"

如此担心地方官是否胜任养护百姓的职责，足见唐太宗所说"必须先存百姓"不是一句空话！

[注释]

[1] 堪养百姓以否：能否养护好百姓。　[2] 理乱所系：亦作"治乱所系"，关系国家治理与混乱。

○贞观二年，太宗谓右仆射封德彝曰："致安之本，惟在得人。比来命卿举贤，未尝有所推荐。天下事重，卿宜分朕忧劳。卿既不言，朕将安寄？”对曰：“臣愚，岂敢不尽情，但今所见，未有奇才异能。”上曰：“前代明王使人如器[1]，不借才于异代，皆取士于当时。岂得待梦傅说、逢吕尚然后为政乎[2]？且何代无贤，但患遗而不知耳！”德彝惭赧而退[3]。

使人如器，是唐太宗用人思想的一个重要方面。

[注释]

[1]使人如器：使用人才如同使用器具，各取其长，各尽其用。　[2]傅说（yuè）：商王武丁梦得圣人名曰说，乃使营求于野，立说为相，商朝得以中兴。吕尚，即姜子牙，垂钓渭水边，周文王访而为师，后辅佐武王灭商。封在齐地，为齐国始祖，故有太公之称。　[3]惭赧（nǎn）：惭愧脸红。

○贞观三年，太宗谓吏部尚书杜如晦曰：“比见吏部择人，惟取其言词刀笔，不悉其景行[1]。数年之后，恶迹始彰，虽加刑戮，而百姓已受其弊。如何可获善人？”如晦对曰：“两汉取人，皆行著乡闾，州郡贡之，然后入用，故当时号为多士。今每年选集，向数千人，厚貌饰词[2]，不可知悉，选司但配其阶品而已。铨简之理[3]，实所未精，所以不能得才。”太宗乃将依汉时法，令本州郡辟召。会功臣等将行世封，其事遂止。

选官只重言词，不审品行，必然贻害百姓。

[注释]

[1]景行（xíng）：高尚的德行。　[2]厚貌饰词：伪装忠厚，掩饰其词。　[3]铨简：量才授官。

○贞观六年，太宗谓魏徵曰："古人云，王者须为官择人，不可造次即用[1]。朕今行一事，则为天下所观；出一言，则为天下所听。用得正人，为善者皆劝；误用恶人，不善者竞进。赏当其劳，无功者自退；罚当其罪，为恶者戒惧。故知赏罚不可轻行，用人弥须慎择。"徵对曰："知人之事，自古为难，故考绩黜陟[2]，察其善恶。今欲求人，必须审访其行[3]。若知其善，然后用之。设令此人不能济事，只是才力不及，不为大害。误用恶人，假令强干，为害极多。但乱代惟求其才，不顾其行。太平之时，必须才行俱兼，始可任用。"

品行不端之人，能力越强，危害越大。

治世施政，必须看人才的德行，不能只见才干不顾品行，更不能只知赚钱不问赚钱手段！

[注释]

[1]造次：仓卒、草率。　[2]考绩黜陟：通过考核确定升降。　[3]审访：审慎访查。

○贞观十一年，侍御史马周上疏曰："理天

马周强调重视地方官选任，与唐太宗的"先存百姓"、魏徵的"为民择官"，完全一致。

下者，以人为本。欲令百姓安乐，在刺史、县令。县令既众，不可皆贤。若每州得良刺史，则合境苏息[1]。天下刺史，悉称圣意，则陛下可端拱岩廊之上[2]，百姓不虑不安。自古郡守、县令，皆妙选贤德。欲有迁擢为将相者，必先试以临民[3]，或从二千石入为丞相及司徒、太尉者[4]。朝廷必不可独重内臣，外刺史、县令，遂轻其选。所以百姓未安，殆由于此。"太宗因谓侍臣曰："刺史，朕当自简择。县令，诏京官五品已上，各举一人。"

[注释]

[1]苏息：复苏，生息。　[2]端拱岩廊：拱手端坐高耸的朝廷。岩廊，高耸的廊，比喻庙堂和朝廷。　[3]临民：直接接触民众，指地方官。　[4]二千石：汉代郡守的通称，以其俸禄为二千石。

列举庸官懒政的种种弊端，主张精简、得人，矫正钻营"趋竞"的歪风、"息其"办事拖拉的"稽滞"，使得纲维备举。

○贞观十一年，治书侍御史刘洎以为左右丞宜特加精简，上疏曰：

臣闻尚书万机，实为政本，伏寻此选，授任诚难。是以八座比于文昌[1]，二丞方于管辖[2]，爰至曹郎[3]，上应列宿[4]，苟非称职，窃位兴讥。

伏见比来尚书省诏敕稽停，文案壅滞，臣诚庸劣，请述其源。贞观之初，未有令、仆[5]，于时省务繁杂，倍多于今。而左丞戴胄、右丞魏徵，并晓达吏方，质性平直，事应弹举[6]，无所回避。陛下又假以恩慈，自然肃物。百司匪懈[7]，抑此之由。及杜正伦续任右丞，颇亦厉下[8]。比者纲维不举，并为勋亲在位，器非其任，功势相倾。凡在官僚，未循公道，虽欲自强，先惧嚣谤[9]。所以郎中予夺，惟事咨禀；尚书依违，不能断决。或惮闻奏[10]，故事稽延，按虽理穷[11]，仍更盘下。去无程限[12]，来不责迟，一经出手，便涉年载。或希旨失情[13]，或避嫌抑理。有司以案成为事了，不究是非；尚书用便僻为奉公[14]，莫论当否。互相姑息，惟事弥缝。且选众授能，非才莫举，天工人代[15]，焉可妄加？至于懿戚元勋，但宜优其礼秩，或年高及耄[16]，或积病智昏，既无益于时宜，当置之以闲逸。久妨贤路，殊为不可。将救兹弊，且宜精简尚书左右丞及左右郎中[17]，如并得人，自然纲维备举，亦当矫正趋竞[18]，岂惟息其稽滞哉[19]！

疏奏，寻以洎为尚书左丞。

[注释]

[1]八座比于文昌：唐代以尚书省左、右仆射及六部尚书为八座。文昌，星名，又名文曲星，指斗魁前六星，各自有名。　[2]二丞方于管辖：左右二丞管辖尚书省事。管，钥匙。辖，为固定车轮与车轴位置插入轴端的铜销。比喻所掌管的事极为关键、重要。　[3]曹郎：指尚书省六部二十四司正、副长官郎中、员外郎。　[4]上应列宿：与上天的二十八宿对应。　[5]令、仆：指尚书省长官尚书令及左、右仆射。　[6]事应弹举：原脱"事"字，据抄本、通行本补。　[7]百司匪懈：所有官署都不懈怠。匪，同非，不。　[8]厉下：勉励下级。厉，通励。　[9]嚣谤：流言诽谤。　[10]或惮闻奏：原作"或纠弹闻奏"，据抄本及《旧唐书·刘洎传》改。　[11]"按虽理穷"以下二句是说：案卷虽然审理得很清楚，仍然积压着不做处理。　[12]"去无程限"以下二句是说：公文发出没有期限，回复来迟也不受责。　[13]希旨失情：迎合皇帝或上司旨意，不惜违背实情。　[14]便僻：或作"便辟""便嬖"，逢迎谄媚。　[15]天工人代：指人君代天理物，官员所治皆天事。此处指尚书省官员代天办事。　[16]耄：八十岁以上的老人。《礼记·曲礼》："八十、九十曰耄。"　[17]精简：精选。　[18]趋竞：趋相争抢。　[19]稽滞：拖延、滞留。

"安天下"必须"用贤才"。

○贞观十三年，太宗谓侍臣曰："朕闻太平后有大乱，大乱后必有太平。承大乱之后，即是太平之运也。能安天下者，惟在用得贤才。公等既不能知贤，朕又不可遍识。日复一日，无得人之理。今欲令人自举，于事何如？"魏徵曰："知人者智，自知者明。知人既以为难，自知诚亦不易。且愚暗之人，皆矜能伐善[1]，恐长浇竞之风[2]，不可令其自举。"

[**注释**]

[1]矜能伐善：自以为能，夸耀自己所长。　[2]浇竞之风：浮薄竞进的风气。

〇贞观十四年，特进魏徵上疏曰：

臣闻知臣莫若君，知子莫若父。父不能知其子，则无以睦一家；君不能知其臣，则无以齐万国。万国咸宁，一人有庆[1]，必藉惟良作弼，俊乂在官[2]，则庶绩其凝[3]，无为而化矣。故尧、舜、文、武见称前载，咸以知人则哲[4]，多士盈朝，元、凯翼巍巍之功[5]，周、召光焕乎之美[6]。然则四岳、九官、五臣、十乱[7]，岂惟生之于曩代，而独无于当今者哉？在乎求与不求，好与不好耳！何以言之？夫美玉明珠，孔翠犀象，大宛之马[8]，西旅之獒[9]，或无足也，或无情也，生于八荒之表，途遥万里之外，重译入贡，道路不绝者，何哉？盖由乎中国之所好也。况从仕者，怀君之荣，食君之禄，率之以义[10]，将何往而不至哉？臣以为与之为忠，则可使同乎龙逢、比干矣。与之为孝，则可使同乎曾参、子骞矣[11]。与之为信，则可使同乎尾生、展禽矣[12]。与之为廉，则可使同乎伯夷、叔齐矣[13]。

[注释]

[1]一人有庆：国君行善。《礼记·缁衣》："一人有庆，兆民赖之。"孔颖达疏："庆，善也。" [2]俊乂（yì）在官：特别有才德的人担任官职。俊，才德超过千人者。乂，才德超过百人者。 [3]庶绩其凝：事事都能成功。语出《尚书·皋陶谟》。凝，形成。 [4]知人则哲：知人善任才是哲人。 [5]元、凯：指辅佐舜建立功业的八元、八凯。 [6]周、召（shào）：辅佐周武王灭商、周成王巩固西周的周公与召公。 [7]四岳：相传为尧、舜的大臣，掌四方诸侯之事，故曰四岳。九官：相传舜置九官。五臣：五位贤臣，指禹、稷、契、皋陶、伯益。十乱：十位治乱能臣，指周公旦、召公奭（shì）、太公望、毕公、荣公、大颠、闳夭、散宜生、南宫适、文母。 [8]大宛之马：西域大宛的汗血马。 [9]西旅之獒：西夷国的猛犬。 [10]率之以义：用义统率。 [11]曾参、子骞：孔子学生，俱以孝行见称。子骞，即闵损，字子骞。 [12]尾生、展禽：古代守信用的代表。展禽，即柳下惠。 [13]伯夷、叔齐：孤竹国君二子，以廉洁著称。孤竹君卒，

兄弟二人互让王位，先后出奔周。周武王伐纣，二人以为"以暴易暴"，叩马谏阻。周灭商，二人以食周粟为耻，饿死首阳山。

　　然而今之群臣，罕能贞白卓异者[1]，盖求之不切，励之未精故也[2]。若勖之以公忠，期之以远大，各有职分，得行其道。贵则观其所举，富则观其所养，居则观其所好，习则观其所言，穷则观其所受，贱则观其所不为。因其材以取之，审其能以任之，用其所长，掩其所短。进之以六正，戒之以六邪，则不严而自励，不劝而自勉矣[3]。故《说苑》曰[4]："人臣之行，有六正六邪。行六正则荣，犯六邪则辱。何谓六正？一曰，萌芽未动，形兆未见[5]，昭然独见存亡之机、得失之要，预禁乎未然之前，使主超然立乎荣显之处，如此者，圣臣也。二曰，虚心尽意，日进善道，勉主以礼义，谕主以长策，将顺其美，匡救其恶，如此者，良臣也。三曰，夙兴夜寐，进贤不懈，数称往古之行事，以厉主意，如此者，忠臣也。四曰，明察成败，早防而救之，塞其间[6]，绝其源，转祸以为福，使君终以无忧，如此者，

魏徵提出的择官标准，也是一种识人之道。

智臣也。五曰，守文奉法，任官职事，不受赠遗，辞禄让赐，饮食节俭，如此者，贞臣也。六曰，国家昏乱，所为不谀，敢犯主之严颜，面言主之过失，如此者，直臣也。是谓六正。何谓六邪？一曰，安官贪禄，不务公事，与代浮沉[7]，左右观望，如此者，具臣也。二曰，主所言皆曰善，主所为皆曰可，隐而求主之所好而进之，以快主之耳目，偷合苟容[8]，与主为乐，不顾其后害，如此者，谀臣也。三曰，内实险诐[9]，外貌小谨，巧言令色[10]，妒善疾贤，所欲进，则明其美、隐其恶；所欲退，则明其过、匿其美，使主赏罚不当，号令不行，如此者，奸臣也。四曰，智足以饰非，辩足以行说，内离骨肉之亲，外构乱于朝廷，如此者，谗臣也。五曰，专权擅势，以轻为重，私门成党，以富其家，擅矫主命[11]，以自显贵，如此者，贼臣也。六曰，谄主以邪佞，陷主于不义，朋党比周[12]，以蔽主明，使黑白无别，是非无间，使主恶布于境内，闻于四邻，如此者，亡国之臣也。是谓六邪。贤臣处六正之道，不行六邪之术，故上安而下理。生则见乐，

魏徵引《说苑》所论六正、六邪，是对正直贤臣与贪腐官吏类型的划分和特征的描述，对于辨别好官、坏官具有借鉴意义。

死则见思，此人臣之术也。"《礼记》曰[13]："权衡诚悬[14]，不可欺以轻重。绳墨诚陈[15]，不可欺以曲直。规矩诚设，不可欺以圆方。君子审礼，不可诬以奸诈。"然则臣之情伪，知之不难矣。又设礼以待之，执法以御之，为善者蒙赏，为恶者受罚，安敢不企及乎？安敢不尽力乎？

《说苑》对人臣之行有六正、六邪的总结。

[注释]

[1]贞白卓异：正直清廉，才能卓越。　[2]励之未精：磨练不够精细。励，通"砺"，磨练。　[3]自勉：原作"日勉"，据抄本、通行本改。　[4]《说苑》：西汉刘向撰，20卷，分类纂辑汉代以前事，杂以议论。　[5]形兆未见：事情的先兆尚未出现。　[6]塞其间：堵塞漏洞。间，缝隙，此处意为漏洞。　[7]与代浮沉：随波逐流，随其升降。　[8]偷合苟容：虚情假意，迎合他人。　[9]险诐（bì）：奸险邪僻。　[10]巧言令色：以花言巧语、和颜悦色讨好。　[11]擅矫主命：假传圣旨。　[12]朋党比周：结党营私。朋党，原指同类人为私利互相勾结，后指朝廷官员各树党羽，互相倾轧。比，与坏人勾结。周，与人团结。《论语·为政》："君子周而不比，小人比而不周。"　[13]《礼记》：原作"记"，据抄本、通行本补"礼"字。　[14]权衡诚悬：称重量的秤挂在那里。权，称砣。衡，秤杆。　[15]绳墨诚陈：画线的工具摆在那里。绳墨，木匠画线的工具。

国家思欲进忠良、退不肖，十有余载矣，徒

批评"国家思欲进忠良、退不肖"只是挂在口头，没有实际效果，这样求治是不可得的。

闻其语，不见其人，何哉？盖言之是也，行之非也。言之是，则出乎公道；行之非，则涉乎邪径[1]。是非相乱，好恶相攻。所爱虽有罪，不及于刑；所恶虽无辜，不免于罚。此所谓爱之欲其生，恶之欲其死者也。或以小恶弃大善，或以小过忘大功。此所谓君之赏不可以无功求，君之罚不可以有罪免者也。赏不以劝善，罚不以惩恶，而望邪正不惑，其可得乎？若赏不遗疏远，罚不阿亲贵，以公平为规矩，以仁义为准绳，考事以正其名，循名以求其实，则邪正莫隐，善恶自分。然后取其实，不尚其华，处其厚，不居其薄，则不言而化，期月而可知矣！若徒爱美锦而不为人择官[2]，有至公之言，无至公之实，爱而不知其恶，憎而遂忘其善，徇私情以近邪佞，背公道而远忠良，则虽夙夜不怠[3]，劳神苦思，将求至理，不可得也！

书奏，太宗甚嘉纳之。

[注释]

[1]涉乎邪径：涉及歪门邪道。　[2]徒爱美锦而不为人择官：只爱徒有其表、内无实才的人而不为民择官。美锦，绚丽多彩

的丝织品，这里指徒有其表。为人，即"为民"，避李世民名讳改。 [3] 则虽：原作"则"，据抄本、通行本补"虽"字。

○贞观二十一年，太宗在翠微宫[1]，授司农卿李纬户部尚书[2]。房玄龄是时留守京城。会有自京师来者，太宗问曰："玄龄闻李纬拜尚书，如何？"对曰："玄龄但云'李纬大好髭须'，更无他语。"由是改授纬洛州刺史。

[注释]

[1] 翠微宫：在今陕西省终南山中，武德八年始建，名太和宫，贞观十年废。二十一年重修，改名翠微宫。 [2] 司农卿：九卿之一，司农寺长官，置一员，从三品，掌仓储委积之事。

[点评]

本篇论择官的重要性和标准，强调"为民择官"。实现"君臣共治"，要"臣尽至公"，择官是最关键的环节。择官的基本标准是"为民择官"，具体要求主要有四：一是精简、干练；二是"才行兼具"，尤其太平之世"必须才行兼具"；三是"堪养百姓"，重视地方官的委任；四是既要"矫正趋竞"，避免投机钻营，又要"息其稽滞"，提高办事效率。

论封建第八

○贞观元年，封中书令房玄龄为邢国公[1]，兵部尚书杜如晦为蔡国公[2]，吏部尚书长孙无忌为齐国公，并为第一等，食实封一千三百户[3]。皇从父淮安王神通上言："义旗初起，臣率兵先至，今房玄龄等刀笔之人，功居第一，臣窃不服。"太宗曰："国家大事，惟赏与罚。若赏当其劳，无功者自退；罚当其罪，为恶者咸惧。则知赏罚不可轻行也。今计勋行赏，玄龄等有筹谋帷幄、画定社稷之功，所以汉之萧何，虽无汗马，指踪推毂[4]，故得功居第一。叔父于国至亲，诚无爱惜，但以不可缘私滥与勋臣同赏矣！"由是诸功臣自相谓曰："陛下以至公赏，不私其亲，吾属何可妄诉。"初，高祖举宗正籍[5]，弟侄、再从、三从童孩已上封王者数十人[6]。至是，太宗谓群臣曰："自两汉已降，惟封子及兄弟，其疏远者，非有大功，如汉之贾、泽[7]，并不得受封。若一切封王，多给力役，乃至劳苦万姓，以养己之亲属。"于是宗室先封郡王其间无功者，皆降为县公[8]。

［注释］

[1]邢国公：原作"邗国公"，据抄本及《旧唐书·房玄龄传》改。　[2]兵部尚书：原作"工部尚书"，据抄本、通行本及《旧唐书·杜如晦传》改。　[3]食实封一千三百户：原作"食实封三千三百户"，据建治本及《旧唐书·房玄龄传》《杜如晦传》改。　[4]指踪推毂：指示猎物踪迹，推动战车前进。　[5]宗正籍：皇家宗亲属籍。　[6]从：指从兄弟，即叔伯兄弟。再从、三从，指更远的叔伯兄弟。　[7]贾、泽：汉高祖以军功封从兄弟贾为荆王、从祖昆弟泽为燕王。　[8]县公：据《旧唐书·宗室列传》，当以郡公为是。唐代封爵九等：王，食邑一万户。郡王，食邑五千户。国公，食邑三千户。郡公，食邑二千户。县公，食邑一千五百户。县侯，食邑一千户。县伯，食邑七百户。县子，食邑五百户。县男，食邑三百户。

○贞观十一年，太宗以周封子弟，八百余年，秦罢诸侯，二世而灭，吕后欲危刘氏[1]，终赖宗室获安，封建亲贤，当是子孙长久之道。乃定制，以子弟荆州都督荆王元景、安州都督吴王恪等二十一人，又以功臣司空赵州刺史长孙无忌、尚书左仆射宋州刺史房玄龄等一十四人，并为世袭刺史。礼部侍郎李百药奏论以驳世封事曰[2]：

臣闻经国庇民，王者之常制；尊主安上，人情之大方[3]。思闻理定之规，以弘长世之业，万古不易，百虑同归^[4]。然命历有赊促之殊^[5]，邦家有理乱之异。遐观载籍，论之详矣。咸云周过其数^[6]，秦不及期，存亡之理，在于郡国。周氏以鉴夏、殷之长久，遵皇王之并建，维城磐石^[7]，深根固本，虽王纲弛废，而枝干相持，故使逆节不生，宗祀不绝。秦氏背师古之训，弃先王之道，翦华恃险，罢侯置守，子弟无尺土之邑，兆庶罕共理之忧，故一夫号呼而七庙隳圮^[8]。

分析周初分封、秦置郡守的差异。

[注释]

[1]吕后欲危刘氏：西汉高祖死，惠帝即位，吕后临朝，诸吕擅权，危及刘氏江山。　[2]礼部侍郎：礼部副长官，置一员，正四品下。　[3]大方：大道理、大原则。　[4]百虑同归：众人想法相同。　[5]命历有赊促之殊：国家运数有长短差别。命历，运数。赊促，长短。　[6]"咸云周过其数"以下二句是说：都说周朝国运超过预计之数，秦朝国运未到预计期限。　[7]维城磐石：连接城邑，坚如磐石。维，连接。　[8]七庙隳圮（huī pǐ）：宗庙毁坏。《礼记·王制》："天子七庙，三昭三穆，与太祖之庙而七。"用指国家政权。隳圮，毁坏。

臣以为自古皇王，君临宇内，莫不受命上玄^[1]，册名帝箓，缔构遇兴王之运^[2]，殷忧属启圣之期。虽魏武携养之资^[3]，汉高徒役之贱，非止意有觊觎，推之亦不能去也。若其狱讼不归[4]，菁华已竭，虽帝尧之光被四表，大舜之上齐七政[5]，非止情存揖让[6]，守之亦不可固焉[7]！以放勋、重华之德[8]，尚不能克昌厥后[9]。是知祚之长短，必在于天时；政或兴衰，有关于人事。隆周卜世三十，卜年七百，虽沦胥之道斯极[10]，而文、武之器尚存，斯龟鼎之祚[11]，已悬定于杳冥也[12]。至使南征不返[13]，东迁避逼[14]，禋祀阙如[15]，郊畿不守，此乃陵夷之渐[16]，有累于封建焉。暴秦运距闰余[17]，数终百六[18]。受命之主，德异禹、汤；继世之君，才非启、诵[19]。借使李斯、王绾之辈咸开四履[20]，将闾、子婴之徒俱启千乘，岂能逆帝子之勃兴，抗龙颜之基命者也！

论政权兴废与"天道""人事"的关系。

[**注释**]

[1]"莫不受命上玄"以下二句是说：没有不是受命上天，列名将兴帝王符册的。上玄，上天。帝箓，记录将兴天子的符册。　[2]"缔构遇兴王之运"以下二句是说：缔造国家时遇上王业兴盛的好运，深切忧患实际是开拓神圣事业的时机。　[3]"虽魏武携养之资"以下四句是说：虽然魏武帝曹操是被别人抚养长大，汉高祖刘邦原为押送役徒的低贱人，不止有意窥伺帝位，就

是想推也推不掉。觊觎，具有非份意图的窥伺。　[4]狱讼不归：告状的人不愿让你判案，意即百姓不信任、不服你。　[5]上齐七政：高尚可与七政比齐。上，高尚。七政，日、月与金、木、水、火、土五星。　[6]揖让：禅让。　[7]亦不可固：原作"亦不可"，据抄本及《旧唐书·李百药传》补"固"字。　[8]放勋、重华：尧、舜之名。　[9]克昌厥后：能够使其后代昌盛。克，能。厥，其。　[10]沦胥：无罪之人因被牵连而受苦难。后泛指沦丧、沦落。　[11]龟鼎：龟形之鼎，装祭品的三足器具。因龟长寿，依形铸鼎，象征国运长久。后用作比喻帝位。　[12]杳冥：深暗幽远，指极遥远之处。此处指上天。　[13]南征不返：指周昭王南巡，百姓厌恶其无德，用胶粘的船让其渡汉水，结果被淹死。　[14]东迁避逼：指周平王为避犬戎威胁，从镐京（今西安）东迁洛邑（今洛阳）。　[15]禋祀阙如：祭祀礼仪残缺。禋祀，祭天的一种礼仪，烧柴生烟，将牲体及玉帛置于柴上焚烧。后泛指祭祀之礼。阙如，欠缺。　[16]陵夷之渐：衰微的苗头。陵夷，衰落。　[17]运距闰余：国运象鸡足上附生的距，属于非正统的闰位。闰余，本指历法纪年、计月中的差数，如闰年、闰月。这里指闰位，即非正统的帝位。　[18]数终百六：气数到了尽头，必将改朝换代。百六，古代讲气数，以阴阳代表对立势力，此长彼消，百一为阳数极点，百六为阴数极点。　[19]启、诵：分指夏禹之子、周武王之子成王。　[20]"借使李斯、王绾之辈咸开四履"以下四句是说：即便秦国丞相李斯、王绾这般人都开拓疆域，秦始皇公子将间、孙子子婴全都受封为拥有千乘的诸侯，难道就能够逆转汉高祖的蓬勃兴起、抗拒其开创基业的使命！四履，四方边境。履，足迹所至地界。千乘，千辆兵车。一乘，一车四马。帝子、龙颜，均指汉高祖刘邦。刘邦起兵斩蛇，梦老妪曰"今者赤帝子斩之"。《史记·高祖本纪》称"高祖为人，隆准而龙颜"。

　　然则得失成败，各有由焉。而著述之家，多守常辙，莫不情忘今古，理蔽浇淳[1]，欲以百王之季，行三代之法。天下五服之内[2]，尽封诸侯；王畿千里之间，俱为采地[3]。是则以结绳之化行虞、夏之朝，用象刑之典治刘、曹之末，纪纲弛紊，断可知焉。锲舡求剑[4]，未见其可；胶柱成文[5]，弥多所惑。徒知问鼎请隧[6]，有惧勤王之师；白马素车[7]，无复藩维之援。不悟望夷之衅[8]，未堪羿、浞之灾[9]；高贵之殃[10]，宁异申、缯之酷[11]。此乃钦明昏乱，自革安危，固非守宰公侯，以成兴废。且数世之后，王室浸微，始自藩屏，化为仇敌。家殊俗，国异政，强陵弱，众暴寡，疆埸彼此[12]，干戈侵伐。狐骀之役[13]，女子尽髽；崤陵之师，只轮不反。斯盖略举一隅，其余不可胜数。陆士衡方规规然云[14]："嗣王委其九鼎，凶族据其天邑，天下晏然，以治待乱。"何斯言之谬也！而设官分职，任贤使能，以循良之才，膺共治之寄，刺举分竹[15]，何世无人。至使地或呈祥，天不爱宝，民称父母，政比神明。曹元首区区然称[16]："与人共其乐者，必急

以下三段，分论"得失成败，各有由焉"，表明并非分封制与郡县制优劣的问题。

其忧；与人同其安者，必拯其危。"岂容以为侯伯，则同其安危；任之牧宰，则殊其忧乐？何斯言之妄也！

[注释]

[1]理蔽浇淳：道理上分不清浇薄和淳朴。　[2]五服：西周以前，王城四周，由近及远，每向外延伸五百里为一服，依次称甸服、侯服、绥服、要服、荒服，通称五服。　[3]采地：卿大夫的封地，其地租税为卿大夫俸禄。　[4]锲舡（xiāng，又读 chuán）求剑：即刻舟求剑。　[5]胶柱成文：用胶粘住瑟的弦柱，想调出优美的乐章。比喻做事愚蠢，违背常规。　[6]问鼎请隧：指春秋时楚庄王问鼎、晋文公请隧，都有觊觎周王室之意。　[7]白马素车：指秦王子婴以白马素车降汉。　[8]望夷之衅：指赵高弑秦二世于望夷宫。衅，祸乱。　[9]羿、浞之灾：指后羿取代夏政，耽于畋猎，信用寒浞，寒浞杀羿自立。　[10]高贵之殃：指曹魏高贵乡公曹髦不甘心司马昭擅政，率宿卫将士攻打司马昭，兵败被杀。　[11]申、缯之酷：指周幽王嬖褒姒、废申后，立褒姒子而黜太子。申侯怒，与缯及犬戎杀幽王于骊山之下。原作"申胥之酷"，据抄本、通行本改。　[12]疆埸（yì）：疆界。　[13]"狐骀之役"以下四句是说：春秋时孤骀之战，鲁国兵败，全体妇女用麻束发举哀；崤陵战役，秦国兵败，连一只车轮都没有回来。髽（zhuā），古代妇女的丧髻，用麻与头发打成的发髻。崤陵，亦作"殽陵"。　[14]陆士衡：名机，西晋吴郡人，以下所引四句出其所著《五等论》，说的是：东周的继位之君惠王、襄王、悼王弃九鼎、离国出走，王室子弟子颓、子带、子朝窃据都城，但天下安定，以安定应对危乱。委其，原作"要其"，

据抄本、通行本改。　　[15]刺举分竹：检察不法，举荐有功。剖竹为符，以为凭证。　　[16]曹元首：三国魏人，以下所引四句出其所著《六代论》，说的是：与别人同欢乐的人，必然急其所忧；与别人同安危的人，必然救其危难。

封君列国，籍其门资，忘其先业之艰难，轻其自然之崇重，莫不世增淫虐，代益骄侈。离宫别馆，切汉凌云，或刑人力而将尽[1]，或召诸侯而共乐。陈灵则君臣悖礼[2]，共侮徵舒；卫宣则父子聚麀，终诛寿、朔。乃云为己思治，岂若是乎？内外群官，选自朝廷，擢士庶以任之，澄水镜以鉴之，年劳优其阶品，考绩明其黜陟。进取事切，砥砺情深，或俸禄不入私门[3]，妻子不之官舍。班条之贵，食不举火；剖符之重，衣惟补葛。南阳太守，敝布裹身；莱芜县长，凝尘生甑[4]。专知为利图物[5]，何其爽欤！总而言之，爵非世及，用贤之路斯广；民无定主，附下之情不固。此乃愚智所辨，安可惑哉？至如灭国弑君，乱常干纪，春秋二百年间，略无宁岁。次睢咸秩[6]，遂用玉帛之君；鲁道有荡，每等衣裳之会。纵使西汉哀、平之际，东洛桓、灵之时，下吏淫暴，必不至此。为政之理，可以一言敝焉。

［注释］

[1]刑人力而将尽：使用民力几乎达到极点。　[2]"陈灵则君臣悖礼"以下四句是说：陈灵公与大臣孔宁、仪行父与夏姬淫乱，夏姬之子徵舒愤而杀死陈灵公；卫宣公纳子伋之妻宣姜，生寿、朔，宣公杀子伋与寿。聚麀（yōu），指卫宣公父子同娶一女。麀，牝鹿。终诛寿、朔，当作"终诛伋、寿"。　[3]"或俸禄不入私门"以下六句是说：有人廉洁奉公，多余的俸禄不拿回家；有人居官赴任，妻室子女不住进官舍。有人官位显贵，在任不举烟火，常吃干粮。有人身负重任，穿的是带补丁的粗布衣服。班条，官阶班位，表示等级。　[4]凝尘生甑：东汉范丹为莱芜县令，因家贫经常断炊，以致煮饭的瓦甑满是灰尘。　[5]"专知为利图物"以下二句是说：只说他们做官为利图财，是多么的错谬啊！　[6]"次睢咸秩"以下四句是说：到睢水祭祀，宋襄公指使邾文公杀鄫子（鄫国国君）作为祭品。鲁国道路坦荡，等来的却是鲁庄公夫人姜氏与其兄齐襄公的淫乱。衣裳之会，暗指私通、淫乱。

伏惟陛下握纪御天，应期启圣，救亿兆之焚溺，扫氛祲于寰区[1]。创业垂统，配二仪以立德；发号施令，妙万物而为言。独照宸衷[2]，永怀前古。将复五等而修旧制[3]，建万国以亲诸侯。窃以汉、魏已还，余风之弊未尽；勋、华既往，至公之道斯革。况晋氏失御，宇县崩离；后魏乘时[4]，华夷杂处。重以关、河分阻，吴、楚悬隔，习文者学长短纵横之术，习武者尽干戈战争之心，毕为狙诈之阶[5]，弥长浇浮之俗。开皇在运[6]，因藉外家。驱御群英，任雄猜之数；坐移明运，非克定之功。年逾二纪[7]，人不见德。及大业嗣立[8]，世道交丧，一人一物，扫地将尽。虽天纵神武，削平寇虐，兵威不息，劳心未康。

[注释]

[1]氛祲：凶云妖气。 [2]宸衷：天子之心意。 [3]五等：即公、侯、伯、子、男五等爵。 [4]后魏：即北魏，北朝第一个政权，统一北方后，逐渐形成南北对峙局面。 [5]毕为狙诈之阶：完全成为实现野心的阶梯。 [6]"开皇在运"以下四句是说：隋文帝在运数，凭借其外戚权势，驱使英豪，成就其雄猜之主的气数。开皇，隋文帝年号，公元581—600年。 [7]纪：纪年单位，一纪十二年。 [8]"及大业嗣立"以下四句是说：隋炀帝继位，社会风气沦丧，人力物力像扫地出门那样接近枯竭。

自陛下顷顺圣慈[1]，嗣膺宝历，情深致理，综核前王。虽至道无名，言象所绝，略陈梗概，实所庶几。爱敬蒸蒸[2]，劳而不倦，大舜之孝也。

访安内竖，亲尝御膳，文王之德也。每宪司谳罪，尚书奏狱，大小必察，枉直咸举，以断趾之法，易大辟之刑，仁心隐恻，贯彻幽显，大禹之泣辜也[3]。正色直言，虚心受纳，不简鄙讷，无弃刍荛，帝尧之求谏也。弘奖名教，劝励学徒，既擢明经于青紫，将升硕儒于卿相，圣人之善诱也。群臣以宫中暑湿，寝膳或乖，请移御高明，营一小阁。遂惜十家之产[4]，竟抑子来之愿[5]，不吝阴阳之感，以安卑陋之居。顷岁霜俭，普天饥馑，丧乱甫尔，仓廪空虚。圣情矜愍，勤加赈恤，竟无一人流离道路，犹且食惟藜藿[6]，乐彻簨簴[7]，言必凄动，貌成癯瘦。公旦喜于重译[8]，文命矜其即序[9]。陛下每见四夷款附，万里归仁，必退思进省，凝神动虑，恐妄劳中国，以求远方，不藉万古之英声，以存一时之茂实。心切忧劳，迹绝游幸，每旦视朝，听受无倦，智周于万物，道济于天下。罢朝之后，引进名臣，讨论是非，备尽肝膈，惟及政事，更无异词。才日昃，必命才学之士，赐以清闲，高谈典籍，杂以文咏，闲以玄言，乙夜忘疲[10]，中宵不寐。此之四道，独迈往初，斯实生民以来，一人而已。弘兹风化，昭示四方，信可以期月之间，弥纶天壤[11]。而淳粹尚阻[12]，浮诡未移，此由习之永久，难以卒变。请待雕琢成器，以质代文，刑措之教一行[13]，登封之礼云毕，然后定疆理之制[14]，议山河之赏[15]，未为晚焉。《易》称："天地盈虚[16]，与时消息，况于人乎？"美哉斯言也。

劝谏唐太宗，在切切实实的大功告成之前，不要急于"定疆理之制，议山河之赏"。

[注释]

[1]顷顺圣慈：完全顺从太上皇旨意。圣慈，父亲，指唐高祖李渊。　[2]蒸蒸：上升貌、兴盛貌，亦作"烝烝"。　[3]大禹之泣辜：大禹见有罪人，哭自己没有把臣民教育好。　[4]惜十家之产：汉文帝欲修露台，召匠人计算费用，需百金，即以"中人（中等人家）十家之产也。吾奉先帝宫室，常恐羞之，何以为台"，停止修筑。十家，原作"家人"，据通行本改。　[5]子来：如子女趋奉父母，不召自来，借指民心归附。此处指群臣心愿。　[6]藜藿：指粗劣饭菜。　[7]乐彻簨虡（sǔn jù）：撤去钟鼓之乐。彻，通"撤"。簨虡，悬挂钟鼓的木架，横杆为簨，立柱为虡。　[8]公旦：即周公。　[9]文命矜其即序：大禹夸耀四方安定。文命，大禹名。即序，亦作"即叙"，就序，依附、归顺之意。　[10]乙夜：二更时分，晚十时。汉代以来纪夜，分甲、乙、丙、丁、戊，谓之五夜，俗谓五更，每夜（更）间隔两小时。　[11]弥纶天壤：弥漫天地之间。　[12]"而淳粹尚阻"以下二句是说：淳朴敦厚的美德受到阻碍，浮薄诡诈的风气还未改变。　[13]刑措：

指无人犯法，刑罚置而不用。　[14]疆理之制：划分疆界的制度。　[15]山河之赏：分封诸侯，封赏土地。　[16]"天地盈虚"以下三句意为：天地万事万物，犹如日月有圆有缺，随着时间推移消长，何况人世兴衰呢？语出《易·丰卦·象传》。

中书舍人马周又上疏曰：

伏见诏书令宗室勋贤作镇藩部，贻厥子孙，嗣守其政，非有大故，无或黜免。臣窃惟陛下封植之者[1]，诚爱之重之，欲其胤裔承守[2]，为国无疆，可使世官也。何则？以尧、舜之父，犹有朱、均之子[3]，况下此已还，而欲以父取子[4]，恐失之远矣。傥有孩童嗣职，万一骄逸，则兆庶被其殃，而国家受其败。政欲绝之也，则子文之理犹在[5]；政欲留之也，而栾黡之恶已彰[6]。与其毒害于见存之百姓，则宁使割恩于已亡之一臣，明矣。然则向所谓爱之者，乃适所以伤之也。臣谓宜赋以茅土，畴其户邑[7]，必有材行，随器方授，则翰翮非强[8]，亦可以获免尤累。昔汉光武不任功臣以吏事，所以终全其世者，良由得其术也。愿陛下深思其宜，使夫得奉天恩，而子孙终福禄也。

太宗并嘉纳其言。于是竟罢子弟及功臣世袭刺史也。

[**注释**]

[1]封植: 封土培植, 引申为分封。　[2]胤裔承守: 后代承袭职守。胤裔, 即胤嗣, 指后代。　[3]朱、均之子: 指尧之子丹朱、舜之子商均, 皆不贤。　[4]以父取子: 根据父亲的才德推断、选取儿子。　[5]子文之理: 子文, 春秋楚国令尹, 不谋私利, 忠心为国。其孙有罪, 楚王想到子文治国之功, 不予追究。理, 即治。　[6]栾黡（yǎn）之恶: 栾黡, 春秋晋国大夫, 居功自大, 伐秦临阵而退, 因私怨诬陷他人。　[7]赋以茅土, 畴其户邑: 分封土地, 等量食邑。畴, 相等。 [8]翰翮: 鸟的羽翼, 此处指能力。

[**点评**]

本篇论关涉政体的分封问题。实行分封制还是郡县制, 是汉唐数百年间长期争论的一大"政体"问题。在唐代, 先有魏徵、马周、李百药的专篇驳世封、世袭制, 后以柳宗元的《封建论》集大成, 这一论争方告落幕。吴兢选取李百药、马周的驳论, 代表着唐初对于这一关涉"政体"问题的认识水平。

仅从防止"劳苦万姓, 养己亲属"的角度而言, 篇中所论也有着积极的示警意义。

贞观政要卷第四

论太子诸王定分第九

本篇通行本篇目无"论"字，刻本均四章。

○贞观七年，授吴王恪齐州都督[1]。太宗谓侍臣曰："父子之情，岂不欲常相见邪！但家国事殊，须出作藩屏[2]。且令其早有定分[3]，绝觊觎之心，我百年后，使其兄弟无危亡之患。"

[注释]

[1]齐州：治所在今山东济南。 [2]藩屏：藩篱屏障，比喻诸侯封国。 [3]定分：确定的名分。

○贞观十一年，侍御史马周上疏曰：

汉、晋已来，诸王皆为树置失宜[1]，不预立定分，以至于灭亡。人主熟知其然，但溺于私爱，故前车既覆而后车不改辙也。今诸王承宠遇之恩有过厚者，臣之愚虑，不惟虑其恃恩骄矜也。昔魏武帝宠树陈思[2]，及文帝即位，防守禁闭，有同狱囚，以先帝加恩太多，故嗣主从而畏之也[3]。此则武帝之宠陈思，适所以苦之也。且帝子何患不富贵，身食大国，封户不少，好衣美食外，更何所须？而每年别加优赐，曾无纪极。俚语曰[4]："贫不学俭，富不学奢。"言自然也。今陛下以大圣创业，岂惟处置见在子弟而已，当须制长久之法，使万代遵行。

　　疏奏，太宗甚嘉之，赐物百段。

［注释］

　　[1]树置：指封授爵位。　[2]陈思：魏武帝曹操第三子曹植，因最后封地在陈郡，卒谥思，后人称曹植为"陈思王"。　[3]嗣主从而畏之：指后来继承王位的魏文帝曹丕因担心而畏惧。　[4]俚语：俗话。

　　〇贞观十三年，谏议大夫褚遂良以每月特给魏王泰府料物有逾于皇太子[1]，上疏谏曰：

　　昔圣人制礼，尊嫡卑庶。谓之储君[2]，道亚

针对唐太宗宠爱诸王过厚，指出汉代以来，溺于私爱，不预先确立定分，是导致政权灭亡的根源，希望制定长久之法，使万代遵循。

霄极^[3]，甚尚崇重，用物不计，泉货财帛^[4]，与王者共之。庶子体卑，不得为例，所以塞嫌疑之渐，除祸乱之源。而先王必本人情，然后制法，知有国家，必有嫡庶。然庶子虽爱，不得超越嫡子，正礼特须尊崇。如不能明立定分，遂使当亲者疏，当尊者卑，则佞巧之徒承机而动，私恩害公，或至乱国。伏惟陛下功超万古，道冠百王，发号施令，为世作法。一日万机，或未尽美，臣职谏争，无容静默。伏见储君料物，翻少魏王^[5]，朝野见闻，不以为是。臣闻《传》曰^[6]："爱子，教以义方。"忠、孝、恭、俭，义方之谓。昔汉窦太后及景帝并不识义方之理，遂骄恣梁孝王，封四十余城，苑方三百里，大营宫室，复道弥望^[7]，积财锱巨万计^[8]，入警出跸^[9]，小不得意，发病而死。宣帝亦骄恣淮阳王^[10]，几至于败，赖其辅以退让之臣，仅乃获免。且魏王既新出阁^[11]，伏愿恒存礼训，妙择师傅，示其成败；既敦之以节俭，又劝之以文学。惟忠惟孝，因而奖之，道德齐礼^[12]，乃为良器。此所谓"圣人之教，不肃而成"者也^[13]。

针对唐太宗宠爱魏王泰超过太子，强调不立定分的危害，希望为万世作法。

教子之方，教以忠、孝、恭、俭。

太宗深纳其言。

[注释]

[1]每月：原作"每日"，据建治本、内藤本改。料物：皇家供给的俸料、财物。　[2]储君：多指太子。储，副。君之副，故谓储君。　[3]道亚霄极：名分仅次于至尊。道，名分。霄极，云霄最高处，比喻至尊。　[4]泉：古代钱币的名称。　[5]翻：通"反"，反而。　[6]《传》：指《左传》。　[7]复道弥望：楼阁间所架上下两重通道满目皆是。　[8]财镪（qiǎng）：钱财。镪，钱贯，引申为钱财。　[9]警：警戒。跸：清道。警跸，皇帝出行，所经之地，严加警戒，断绝行人。　[10]"宣帝亦骄恣淮阳王"以下四句是说：汉宣帝也放纵庶子淮阳王，后淮阳王谋反作乱，几乎使国家败亡，幸亏依靠几位有谦让之风的大臣辅佐，才幸免于灾难。　[11]出阁：皇子离开皇宫到封地出藩。阁，亦作"阁"，皇宫宫门。　[12]道德齐礼：用道德来引导，用礼仪来规范。　[13]圣人之教，不肃而成：圣人教化，不疾言厉色就能使人成器。

○贞观十六年，太宗谓侍臣曰："当今国家何事最急？各为我言之。"尚书右仆射高士廉曰："养百姓最急。"黄门侍郎刘洎曰："抚四夷急。"中书侍郎岑文本曰："《传》称：'道之以德，齐之以礼。'由斯而言，礼义为急[1]。"谏议大夫褚遂良曰："即日四方仰德，不敢为非，但太子、诸王须有定分。陛下宜为万代法以遗子孙，此最当今日之急。"太宗曰："此言是也。朕年将五十，已觉衰怠。既以长子守器东宫[2]，诸弟及庶子数将四十，心常忧虑，正在此耳[3]。但自古嫡庶无良，何尝不倾败国家。公等为朕搜访贤德，以辅储宫，爰及诸王，咸求正士。且官人事王，不宜岁久。岁久则分义情深，非意窥阚[4]，多由此作。其府官寮，勿令过四考[5]。"

"年将五十，已觉衰怠"，是唐太宗晚年考虑问题的一个出发点。

以确定太子、诸王定分为"最急"，反映唐太宗晚年担心"倾败国家"的"忧虑"！

[注释]

[1]由斯而言，礼义为急：原作"义为急"，据建治本、内藤本补"由斯而言礼"五字。　[2]守器东宫：看护宗庙宝器职在东宫，即指立为太子。　[3]正在此耳：原作"在此耳"，据建治本、内藤本补"正"字。　[4]窥阚：指窥伺帝位、图谋不轨。　[5]四考：即最多四年。考，考核官员，每年一次。有不满一年即成一考。

[点评]

本篇论尽早确定太子、诸王名分，以杜绝非分之想、觊觎之心。在"家天下"的帝制社会，这也是一个体制问题。唐太宗本人就是在太子、诸王定分明确之后发动"玄武门之变"，诛杀太子（长兄）、齐王（四弟）而登帝位的。"贞观之治"初见成效之后不久的贞观七年，这个问题就被他本人提了出来。然而，太子承乾屡教难改，唐太宗渐渐宠爱四子魏王泰，才有马周、褚遂良的上疏。直至废太子承乾之前，才把这一问题视为"最急"之务，既反映其内心的矛盾，又见其担心国家"顷败"的忧虑！

论尊敬师傅第十

本篇通行本篇目无"论"字，各本均六章。

○贞观三年，太子少师李纲有脚疾，不堪践履[1]。太宗赐步舆入东宫，诏皇太子引上殿[2]，亲拜之，大见崇重。纲为太子陈君臣父子之道，问寝视膳之方，理顺辞直，听者忘倦。太子尝商略古来君臣，必教竭忠尽节之事，纲懔然曰："托六尺之孤[3]，寄百里之命，古人以为难，纲以为易。"每吐论发言，皆辞色慷慨，有不可夺之志，太子未尝不耸然礼敬。

[注释]

[1]践履：穿鞋走路。 [2]引：搀扶、引导。 [3]"托六尺之孤"以下二句是说：托付年幼君主，代行国家政令。

○贞观六年，诏曰："朕比寻讨经史，明王圣帝，曷尝无师傅哉！前所进令，遂不睹三师之位，意将未可，何以然？黄帝学太颠，颛顼学禄

颁布诏令，确定太子三师的尊崇地位。

图，尧学尹寿，舜学务成昭，禹学西王国，汤学威子伯，文王学子期，武王学虢叔。前代圣王，未遭此师，则功业不著乎天下，名誉不传乎载籍。况朕接百王之末，智不同圣人，其无师傅，安可以临兆民者哉？《诗》不云乎：'不愆不忘[1]，率由旧章。'夫不学，则不明古道，而能政致太平者未之有也！可即著令，置三师之位。"

［注释］

[1]"不愆不忘"以下二句是说：不犯过失不忘本，全由于遵循以前的规章制度。

○贞观八年，太宗谓侍臣曰："上智之人[1]，自无所染，但中智之人无恒，从教而变。况太子师保[2]，古难其选。成王幼小，周、召为保傅。左右皆贤，日闻雅训，足以长仁益德，使为圣君。秦之胡亥，用赵高作傅，教以刑法，及其嗣位，诛功臣、杀宗族，酷暴不已，旋踵而亡。故人之善恶，诚由近习。朕今为太子、诸王精选师傅，令其式瞻礼度[3]，有所裨益。公等可访正直忠信者，各举三两人。"

为太子、诸王
精选师、傅。

[注释]

[1] 上智之人：指天生圣人，生而知之。　[2] 太子师保：教导太子的导师太师、太保。　[3] 式瞻礼度：瞻仰效法礼仪法度。

○贞观十一年，以礼部尚书王珪兼为魏王师[1]。太宗谓尚书左仆射房玄龄曰："古来帝子，生于深宫，及其成人，无不骄逸，是以倾覆相踵[2]，少能自济[3]。我今严教子弟，欲皆得安全。王珪我久驱使，甚知刚直，志存忠孝，选为子师。卿宜语泰：'每对王珪，如见我面，宜加尊敬，不得懈怠。'"珪亦以师道自处，时议善之也。

[注释]

[1] 魏王：太宗第四子李泰。　[2] 倾覆相踵：倾败灭亡，一个接一个。　[3] 自济：自己救助自己。

○贞观十七年，太宗谓司徒长孙无忌、司空房玄龄曰："三师以德道人者也[1]。若师体卑[2]，太子无所取则。"于是诏令撰太子接三师仪注[3]。太子出殿门迎，先拜，三师答拜。每门让。三师坐，太子乃坐。与三师书，前名"惶恐"，后名"惶恐再拜"。

下诏编纂尊敬师傅的礼仪细则，教新立太子遵循、取则。

[注释]

[1] 三师：指太师、太傅、太保，各置一员，正一品。此处三师，为辅导太子的太子太师、太子太傅、太子太保，均为从一品。以德道人：用德引导。道，通"导"。 [2] 体卑：身份卑微。 [3] 仪注：礼仪细则。

○贞观十八年，大帝初立为皇太子[1]，尚未尊贤重道。太宗又尝令太子居寝殿之侧，绝不往东宫。散骑常侍刘洎上书曰：

臣闻郊迎四方[2]，孟侯所以成德；齿学三让[3]，元良由是作贞[4]。斯皆屈主礼之尊，申下交之义。故得刍言咸荐[5]，睿问旁通[6]，不出轩庭，坐知天壤，率由兹道，永固鸿基者焉。至若生乎深宫之中，长乎妇人之手，未曾识忧惧，无由晓风雅。虽复神机不测，天纵生知[7]，而开物成务[8]，终由外奖[9]。匪夫崇彼干籥[10]，听兹谣颂[11]，何以辨章庶类[12]，甄核彝伦[13]？历考圣贤，咸资琢玉。是故周储上哲[14]，师望、奭而加裕；汉蓄两人[15]，引园、绮而昭德。原夫太子[16]，宗祧是系；善恶之际，兴亡斯在。不勤于始，将悔于终。是以晁错上书，令通政术；

这一章与《教戒太子诸王》篇第二章相照应，有刘洎此谏，才有唐太宗亲教太子。不过，此谏时间不是贞观十八年，而是十七年五月、闰六月。

贾谊献策，务知礼教。窃惟皇太子玉裕挺生[17]，金声凤振[18]，明允笃诚之美[19]，孝友仁义之方，皆挺自天姿，非劳审谕，固以华夷仰德，翔泳希风矣。然则寝门侍膳，已表于三朝[20]；艺宫论道[21]，宜弘于四术。虽春秋鼎盛，饬躬有渐[22]，实恐岁月易往，堕业兴讥，取适宴安[23]，言从此始。以臣愚短，幸参侍从，思广储明，轻愿闻彻，不敢曲陈故事[24]，请以圣德言之。

［注释］

[1]大帝：即唐高宗。　[2]"臣闻郊迎四方"以下二句是说：微臣听说太子到郊外迎接四方来客，所以养成好的品德。孟侯，指太子。孟，排行最长。　[3]齿学：在学授业以年齿（岁）排序。三让：三次揖让尊者。　[4]元良由是作贞：太子由此为正。元良，太子。贞，正。　[5]刍言咸荐：草民的言论都能进奏。荐，献、进奏。　[6]睿问旁通：皇帝的听闻都能通达。睿问，圣听。旁通，四通八达。　[7]天纵生知：天赋生而知之。　[8]开物成务：开通万物，成就众务。　[9]外奖：外力辅助。奖，辅助。　[10]干籥（yuè）：指礼仪教化。干，舞者手执之盾。籥，管乐，有吹籥、舞籥二种。　[11]谣颂：诗谣歌颂，指诗歌教化。　[12]辨章庶类：辨明万物。章，通"彰"。　[13]甄核彝伦：核实人与人之间的伦理关系。　[14]"是故周储上哲"以下二句是说：因此周的储君成王崇尚圣哲，师法太公望、召公奭而增长德行。裕，猷、道，指德行。　[15]"汉蓄两人"以下二句是说：西汉惠帝储蓄二贤

人，礼迎东园公、绮里季而彰显品德。　[16]"原夫太子"以下四句是说：至于太子，关系国家命运；为善为恶之间，兴亡所在。宗祧，宗庙。祧，远祖之庙，此处指国家命运。之际，原作"之济"，据抄本、通行本改。　[17]玉裕挺生：形容人才杰出，温裕如玉。玉裕，如玉的姿容。挺生，挺拔而生。　[18]金声凤振：形容美名早已传播。金声，美好名声。凤振，早已传播。　[19]"明允笃诚之美"以下六句是说：清明公允、笃厚诚实的美德，孝敬父母、友爱兄弟的仁义，都出自天生的资质，不须详加晓谕，所以中外仰慕其德行、上下向往其风度。　[20]三朝：《周礼·秋官·朝士》郑玄注："周太子诸侯皆有三朝：外朝一，内朝二。"内朝有两种说法，或谓之治朝，或谓之燕朝。　[21]"艺宫论道"以下二句是说：在研究学问的地方讲论学问，应拓展到诗、书、礼、乐四种经术。艺宫，指讲论学问的所在。　[22]饬躬有渐：修身渐进。[23]取适宴安：寻求舒适安逸。[24]不敢曲陈故事：不敢拐弯抹角追述往事。

从三方面对比唐太宗、新太子的作为，希望唐太宗"俯推睿善，训及储君"。

伏惟陛下诞睿膺图[1]，登庸历试[2]。多才多艺，道著于匡时；允武允文[3]，功成于纂祀[4]。万方即叙[5]，九围清晏。尚曰虽休勿休，日慎一日，求异闻于振古，劳睿思于当年。乙夜观书[6]，事高汉帝；马上披卷，勤过魏王。陛下自励如此，而令太子优游弃日，不习图书，臣所未谕一也。加以暂屏机务，即寓雕虫[7]。纡宝思于天文[8]，则长河韬映[9]；摛玉华于仙札[10]，则流霞成彩。

固以锱铢万代^[11]，冠冕百王，屈、宋不足以升堂^[12]，钟、张何偕于入室。陛下自好如此，而太子悠然静处，不寻篇翰，臣所未谕二也。陛下备该众妙^[13]，独秀寰中，犹晦天聪^[14]，俯询凡识。听朝之隙^[15]，引见群官，降以温颜，询以今古。故得朝廷是非，闾里好恶，凡有巨细，必关闻听。陛下自行如此，今太子久入趋侍，不接正人，臣所未谕三也。陛下若谓无益，则何事劳神；若谓有成，则宜申贻厥^[16]。蔑而不急^[17]，未见其可。伏愿俯推睿范^[18]，训及储君，推以良书，娱之嘉客。朝披经史，观成败于前踪；晚接宾游，访得失于当代。间以书札，继以篇章，则日闻所未闻，日见所未见，副德逾光^[19]，群生之福也。

[注释]

[1]诞睿鹰图：天生睿智，承受天命。　[2]登庸历试：登帝位，历考验。　[3]允武允文：文事、武功兼备。　[4]纂祀：继承祖先事业。纂，继承。祀，祭祀祖先。　[5]"万方即叙"以下二句是说：万方归顺，九州清平。九围，九州。　[6]"乙夜观书"以下四句是说：（太宗）深夜读书，事迹高过汉光武帝；戎马披阅，勤奋超过魏王曹操。　[7]雕虫：古人以雕琢词章为雕虫小技，此

处比喻文学。　[8]纡：萦绕。宝思：圣思。天文：圣文。　[9]长河：银河，俗称天河。韬映：掩藏光芒。　[10]摛（chī）：舒展、铺叙。玉华：玉之精华，形容辞藻优美。仙札：形容皇帝的书札。　[11]锱（zī）铢：古代极小的重量单位，十黍为絫，十絫为铢，十铢为锱，用以比喻细微、渺小。　[12]"屈、宋不足以升堂"以下二句是说：屈原、宋玉的辞赋不足以登大雅之堂，钟繇、张芝的书法何以能够入室。　[13]备该众妙：具备众多精妙。　[14]"犹晦天聪"以下二句是说：不炫耀圣明，向普通人请教。晦，藏而不露。天聪，圣明。凡识，普通见识。　[15]隙：空闲。　[16]宜申贻厥：应该申明留给子孙做榜样。贻厥，贻厥子孙的省略语。　[17]蔑而不急：轻视而不着急。　[18]睿范：圣上的典范、榜样。　[19]副德逾光：太子的品德更加光辉。

　　窃以良娣之选[1]，遍于中国。仰惟圣旨，本求典内[2]，冀防微，慎远虑，群下所知。暨乎征简人物[3]，则与躬纳相违，监抚二周[4]，未近一士。愚谓内既如彼，外亦宜然者。恐招物议[5]，谓陛下重内而轻外也。古之太子，问安而退，所以广敬于君父；异宫而处，所以分别于嫌疑。今太子一侍天闱[6]，动移旬朔[7]，师傅以下，无由接见。假令供奉有隙[8]，暂还东朝，拜谒既疏，且事俯仰，规谏之道，固所未暇。陛下不可以亲教，宫寀无因以进言[9]，虽有具寮^[10]，竟将何补？

［注释］

[1]良娣：太子内官，置二员，正三品。或以为太子之妾。　[2]典内：掌管内廷事务。　[3]征简人物：征召、选拔人才。　[4]"监抚二周"以下二句是说：太子监国抚军两年，没有接近过一位贤人。　[5]物议：世人非议。　[6]天闱：皇帝寝宫。　[7]旬朔：十天或一月。旬，十日。朔，一个月。　[8]"假令供奉有隙"以下六句是说：即便太子侍奉空闲之时，暂时回到东宫，其属官拜谒的机会也少，而且事在一俯一仰间，规谏之道必然无暇顾及。　[9]宫寀：东宫僚属。　[10]虽有具寮：虽然有齐备的官员。寮，通"僚"。

伏愿俯循前躅^[1]，稍抑下流^[2]，弘远大之规，展师友之义。则离徽克茂^[3]，帝图斯广，凡在黎元，孰不庆赖。太子温良恭俭，聪明睿哲，含灵所悉^[4]，臣岂不知。而浅识勤勤^[5]，思效愚忠者，愿沧溟益润，日月增华也。

太宗乃令洎与岑文本、马周递日往东宫^[6]，与皇太子谈论。

［注释］

[1]前躅：先前的足迹。　[2]下流：原指品位居下者，此处指品位不高之事。　[3]"则离徽克茂"以下二句是说：这样美德

就能够繁茂，帝业就可以扩展。离，明。徽，美好。　[4]含灵所悉：世人皆知。含灵，天下之人。　[5]勤勤：恳切至诚。　[6]递日：按日轮番。

[点评]

本篇论尊敬太子师、傅。确立尊师制度，是教戒太子、诸王的必要手段，并以贞观前期太子尊敬萧瑀、魏王泰尊敬王珪为典型。同时，应当与后面的《论规谏太子》篇联系阅读，注意太子承乾并未尊师重道，没能成为唐太宗的继承人。

本篇刻本均七章。

教戒太子诸王第十一

○贞观七年，太宗谓太子左庶子于志宁、杜正伦曰："卿等辅导太子，常须为说百姓间利害事。朕年十八，犹在人间，百姓艰难，无不谙练。及居帝位，每商量处置，时有乖疏，得人谏争，方始觉悟。若无忠谏者为说，何由行得好事？况太子生长深宫，百姓艰难都不闻见乎！且人主安危所系，不可辄为骄纵。朕若欲肆情骄纵[1]，但出敕云，有谏者即斩，必知天下士庶无敢更发直言[2]。故克己励精，容纳谏净，卿等常须以此意共其谈说。每见有不是事，宜极言切谏，令有所补益也。"

［注释］

[1]朕若欲肆情骄纵：原无此七字，据建治本、内藤本补。　[2]士庶：原作"庶士"，据建治本、内藤本、通行本乙改。

○贞观十八年，太宗谓侍臣曰："古有胎教世子[1]，朕则不暇。但近自建立太子，遇物必诲谕，见其临食将饭，谓曰：'汝知饭乎？'对曰：'不知。'曰[2]：'凡稼穑艰难，皆出人力，不夺其时，常有此饭。'见其乘马，又谓曰：'汝知马乎？'对曰：'不知。'曰[3]：'能代人劳苦者也，以时消息，不尽其力，则可以常有马也。'见其乘舟，又谓曰：'汝知舟乎？'对曰：'不知。'曰：'舟所以比人君，水所以比黎庶，水能载舟，亦能覆舟。尔方为人主，可不畏惧！'见其依于曲木之下，又谓曰：'汝知此树乎？'对曰：'不知。'曰：'此木虽曲，得绳则正，为人君虽无道，受谏则圣。此傅说所言[4]，可以自鉴。'"

要求用既定的治国施政理念辅导太子：一以"先存百姓"的理念教戒太子，常须向其讲说百姓疾苦，二以"先正自身"的理念"共其谈说"，使知"克己励精，容纳谏诤"。

唐太宗以吃饭、骑马、乘舟、依于树木等日常小事亲自教戒新立太子，可谓用心良苦。

[注释]

[1]胎教世子：相传文王之母大任怀文王之后，目不视恶色，耳不听淫声，口不出傲言，生下文王很圣明，后世即以大任为能施胎教。　[2]曰：原无此字，据建治本、内藤本、通行本补。　[3]曰：原无此字，据建治本、内藤本、通行本补。　[4]傅说所言：商代傅说所说，语见《古文尚书·说命》。

○贞观七年，太宗谓侍中魏徵曰："自古侯王能自保全者甚少，皆由生长富贵，好尚骄逸，多不解亲君子、远小人故尔。朕所有子弟，欲使见前言往行，冀其以为规范。"因命徵录古来帝王子弟成败事，名为《自古诸侯王善恶录》，以赐诸王。其序曰：

观其膺期受命，握图御宇，咸建懿亲[1]，藩屏王室，布在方策[2]，可得而言。自轩分二十五子[3]，舜举十六族[4]，爰历周、汉，以逮陈、隋，分裂山河，大启磐石者众矣[5]。或保乂王家[6]，与时升降；或失其土宇，不祀忽诸[7]。然考其盛衰，察其兴灭，功成名立，咸资始封之君；国丧身亡，多因继体之后。其故何哉？始封之君，时逢草昧，见王业之艰阻，知父兄之忧勤。是以在上不骄，夙夜匪懈，或设醴以求贤[8]，或吐飧而

汇集历史上诸侯王的行善与做恶之事赐予诸王，使其"用为立身之本"。

接士[9]。故甘忠言之逆耳，得百姓之欢心，树至德于生前，流遗爱于身后。暨乎子孙继体，多属隆平，生自深宫之中，长居妇人之手，不以高危为忧惧，岂知稼穑之艰难？昵近小人，疏远君子，绸缪哲妇[10]，傲很明德[11]。犯义悖礼，淫荒无度，不遵典宪，僭差越等[12]。恃一顾之权宠，便怀匹嫡之心[13]；矜一事之微劳，遂有无厌之望。弃忠贞之正路，蹈奸宄之迷途。愎谏违卜[14]，往而不返。虽梁孝、齐冏之勋庸[15]，淮南、东阿之才俊，摧摩霄之逸翮，成穷辙之涸鳞，弃桓、文之大功，就梁、董之显戮。垂为明戒，可不惜乎？皇帝以圣哲之恣，拯倾危之运，耀七德以清六合[16]，总万国而朝百灵[17]，怀柔四荒，亲睦九族[18]。念华萼于《棠棣》[19]，寄维城于宗子[20]。心乎爱矣，靡日不思，爰命下臣，考览载籍，博求鉴镜，贻厥孙谋。臣辄竭愚浅，稽诸前训。凡为藩为翰[21]，有国有家者，其兴也必由于积善，其亡也皆在于积恶。故知善不积不足以成名，恶不积不足以灭身。然则祸福无门，吉凶由己，惟人所召，岂徒然哉！今录自古诸王行事得失，分其善恶，各为一篇，名曰《诸王善恶录》，欲使见善思齐，足以扬名不朽；闻恶能改，得免乎大过。从善则有誉，改过则无咎。兴亡是系，可不勉欤[22]？

太宗览而称善，谓诸王曰："此宜置于座右，用为立身之本。"

[注释]

[1]懿亲：至亲，特指皇室宗亲。　[2]方策：记载历史的典籍。纸张发明之前，以竹木记事。方，木板。策，竹简。　[3]轩分二十五子：黄帝分封二十五子。轩，轩辕氏，即黄帝。　[4]舜举十六族：即八元八凯。　[5]大启磐石：大动国家根基，此处指大封皇室宗亲。　[6]或保乂（yì）王家：原作"保人王家"，据建治本、内藤本、通行本及下文补改。保乂，安定。　[7]不祀忽诸：封国忽然灭亡。不祀，不为人祭祀，比喻亡国。诸，助词。　[8]设醴以求贤：西汉楚元王置酒招待不嗜酒的贤士穆生。醴，甜酒。　[9]吐飧（sūn）而接士：周公一饭三吐哺，接纳贤士。飧，同飨。　[10]绸缪哲妇：缠绵美妇。绸缪，缠绵，亲密。哲妇，美妇。　[11]傲很明德：对道德高尚的贤士倨傲凶狠。很，通"狠"。　[12]僭差（cī）越等：超越本分、等级。僭，超越。差，既定本分。　[13]怀匹嫡之心：心怀与嫡子匹敌的念头。嫡子，长子或正妻所生子。　[14]愎谏违卜：不听劝谏而违背天意。卜，即占卜，以火灼龟甲看裂纹预测吉凶，以此代表天意。　[15]"虽梁孝、齐冏之勋庸"以下六句是说：虽然有西汉梁孝王、西晋齐王司马冏的功勋，西汉淮南王、魏东阿王曹植的才华，也摧折了

疾飞云霄的翅膀，成为了涸辙中的枯鱼。丢掉齐桓公、晋文公那样的大功，落得梁冀、董卓那样的身死暴尸。东阿，原作"河东"，据建治本、内藤本、通行本改。摩霄，高及云霄。逸翮，疾飞的羽翅。　[16]七德：指武王七德，即禁暴、戢兵、保大、定功、安民、和众、丰财。六合：指东、西、南、北、上、下。　[17]朝百灵：使百姓来朝拜。百灵，百姓。　[18]九族：指本身以上父、祖、曾祖、高祖和以下子、孙、曾孙、玄孙。又，以父族四、母族三、妻族二为九族。　[19]念华萼于《棠棣》：思念兄弟之情，想《诗·小雅》中的《棠棣》篇。华，同"花"。萼，花朵的外轮，喻为兄弟。《棠棣》，《诗·小雅》中的一篇，为兄弟宴饮的乐歌。　[20]寄维城于宗子：寄联城保乂家国之责任于嫡子。语出《诗·大雅·板》"宗子维城"。维城，联城卫国。　[21]为藩为翰：比喻受分封的诸侯。藩，藩篱。翰，屏翰，比喻捍卫王室的重臣。　[22]钦：原作"与"，据建治本、内藤本、通行本改。

○贞观十年，太宗谓荆王元景[1]、吴王恪、魏王泰等曰："自汉以来，帝弟帝子，受茅土、居荣贵者甚众，惟东平及河间王最有令名，得保其禄位。如楚王玮之徒[2]，覆亡非一，并为生长富贵，好自骄逸所致。汝等鉴诫，宜熟思之。简择贤才，为汝师友，须受其谏争，勿得自专。我闻以德服物，信非虚说。比尝梦中见一人云虞、舜，我不觉竦然敬异，岂不为仰其德也！向若梦见桀、纣，必应斫之[3]。桀、纣虽是天子，今

当面教戒诸王"须自克励"，不要"纵欲肆情，自陷刑戮"。

若相唤作桀、纣，人必大怒。颜回、闵子骞、郭林宗、黄叔度，虽是布衣，今若相称赞，道类此四贤，必当大喜。故知人之立身，所贵者惟在德行，何必要论荣贵。汝等位列藩王，家食实封，更能克修德行，岂不具美也？且君子、小人本无常，行善事则为君子，行恶事则为小人，当须自克励[4]，使善事日闻，勿纵欲肆情，自陷刑戮。"

为人立身，当以德行为本，何必要论荣贵。这实在是难得的提醒！

[**注释**]

[1]太宗：原无此二字，据建治本、内藤本、通行本补。元景，通行本下有"汉王元昌"四字。　[2]玮：原无此字，据建治本、内藤本、通行本补。　[3]斫（zhuó）：砍杀。　[4]克励：克制欲望，自强向上。

○贞观十年，太宗谓房玄龄曰："朕历观前代拨乱创业之主，生长人间，皆识达情伪[1]，罕至于败亡。逮乎继世守成之君[2]，生而富贵，不知疾苦，动至夷灭[3]。朕少小以来，经营多难，备知天下之事，犹恐有所不逮。至于荆王诸弟，生自深宫，识不及远，安能念此哉？朕每一食，便念稼穑之艰难；每一衣，则思纺绩之辛苦，诸弟何能学朕乎？选良佐以为藩弼[4]，庶其习近善人，得免于愆过尔。"

担心继位守成之君不知疾苦，遭至夷灭，要求宰相选择良佐辅助太子、诸王。

[注释]

[1]情伪：民情真假。　[2]守成：或作"守文"。　[3]夷灭：诛除，消灭。　[4]藩弼：藩王的辅佐。

○贞观十一年，太宗谓吴王恪曰："父之爱子，人之常情，非待教训而知也。子能忠孝则善矣！若不遵诲诱，忘弃礼法，必自致刑戮，父虽爱之，将如之何？昔汉武既崩，昭帝嗣位[1]，燕王旦素骄纵，诪张不服，霍光遣一折简诛之，则身死国除。夫为臣子，不得不慎。"

[注释]

[1]"昭帝嗣位"以下五句是说：西汉昭帝继位后，燕王旦素来骄横，图谋不轨，事败，大将军霍光持昭帝玺书赐燕王旦身死，废除封国。诪（zhōu）张，骄横、欺诳。

○贞观中，皇子年小者多授以都督、刺史，谏议大夫褚遂良上疏谏曰：

昔两汉以郡国理人，除郡以外[1]，分立诸子，割土分疆，杂用周制。皇唐郡县，粗依秦法。皇子幼年，或授刺史。陛下岂不以王之骨肉，镇扞四方[2]，圣人造制，道高前烈？臣愚见有小未尽，何者？刺史师帅，人仰以安。得一善人，部内苏息；遇一不善人，合州劳弊。是以人君爱恤百姓，常为择贤。或称河润九里[3]，京师蒙福；或以人兴咏，生为立祠。汉宣帝云："与我共理者，惟良二千石乎[4]！"如臣愚见，陛下子内，年齿尚幼，未堪临人者，请且留京师，教以经学。一则畏天之威，不敢犯禁；二则观见朝仪，自然成立。因此积习，自知为人，审堪临州，然后遣出。臣谨按汉明、章、和三帝，能友爱子弟，自兹以降，以为准的。封立诸王，虽各有土，年尚幼小者，各留京师，训以礼法，垂以恩惠。讫三帝世，诸王数十百人，惟二王稍恶[5]，自余皆冲和深粹，惟陛下详察。

太宗嘉纳其言。

[**注释**]

[1]除郡：原脱"郡"字，据建治本、内藤本、通行本补。　[2]镇扞：镇守、捍卫。扞，通"捍"。　[3]"或称河润九里"以下二句是说：或者犹如河流润泽，惠及各地，连京城都受益匪浅。　[4]二千石：指郡守。　[5]二王：指东汉明、章、和帝之

世的楚王英、广陵思王荆，皆以谋逆自杀。

［点评］

本篇论教戒太子、诸王，所教戒的是新立太子李治和诸王。从"先存百姓"的理念出发，从日常小事、历史教训两个方面进行教诲，并选择良佐进行辅导、辅助，形成一定的教戒模式。

唐太宗以日常琐事亲自教戒新立太子，这在中国历史上是仅见的！为什么唐太宗没有这样教戒太子承乾？还是因为汲取了放松教戒太子承乾的教训，才加强对新立太子的教戒？

论规谏太子第十二

〇贞观五年，李百药为太子右庶子。时太子承乾颇留意典坟[1]，然闲燕之后[2]，嬉游无度。百药作《赞道赋》以讽焉，其词曰：

下臣则闻先圣之格言，尝览载籍之遗则。伊天地之玄造[3]，洎皇王之建国。曰人纪与人纲，资立言与立德。履之则率性成道，违之则罔念作忒[4]。望兴废如从钧[5]，视吉凶于纠缠[6]。至乃受图膺箓，握镜君临。因万物之恩化，以

本篇通行本篇目无"论"字，刻本均四章。

以"规谏"作为篇名论劝谏太子承乾事，反映史家的深思和忧虑。

贞观前期，李百药《赞道赋》以古来储君之事规戒太子承乾，唐太宗称其"甚是典要"，并希望李百药"善始令终"。

百姓而为心。伤大仪之潜运[7]，阅往古以来今。尽为善于乙夜，惜勤劳于寸阴。故能释增冰于瀚海[8]，变寒谷于蹛林。总人灵以胥悦[9]，极穹壤而怀音[10]。

[注释]

[1]典坟：指《五典》《三坟》，传说为上古之书。孔安国曰："伏羲、神农、黄帝之书，谓之《三坟》，言大道也。少昊、颛顼、高辛、唐、虞之书，谓之《五典》，言常道也。"　[2]闲燕：又作"闲晏"，闲暇晏居，悠闲安逸。　[3]伊天地之玄造：自开天辟地。伊，自从。玄造，造化。　[4]罔念作忒：邪念作怪。　[5]从钧：顺从天意。钧，上天。　[6]纠缠：绳索绞缠。　[7]潜运：原作"僭运"，据建治本、内藤本、通行本改。　[8]"故能释增冰于瀚海"以下二句是说：所以能够消融瀚海的厚冰，改变寒谷为蹛林。指贞观四年击败东突厥，"西北诸蕃"尊唐太宗为"天可汗"。瀚海，指今蒙古大沙漠以北及其迤西准格尔盆地广大地域，原作"涣汗"，据建治本、内藤本、通行本改。蹛（dài）林，匈奴绕林而行祭礼之地，唐置为羁縻州，治所在今甘肃秦安西北故陇城。　[9]总人灵以胥悦：全体生灵都高兴喜悦。胥，都。　[10]极穹壤而怀音：整个天地俱怀德音。极，穷尽。穹壤，天地。怀音，感怀皇帝施恩的敕命。

赫矣盛唐，大哉灵命[1]；时惟太始[2]，运钟上圣。天纵皇储，固本居正；机晤宏远，神姿凝映。顾三善而必弘[3]，祗四德而为行[4]。每趋庭而闻礼，常问寝而资敬。奉圣训以周旋，诞天文之明令。迈观乔而望梓[5]，即元龟与明镜。自大道云革，礼教斯起。以正君臣，以笃父子。君臣之礼，父子之亲，尽情义以兼极，谅弘道而在人。岂夏启而周诵[6]，亦丹朱以商均。既雕且琢，温故知新。惟忠与敬，曰孝与仁。则可以下光四海，上烛三辰[7]。昔三王之教子，兼四时以齿学；将交发于中外[8]，乃先之以礼乐。乐以移风易俗，礼以安上化人。非有悦于钟鼓，将宣志以和神[9]。宁有怀于玉帛，将克己而庇身。生于深宫之中，处于群后之上[10]；未深思于王业，不自珍于匕鬯[11]。谓富贵之自然，恃崇高以矜尚。必恣骄很，动蹇礼让。轻师傅而慢礼仪，狎奸盗而纵淫放。前星之耀遽隐[12]，少阳之道斯谅[13]。虽天下之为家，蹈夷险之非一。或以才而见升，或见谗而受黜。足可以自省厥休咎[14]，观其得失。请粗略而陈之，觊披文以相质[15]。

[注释]

[1]灵命：天之命令，天命。　[2]时惟太始：指时当创化，形之初始。　[3]三善：三大善事，即事君、事父、事长。　[4]祗四

德：敬元、亨、利、贞四德。《易·乾·文言》："元者，善之长也。亨者，嘉之会也。利者，义之和也。贞者，事之干也。"　[5]迈观乔而望梓：奉行父子之道。《尚书大传·梓材》："乔仰，父道也；梓俯，子道也。"后以乔梓指父子。　[6]"岂夏启而周诵"以下二句是说：岂能说夏启与周诵，也跟丹朱和商均一样。夏启，大禹之子；周诵，周武王之子。二人都是继承父业的贤君。丹朱，尧之子；商均，舜之子。二人皆不肖。　[7]三辰：指日、月、星。　[8]将交发于中外：指太子长大以后，将交互派遣至朝廷内外任职。　[9]宣志以和神：宣传志向，和悦心神。　[10]群后：诸侯。后，指天子、诸侯。　[11]匕鬯（chàng）：匕，鼎实。鬯，香酒。皆宗庙祭祀用品。此处代指宗庙，转指国家。　[12]前星：皇太子。《汉书·五行志》："心，大星，天王也。其前星太子，后星庶少子也。"　[13]少阳：指东宫，即太子。谅，此处通"凉"，有败坏之意。　[14]省厥休咎：考察其吉凶。　[15]觊批文以相质：希望披阅，分析考察。觊，通"冀"，希望。批文，分析文辞。相质，观察实质。

粗略追述周、秦、汉、魏、晋太子故事，以"观其得失"。

在宗周之积德，乃执契而膺期；赖昌、发而作贰[1]，启七百之鸿基。逮扶苏之副秦[2]，非有亏于闻望，以长嫡之隆重，监偏师于亭障。始祸则金以寒离[3]，厥妖则火不炎上；既树置之违道[4]，见宗祀之遄丧。伊汉氏之长世，固明两之递作[5]。高惑戚而宠赵[6]，以天下而为谑；惠结皓而因良[7]，致羽翼于寥廓。景有惭于邓子[8]，成从理之淫虐；终生患于强吴[9]，由发怒于争博。

彻居储两[10]，时犹幼冲，防衰年之绝议，识亚夫之矜功，故能恢弘祖业，绍三代之遗风。据开博望[11]，其名未融。哀时命之奇舛，遇谗贼于江充；虽备兵以诛乱，竟背义而凶终。宣嗣好儒[12]，大猷行阐，嗟被尤于德教，美发言于忠謇。始闻道于韦、匡，终获戾于恭、显。太孙杂艺[13]，虽异定陶，驰道不绝，抑惟小善。犹见重于通人，当传芳于前典。中兴上嗣[14]，明、章济济，俱达时政，咸通经礼。极至情于敬爱，惇友于于兄弟，是以固东海之遗堂[15]，因西周之继体。五官在魏[16]，无闻德音。或受讥于妲己，且自悦于从禽。虽才高而学富，竟取累于荒淫。暨贻厥于明皇[17]，构崇基于三世[18]。得秦帝之奢侈，亚汉武之才艺。遂驱役于群臣，亦无救于凋弊。中抚宽爱[19]，相表多奇。重桃符而致惑，纳巨鹿之明规。竟能扫江表之氛秽，举要荒而见羁。思惠处东朝[20]，察其遗迹，在圣德其如初，实御床之可惜。悼愍怀之云废[21]，遇烈风之吹沙。尽性灵之狃艺，亦自败于凶邪。安能奉其粢盛[22]，承此邦家。

［注释］

[1] "赖昌、发而作贰"以下二句是说：依仗文王、武王而成王做了储君，开启了周七百年的宏伟基业。昌，文王名。发，武王名。作贰，为副，即储君、太子。　[2] "逮扶苏之副秦"以下四句是说：到扶苏为皇太子，并非名望有亏，却以嫡长子的重要身份，到边塞去监督偏师。　[3] "始祸则金以寒离"以下二句是说：祸乱始于太子将遭废弃，祸乱终于太子被杀身亡。金以离寒、火不炎上，均为谈"五行"者的说法，金性寒，表疏远，指将废太子。火不炎上，指"弃法律，逐功臣，杀太子"。　[4] "既树置之违道"以下二句是说：既树立秦二世违背道义，便见宗庙祭祀急遽丧失。　[5] 明两之递作：国君、太子贤明，相继而有所作为。　[6] "高惑戚而宠赵"以下二句是说：汉高祖为戚夫人所惑而宠爱其所生赵王如意，把天下当儿戏。谑（xuè），戏谑，儿戏。　[7] "惠结皓而因良"以下二句是说：汉惠帝为太子，用张良之计结纳商山四皓，使羽翼丰满，翱翔九天，打消汉高祖的废立之念。　[8] "景有惭于邓子"以下二句是说：汉景帝为太子时，文帝生痈疽，宠臣邓通常以口吸脓，不仅使景帝难堪，而且造成了邓通的淫乱暴虐。　[9] "终生患于强吴"以下二句是说：汉景帝为太子时，与吴王濞之子饮酒博局，吴王濞之子争执不恭，景帝怒而杀之，吴王濞因恨造反，终成"七国之乱"。　[10] "彻居储两"以下六句是说：汉武帝刘彻为太子时，年尚幼小，却有防范皇帝年老、权臣专擅的绝妙论议，识破周亚夫的居功自傲，所以能够发扬光大祖宗功业，继承高祖、文帝、景帝三代遗业。　[11] "据开博望"以下六句是说：汉武帝为太子刘据开博望苑交接宾客，刘据名望尚未显著，哀叹其时运特别不佳，遇到谗臣江充。虽然备兵捕杀江充，造成长安军乱，却落下背义谋反的罪名，畏罪自杀，不得善终。　[12] "宣嗣好儒"以下六句是

说：汉宣帝太子（即位后的元帝）喜好儒术，大道得到阐发，感叹其因德教而被责，赞美其发表言论忠诚正直。起初从韦玄成、匡衡懂得道理，最终因任用弘恭、石显造成过错。韦、匡，原作"匡、远"，参取通行本及《文苑英华》改。　[13]"太孙杂艺"以下六句是说：汉成帝的各种才艺虽不及定陶恭王，但奉诏急召仍不横穿皇帝专用的御道，也是小的善行。这仍为有识之士所看重，应当流芳于前代典籍。太孙，汉成帝字。驰道，皇帝专用御道。　[14]"中兴上嗣"以下四句是说：东汉的太子中，明帝、章帝严肃恭敬，都明达时事政务，都通晓经学礼学。中兴，汉代中兴，指东汉。上嗣，太子。　[15]"是以固东海之遗堂"以下二句是说：因此能够巩固东海王留下的基业，遵循西周的传位制度。东海，指东海王，汉明帝之兄。　[16]"五官在魏"以下六句是说：魏文帝曹丕即位之前，没有好的声誉。或因纳娶袁熙妻甄氏而受讥，且自沉醉于游猎。虽然才高学富，终究因荒淫而有损名声。五官，指曾任五官中郎将的曹丕。妲己，比喻娶袁熙妻甄氏。从禽，追逐禽兽。　[17]明皇：魏文帝太子曹叡，即位为魏明帝。　[18]构崇基于三世：在芳林园筑土山达三年之久。　[19]"中抚宽爱"以下六句是说：曾为中抚军的司马炎宽厚仁爱，相貌奇异。其父司马昭虽看重其弟桃符而致惑，但终究采纳了巨鹿郡公裴秀的规谏立司马炎。司马炎代魏，创建西晋，灭吴扫平江东，控制边远地区，实现统一。　[20]"思惠处东朝"以下四句是说：想起晋惠帝为太子时，观察其作为，德行还是如同起初一样昏庸愚昧，实如卫瓘的"御床可惜"之感叹。　[21]"悼愍怀之云废"以下四句是说：哀叹愍怀太子被废，如同狂风吹走泥沙。天赋聪明全用于嬉戏，面对凶狠邪恶而遭败亡。　[22]奉其粢盛（zī chēng）：奉行祭祀，借指继承帝位。粢盛，盛在祭器内供祭祀的谷物。

惟圣上之慈爱，训义方于至道[1]。同论政于汉幄[2]，修政戒于京部。鄙《韩子》之所赐[3]，重经术以为宝。咨政理之美恶，亦文身之斧藻[4]。庶有择于愚夫[5]，惭乞言于遗老。致庶绩于咸宁，先得人而为盛。帝尧以则哲垂谟，文王以多士兴咏。取之于正人，鉴之于灵镜。量其器能，审其检行。必宜度机而分职，不可违方以从政。若其惑于听受，暗于知人，则有道者咸屈，无用者必伸。谄谀竞进以求媚，玩好不召而自臻。直言正谏，以忠信而获罪；卖官鬻狱，以货贿而见亲。于是亏我王度，致我彝伦[6]。九鼎遇奸回而远逝，万姓望抚我而归仁。盖造化之至育，惟人灵之为贵。狱讼不理，有生死之异途；冤结不申，感阴阳之和气。士之通塞，属之以深文；命之修短，悬之于酷吏。是故帝尧画像[7]，陈恤隐之言；夏禹泣辜，尽哀矜之志。因取象于《大壮》[8]，乃峻宇而雕墙。将瑶台以琼室，岂画栋与虹梁。或凌云以遐观，或通天而纳凉。极醉饱而刑人力，命痿蹶而受身殃[9]。是故言惜十家之产[10]，汉帝以昭俭而垂裕；虽成百里之囿[11]，周文以子来而克商。彼嘉会而礼通[12]，重旨酒之为德。至忘归而受祉，在齐圣而温克。若其酗醟以致昏[13]，沉湎以成忒，痛殷受与灌夫，亦亡家而丧国。是以伊尹以酗室而作戒，周公以乱邦而贻则。咨幽闲之令淑，实好逑于君子。辞玉辇而割爱[14]，固班姬之所耻；脱簪珥而思愆，亦宣姜之为美。乃有祸晋之骊姬，丧周之褒姒。尽娥妍于图画[15]，极凶悖于人理。倾城倾国，思昭示于后王；丽质冶容，宜永鉴于前史。复有蒐狩之礼[16]，驰射之场，不节之以礼义，必自致于禽荒[17]。匪外形之疲极，亦中心而发狂。夫高深不惧，胥靡之徒[18]；韝绁为娱[19]，小竖之事。以宗社之崇重，持先王之名器，与鹰犬之并驱，凌艰险而逸辔。马有衔橛之理[20]，兽骇不存之地，犹有觍于获多[21]，独无情而内愧。

[注释]

[1]训义方于至道：用至高的道德教以为人处事之理。至道，最高的道德。　[2]"同论政于汉鄗"以下二句是说：如同汉朝论政，西周建立典章制度。汉鄗，汉代帷幄，指汉朝。修，纂修，指创建。政戒，各种法典和礼教。鄗（hào），同"镐"，西周国都，代指

西周。　[3]《韩子》之所赐：晋元帝好刑法，以《韩非子》赐太子。《韩子》，即《韩非子》，战国末韩非集先秦法家学说大成的代表作，20卷55篇。　[4]文身：原指在皮肤上针刺图形，此处借指修身。斧藻：原指有黑白斧形花纹的水草，借指华美的文章辞藻，亦作"黻藻"。　[5]"庶有择于愚夫"以下二句是说：幸有对愚人之言的选择，惭愧于向遗老请教。庶，幸。　[6]致（dù）我彝伦：败坏伦常。致，败坏。　[7]"是故帝尧画像"以下四句是说：所以帝尧画衣冠章服象五刑，陈述怜恤百姓之言；大禹为犯人哭泣，尽哀惜反省之意。　[8]取象于《大壮》：按照《大壮》之象建造宫殿。《大壮》，《易》卦名，为阳刚盛长之象。　[9]痿蹷：肢体痿弱、筋脉迟缓的病症。　[10]"是故言惜十家之产"以下二句是说：因此汉文帝言惜十户中等人家财产（停止修筑露台），昭示节俭而留下美德。垂裕，留下美德。　[11]"虽成百里之囿"以下二句是说：虽建方圆百里的园林，周文王却因百姓像子女来归而能够灭商。　[12]"彼嘉会而礼通"以下四句是说：在那欢聚的宴会上以礼节交往，强调饮美酒有损德行。饮酒忘返而得福的境界，在于聪明而自持。重旨酒之为德，仪狄造酒，禹饮甘美，强调酒德，告诫说："后世必有以酒亡国者。"旨，美味。受祉，得福。齐圣，聪明。温克，温和自持。　[13]"若其酗醟（yǒng）以致昏"以下四句是说：如果酗酒以致昏沉、嗜饮造成过错，就会像商纣亡国、西汉灌夫被诛，而为人痛惜。酗醟，酗酒。　[14]"辞玉辇而割爱"以下四句是说：谢绝与汉成帝同车游幸，班姬本来就耻于做嬖女。脱卸簪珥等首饰劝谏周宣王，也是王后宣姜的美德。　[15]"尽娥妍于图画"以下二句是说：骊姬、褒姒艳丽如同绘画，却十分凶恶，违背天理、人伦。　[16]蒐（sōu）狩之礼：打猎的规章礼仪。春猎为蒐，冬猎为狩。　[17]禽荒：沉迷于打猎。　[18]胥靡之徒：用绳索牵连强迫劳动的奴隶。　[19] 韝緤（gōu xiè）：以游猎为娱乐。韝，皮制臂套，用来束衣袖或置放猎鹰。緤，系猎犬的绳索。　[20] 马有衔橛之理：马也担心跑得太快有翻车的危险。　[21] 靦（miǎn）于获多：为猎获过多而感惭愧。

　　以小人之愚鄙[1]，忝不赀之恩荣。擢无庸于草泽，齿陋质于簪缨。遇大道行而两仪泰，喜元良盛而万国贞。以监抚之多暇，每讲论而肃成。仰惟神之敏速，叹将圣之聪明[2]。自礼贤于秋实[3]，足归道于春卿[4]。芳年淑景，时和气清。华殿邃兮帘帏静，灌木森兮风云轻，花飘香兮动笑日，骄莺啭兮相哀鸣。以物华之繁靡，尚绝思于将迎。犹蹈道而不倦，极耽玩以研精。命庸才以载笔，谢摛藻于天庭[5]。异洞箫之娱侍[6]，殊飞盖之缘情[7]。阙雅言以赞德，思报恩以轻生[8]。敢下拜而稽首，愿永树于风声。奉皇灵之遐寿，冠振古于鸿名。

　　太宗见而遣使谓百药曰："朕于皇太子处见卿所作赋，述古来储贰事以戒太子，甚是典要。朕选卿以辅弼太子，正为此事，大称所委，但须善始令终耳。"因赐厩马一匹，彩物三百段。

[注释]

[1] "以小人之愚鄙" 以下六句是说：以小臣的愚昧浅陋，有幸得到无限的恩宠荣华。从草野提拔我这平庸之辈，录用我这简陋之人与达官并列。得遇大道施行而天下安宁，欣喜太子风华正茂而万方归于正统。忝，有幸得到，自谦之辞。不赀，不可计量，无限。齿，录用。簪缨，官吏的冠饰，借指达官。两仪，天和地。泰，安宁。元良，太子。　[2] 将圣：将为圣上，指太子。　[3] 秋实：喻德行。　[4] 春卿：礼部长官，此处借指礼仪。　[5] 摛（chī）藻：铺陈辞藻。　[6] 洞箫之娱侍：汉元帝为太子时，好吹洞箫，王褒上《洞箫赋》，乃令后宫贵人皆诵读之。　[7] 飞盖之缘情：魏文帝为世子时，曹植赋诗 "清夜游西园，飞盖相追随。" 飞盖，急行之车。缘情，抒发感情，借指作诗。　[8] 思报恩：原作 "异报恩"，据建治本、通行本改。

贞观中期，太子左右庶子连续上书规谏太子承乾，均被拒绝。

○贞观中，太子承乾数亏礼度，侈纵日甚，太子左庶子于志宁撰《谏苑》二十卷讽之。是时，太子右庶子孔颖达每犯颜进谏。承乾乳母遂安夫人谓颖达曰："太子长成，何宜屡得面折？"对曰："蒙国厚恩，死无所恨。"谏争愈切。承乾令撰《孝经义疏》，颖达又因文见意，愈广规谏之道。太宗并嘉纳之，二人各赐帛五百匹、黄金一斤，以励承乾之意。

○贞观十三年，太子右庶子张玄素以承乾颇

以游畋废学，上书谏曰：

臣闻皇天无亲[1]，惟德是辅，苟违天道，人神同弃。然三驱之礼，非欲教杀，将为百姓除害，故汤罗一面[2]，天下归仁。今苑内娱猎，虽名异游畋，若行之无恒，终亏雅度。且傅说曰[3]："学不师古，匪说攸闻。"然则弘道在于学古，学古必资师训。既奉恩诏，令孔颖达侍讲，望数存顾问，以补万一。仍博选有名行学士，兼朝夕读。览圣人之遗教，察既行之往事，日知其所不足，月无忘其所不能。此则尽善尽美，夏启、周诵，焉足言哉！夫为人上者，未有不求其善，但以性不胜情[4]，耽惑成乱[5]。耽惑既甚，忠言尽塞，所以臣下苟顺，君道渐亏。古人有言："勿以小恶而不去，小善而不为。"故知祸福之来，皆起于渐。殿下地居储贰，当须广树嘉猷[6]。既有好畋之淫[7]，何以主斯匕鬯？慎终如始，犹恐渐衰，始尚不慎，终将安保！

开始就不谨慎，如何保持晚节！

[注释]

[1] "臣闻皇天无亲"以下二句是说：为臣听闻，上天对人不分亲疏，只辅助有德行的人。　[2] "故汤罗一面"以下二句是说：

所以商汤网张一面，放开三面，天下都归服于他的仁义。　[3]以下为略引《古文尚书·说命》傅说之语：学礼不师法古代，我没听说过。匪，通"非"。说，傅说。攸，所。　[4]性不胜情：理性不能克制感情。　[5]耽惑成乱：沉溺迷惑，造成昏乱。　[6]嘉猷：嘉道、善法。　[7]"既有好畋之淫"以下二句是说：既有喜好打猎的积习，如何主持国家事务。

　　承乾不纳。玄素又上书谏曰：

　　臣闻称皇子入学而齿胄者[1]，欲令太子知君臣父子尊卑之序、长幼之节。用之方寸之内，弘之四海之外者，皆因行以远闻，假言以光被。伏惟殿下，睿质已隆，尚须学文以饰其表。窃见孔颖达、赵弘智等，非惟宿德鸿儒，亦兼达政要。望令数得侍讲，开释物理[2]，览古论今，增辉睿德。至如骑射畋游，酣歌妓玩，苟悦耳目，终秽心神。渐染既久，必移情性。古人有言："心为万事主，动而无节即乱。"恐殿下败德之源，在于此矣。

　　承乾览书愈怒，谓玄素曰："庶子患风狂耶！"

　　[注释]
　　[1]齿胄：以年齿为序。　[2]开释物理：解释事物道理。开释，原作"问释"，据建治本、内藤本、通行本改。

十四年，太宗知玄素在东宫颇有进谏，擢授银青光禄大夫[1]，行太子左庶子[2]。时承乾尝于宫中击鼓，声闻于外，玄素叩阁请见，极言切谏。承乾乃出宫内鼓[3]，对玄素毁之。遣户奴伺玄素早朝，阴以马挝击之[4]，殆至于死。

是时承乾好营造亭观，穷奢极侈，费用日广。玄素上书谏曰：

臣以愚蔽，窃位两宫，在臣有江海之润，于国无秋毫之益，是用必竭愚诚，思尽臣节者。伏惟储君之寄，荷戴殊重，如其积德不弘，何以嗣守成业？圣上以殿下亲则父子，事兼家国，所应用物，不为节限。恩旨未逾六旬，用物已过七万，骄奢之极，孰云过此。龙楼之下[5]，惟聚工匠；望苑之内[6]，不睹贤良。今言孝敬，则阙侍膳问竖之礼；语恭顺，则违君父慈训之方；求风声，则无学古好道之实；观举措，则有因缘诛戮之罪[7]。宫臣正士，未尝在侧；群邪淫巧，日近深宫。爱好者皆游伎杂色，施与者并图画雕镂。在外瞻仰，已有此失；居中隐密，宁可胜计哉！宣猷禁门[8]，不异阛阓，朝入暮出，恶声渐远。

太子左庶子屡上书规谏，太子承乾遣刺客暗杀。

右庶子赵弘智经明行修，当今善士，臣每请望数召进，与之谈论，庶广徽猷[9]。令旨反有嫌猜[10]，谓臣妄相推引。从善如流，尚恐不逮；饰非拒谏，必是招损。古人云："苦药利病，苦言利行。"伏愿安居思危，日慎一日。

书入，承乾大怒，遣刺客将加屠害，俄属宫废。

[注释]

[1]银青光禄大夫：从三品文散官，通行本讹作"银青荣禄大夫"。　[2]行：阶品高的散官任阶品低的职事官，称作行。　[3]承乾乃出宫内鼓：原作"乃出宫内鼓"，据建治本、内藤本补"承乾"二字。　[4]马挝（zhuā）：马鞭。　[5]龙楼：汉成帝太子所居桂宫南宫门，后泛指太子所居宫寝。　[6]望苑：汉武帝为戾太子所开博望苑，此处借指东宫。　[7]因缘诛戮：凭借权势杀人。　[8]"宣猷禁门"以下二句是说：宣布法令的宫廷，无异于街市。阛阓（huán huì），泛指市区。　[9]庶广徽猷：希望增加（您的）美德。　[10]令旨：您（太子）的旨意。

○贞观十四年，太子詹事于志宁以太子承乾广造宫室[1]，奢侈过度，耽好声乐，上书谏曰：

臣闻克俭节用，实弘道之源；崇侈恣情，乃败德之本。是以凌云概日[2]，戎人于是致讥；峻宇雕墙[3]，《夏书》以之作诫。昔赵盾匡晋[4]，吕望师周，或劝之以节财，或谏之以厚敛。莫不尽忠以佐国，竭诚以奉君，欲使茂实播于无穷，英声被乎物听。咸著简册，用为美谈。且今所居东宫，隋日营建，睹之者尚讥甚侈，见之者犹叹甚华。何庸于此中更有修造，财帛日费，土木不停，役斤斧之工，极磨砻之妙[5]？且丁匠官奴入内，比者无复监。此等或兄犯国章，或弟罹王法，往来御苑，出入禁闱，钳凿缘其身，槌杵在其手。监门本防非虑，宿卫以备不虞[6]。千牛既自不见，直长无由得知[7]。爪牙在外，厮役在内[8]，所司何以自安，臣下岂容无惧？

[注释]

[1] 太子詹事：东宫官，置一员，正三品，掌统东宫三寺、十率府之政令。　[2] "是以凌云概日"以下二句是说：秦缪公夸示宫室之盛，为西戎使者由余所笑。凌云，亦作"陵云"。　[3] "峻宇雕墙"以下二句是说：《夏书》把宫室高大、墙壁雕饰作为国之危亡的警戒。　[4] "昔赵盾匡晋"以下四句是说：昔日赵盾匡救晋国、吕望为周之太师，或是劝勉节省财物，或是谏止横征暴敛。　[5] 极磨砻之妙：极尽琢磨的精妙。　[6] 监门本防非虑宿卫以备不虞：原无此十二字，据通行本及《旧唐书·于志宁传》

补。 [7]千牛：指太子千牛，太子左右内率府属官，掌弓矢供奉，各置四十四员，从七品上。直长：指监门直长，太子左右监门率府属官，掌东宫门禁，各置七十八员，从七品下。 [8]爪牙在外厮役在内：原无此八字，据建治本、内藤本、通行本补。

又郑、卫之乐，古谓淫声。昔朝歌之乡[1]，回车者墨翟；夹谷之会[2]，挥剑者孔丘。先圣既以为非，通贤将以为失。顷闻宫内，往往取太乐伎儿，入便不出。闻之者股栗，言之者心战。往年口敕，伏请重寻，圣旨殷勤，明诫恳切。在于殿下，不可不思；至于微臣，不得无惧。

臣自驱驰宫阙，已积岁时，犬马识恩，木石知感，臣所有管见，敢不尽言。如鉴以丹诚，则臣有生路；若责其忤旨，则臣是罪人[3]。但悦意取容[4]，臧孙方以疾疢；犯颜逆耳，《春秋》比之药石。伏愿停工巧之作，罢久役之人，绝郑、卫之音，弃群小之辈。则三善允备，万国作贞矣。

承乾览书不悦。

[注释]

[1]"昔朝歌之乡"以下二句是说：昔日墨子途经朝歌，听说邑名"朝歌"，认为不符简朴之意，便回车离去。 [2]"夹谷之会"

以下二句是说：鲁定公与齐侯会于夹谷，齐奏乐，俳优侏儒戏于前。孔子曰："匹夫荧惑侮诸侯者，罪应诛。"于是斩侏儒。　[3]如鉴以丹诚，则臣有生路；若责其忤旨，则臣是罪人：原无此二十字，据通行本及《旧唐书·于志宁传》补。　[4]"但悦意取容"以下四句是说：只是取悦求容于人，臧孙比作为恶疾；冒犯尊严说出逆耳忠言，《春秋》比作是药石。

十五年，承乾以务农之时召驾士等役，不许分番[1]，人怀怨苦，又私引突厥群竖入宫[2]，志宁上书谏曰：

上天盖高，日月光其德；明君至圣，辅佐赞其功。是以周诵升储，见匡毛、毕[3]；汉盈居震[4]，取资黄、绮。姬旦抗法于伯禽[5]，贾生谏争于文帝，咸殷勤于端士，皆恳切于正人。历代贤君，莫不丁宁于太子者，良以地膺上嗣，位处储君。善则率土沾其恩，恶则海内罹其祸。近闻仆寺习驭[6]、驾士、兽医[7]，始自春初，迄兹夏晚，恒居内役，不放分番。或家有尊亲，阙于温清[8]；或室有幼弱，绝于抚养。春既废其耕垦，夏又妨其播殖。事乖存育，恐致怨嗟。傥闻天听，后悔何及？又突厥哥支等，咸是人面兽心，岂得以礼义期，不可以仁信待。心则未识于忠孝，言则莫辩其是非[9]，近之有损于英声，昵之无益于盛德。引之入阁，人皆惊骇，岂臣愚识，独用不安？殿下必须上副至尊圣情，下允黎元本望，不可轻微恶而不避，无容略小善而不为。理敦杜渐之方，须有防萌之术。屏退不肖，狎近贤良。如此，则善道日隆，德音自远。

太子詹事屡上书规谏，太子承乾又遣刺客暗杀。

承乾大怒，遣刺客张师政、纥干承基就舍杀之。志宁是时丁母忧，起复为詹事。二人潜入其第，正见寝处苫庐[10]，竟不忍而止。

及承乾败，太宗知其事，深勉劳之。

[注释]

[1] 分番：分组轮番。　[2] 竖：童仆。　[3] 毛、毕：指毛叔、郑毕公，周的辅佐大臣。　[4]"汉盈居震"以下二句是说：西汉刘盈居太子之位，得到夏黄公、绮里季等四位贤人的支持。　[5] 姬旦抗法于伯禽：成王年幼，周公辅佐，成王有过失，周公就鞭挞儿子伯禽，向成王表明世子的规矩。　[6] 仆寺：太子三寺之一，掌车马、骑乘、仪仗之政令。习驭：据《旧唐书·职官志三》《新唐书·百官志四上》当作"翼驭"，为仆寺厩牧署属员，置十至十五员，掌调马执驭。　[7] 驾士、兽医：太子仆寺厩牧署属员，分置十五至三十员、十至二十员不等。　[8] 清(qìng)：凉。《礼记·曲礼上》："凡为人子之礼，冬温而夏清。"后以温清

指待父母之礼。　　[9] 岂得以礼义期，不可以仁信待。心则未识于忠孝，言则莫辩其是非：原无此二十六字，据通行本及《旧唐书·于志宁传》补。　　[10] 寝处苫（shān，又读 shàn）庐：睡在守丧的草庐。苫，草织居丧物。

[点评]

本篇是规谏太子承乾的疏奏及相关之事。规谏太子承乾的失败，反映教戒太子的艰难。唐太宗十四子中，虽以吴王恪（三子）、魏王泰（四子）"最贤"，却未立为太子。贞观十七年废黜承乾之后，立晋王治（九子）为皇太子，反映贞观后期施政核心的微妙变化。这不仅是规谏太子的问题，也是读《贞观政要》了解贞观后期政局变化应该关注的问题。

贞观政要卷第五

论仁义第十三

本篇通行本篇目无"论"字，刻本均四章。

强调治国施政以仁义、诚信为治。

可与卷三《论择官》篇对照阅读。

○贞观元年，太宗曰："朕看古来帝王以仁义为治者，国祚延长，任法御人者[1]，虽救一时，败亡亦促。既见前王成事，足是元龟，今欲专以仁义、诚信为治，望革近代之浇薄也。"黄门侍郎王珪对曰："天下凋丧日久[2]，陛下承其余弊，弘道移风，万代之福。但非贤不理，惟在得人。"太宗曰："朕思贤之情，岂舍梦寐[3]！"给事中杜正伦进曰："世必有才，随时所用，岂待梦傅说、逢吕尚，然后治乎？"太宗深纳其言。

[注释]

[1]任法御人：用法统治百姓。任，用。御，统治。　[2]凋丧：

指德行仁义沦丧。　　[3]岂舍梦寐：即"梦寐岂舍"，在梦中也不忘记。

○贞观二年，太宗谓侍臣曰："朕谓乱离之后，风俗难移。比观百姓，渐知廉耻，官人奉法，盗贼日稀，故知人无常俗，但政有治乱耳。是以为国之道，必须抚之以仁义，示之以威信。因人之心，去其苛刻，不作异端[1]，自然安静。公等宜共行斯事也！"

治国之道，抚以仁义，示以威信。

［注释］

[1]异端：背离正道的歪门邪说。

○贞观四年，房玄龄奏言："今阅武库甲仗，胜隋日远矣。"太宗曰："饬兵备寇虽是要事[1]，然朕惟欲卿等存心治道[2]，务尽忠贞，使百姓安乐，便是朕之甲仗。隋炀帝岂无甲仗，适足以致灭亡，正由仁义不修，而群下怨叛故也。宜识此心，当以德义相辅[3]。"

整兵御敌的同时，把修行仁义，使百姓安乐视为更重要的"甲仗"。

［注释］

[1]饬兵：整治兵事。　　[2]惟欲：原作"惟欲得"，据抄本、

通行本删"得"字。　[3]当以德义相辅：通行本无此六字。

○贞观十三年，太宗谓侍臣曰："林深则鸟栖，水广则鱼游，仁义积则物自归之[1]。人皆知畏避灾害，不知行仁义则灾害不生。夫仁义之道，当思之在心，常令相继，若斯须懈怠[2]，去之已远。犹如饮食资身，恒令腹饱，乃可存其性命。"王珪顿首曰："陛下能知此言，天下幸甚！"

行仁义之道，必须经常在心，坚持不懈！

[注释]

[1]物自归之：指百姓自然归顺。物，即"人"，指百姓。　[2]斯须：片刻，表示时间短暂。

[点评]

本篇论仁义为治国之道。唐太宗即位伊始便表示以史为鉴，专以仁义诚信为治，把百姓安乐视为国之甲兵。直至贞观中期，仍然经常在心，坚持不懈。这是贞观年间风气淳朴、社会安定的重要原因。

本篇明本九章，据通行本补二章，共十一章。通行本篇目无"论"字，十四章，有卷二《直谏附》篇一章、卷八《禁末作附》篇一章，有一章分作二章。

论忠义第十四

○冯立，武德中为东宫率[1]，甚被隐太子亲遇。太子之死也，左右多逃散，立叹曰："岂有生受其恩，而死逃其难！"于是率兵犯玄武门，苦战，杀屯营将军敬君弘[2]，谓其徒曰："微以报太子矣。"遂解兵遁于野。俄而来请罪，太宗数之曰[3]："汝昨者出兵来战，大杀伤我兵，将何以逃死？"立饮泣而对曰："立出身事主，期以效命，当战之日，无所顾惮。"因歔欷悲不自胜，太宗慰勉之，授左屯卫中郎将[4]。立谓所亲曰："逢莫大之恩，幸而获免，终当以死奉答。"未几，突厥至便桥[5]，率数百骑与虏战于咸阳，杀获甚众，所向皆披靡，太宗闻而嘉叹之。

太子建成、齐王元吉旧部的效忠事迹。

[注释]

[1]东宫率：东宫武官之职，十率府（左右率府、左右司御率府、左右清道率府、左右监门率府、左右内率府）长官，各置一员，正四品上，分掌兵仗仪卫、昼夜巡警、诸门禁卫、千牛供奉等事。　[2]屯营将军：屯兵营地将领。　[3]数（shǔ）：数落、责备。　[4]左屯卫中郎将：左屯卫亲、勋、翊卫长官，各置一员，正四品下，掌领校尉、旅帅、亲卫、勋卫之属宿卫者，总其府事。　[5]便桥：咸阳南渭水桥，与长安西便门相对，故称便桥。

时有齐王元吉府左车骑谢叔方[1]，率府兵与冯立合军拒战，及杀敬君弘、中郎将吕衡，王师不振。秦府官属乃传元吉首以示之[2]，叔方下马啼哭，拜辞而遁。明日出首，太宗曰："义士也。"命释之，授左翊卫郎将[3]。

[注释]

[1]元吉府左车骑：即齐王元吉府左车骑将军，折冲府副长官，置十员，正五品上。　[2]秦府官属：通行本作"秦府护军尉尉迟敬德"，衍一"尉"字，当以《旧唐书·谢叔方传》"秦府护军尉迟敬德"为是。　[3]左翊卫：后改左卫，与右翊卫同为十六卫之首，掌统领宫廷警卫。郎将，翊卫五府副长官，分左右，各置一员，正五品上，协助中郎将掌管府事。

○贞观元年，太宗尝从容言及隋亡之事，慨然叹曰："姚思廉不惧兵刃，以明大节，求诸古人，亦何以加也！"思廉时在洛阳，因寄物三百段，并遗其书曰："想卿忠义之风，故有斯赠。"初，大业末，思廉为隋代王侑侍读[1]，及义旗克京城时，代王府寮多骇散，唯思廉侍王，不离其侧。兵士将升殿，思廉厉声谓曰："唐公举义[2]，本匡王室，卿等不宜无礼于王！"众服其言，于是稍却，布列阶下。须臾，高祖至，闻而义之，许其扶侑至顺阳阁下[3]，思廉泣拜而去。见者咸叹曰："忠烈之士[4]，仁者有勇，此之谓乎！"

隋朝旧臣的忠勇表现。

[注释]

[1]侍读：侍从皇帝读书之官。　[2]唐公：指唐高祖李渊，在隋被封为唐公。　[3]阁下：亦作"阖下"。　[4]忠烈之士：原无此四字，据抄本、通行本补。

○贞观二年，将葬故息隐王建成、海陵王元吉，尚书右丞魏徵与黄门侍郎王珪请预陪送，上表曰："臣等昔受命太上[1]，委质东宫，出入龙楼，垂将一纪。前宫结衅宗社[2]，得罪人神，臣等不能死亡，甘从夷戮，负其罪戾，置录周行[3]，徒竭生涯，将何上报？陛下德光四海，道冠前王，陟岗有感[4]，追怀常棣，明社稷之大义，申骨肉之深恩，卜葬二王，远期有日[5]。臣等永惟畴昔[6]，忝曰旧臣，丧君有君[7]，虽展事君之礼[8]；宿草将列[9]，未申送往之哀。瞻望九原[10]，义深凡百[11]，望于葬日，送至墓所。"太宗义而许之，于是宫府旧僚吏，尽令送葬。

[注释]

[1]臣等：原无"等"字，据抄本、通行本补。太上，指高

祖李渊。太宗即位后，尊高祖李渊为太上皇。　[2]前宫结衅宗社：前东宫太子建成对国家犯下罪过。衅，罪过。宗社，宗庙社稷，代指国家。　[3]置录周行（háng）：录名置身朝官行列。置录，安置录用。　[4]"陟岗有感"以下二句是说：登上山岗有感，追思缅怀兄弟。常棣，指歌咏兄弟宴乐的《诗·小雅·常棣》。　[5]远期有日：期盼已久的愿望实现有日期了。　[6]"永惟畴昔"以下二句是说：臣等常常思念往昔，有愧于称为旧臣。永惟，深思、常念。　[7]丧君有君：失去旧君，有了新君。前"君"指隐太子建成，后"君"指太宗世民。　[8]事君：原作"事居"，据抄本、通行本改。　[9]"宿草将列"以下二句是说：隔年的墓草都快要成行了，还没有表达出送葬的悲哀。　[10]九原：春秋时晋国卿大夫的墓地，后泛指墓地。　[11]义深凡百：种种非常深厚的情义。

○贞观五年，太宗谓侍臣曰："忠臣烈士，何代无之，公等知隋朝谁为忠贞？"侍臣王珪曰："臣闻太常丞元善达在京留守[1]，见群贼纵横，遂转骑远诣江都谏炀帝[2]，令还京师。既不受其言，后更涕泣极谏，炀帝怒，乃远使追兵[3]，身死瘴疠之地。有武贲郎中独孤盛在江都宿卫[4]，宇文化及起逆，盛惟一身，抗拒而死。"太宗曰："屈突通为隋将，共国家战于潼关，闻京师陷，乃引兵东走。义兵追及于桃林[5]，

寻访隋朝忠贞之士。

朕遣其家人往招慰，遽杀其奴。又遣其子往，乃云：'我蒙隋家驱使，已事两帝，今者吾死节之秋，汝旧于我家为父子，今则于我家为仇雠。'因射之，其子避走，所领士卒多溃散。通惟一身，向东南恸哭尽哀，曰：'臣荷国恩，任当将帅，智力俱尽，致此败亡，非臣不竭诚于国。'言尽，追兵擒之。太上皇授其官，每托疾固辞。此之忠节，足可嘉尚。"因敕所司，采访大业中直谏被诛者子孙闻奏。

[**注释**]

[1] 太常丞：隋太常寺属官，置二员，从五品，协助卿、少卿掌判寺事。　[2] 转骑（jì）：单人独马辗转。　[3] 远使追兵：派往远方征兵。追兵，征召、调集军兵。　[4] 武贲郎中：据《隋书·百官志》当作"武贲郎将"，十二卫属官，置四员，正四品，协助卫将军掌各卫事。　[5] 桃林：又名桃林塞、桃原，在今河南灵宝、陕县中间地带。

○贞观六年，授左光禄大夫陈叔达礼部尚书[1]，因谓曰："武德中，公曾进直言于太上皇，明朕有克定之功，不可黜退云。朕本性刚烈，若有抑挫，恐不胜忧愤，以致疾毙之危。今赏公忠

謇，有此迁授。"叔达对曰："臣以隋氏父子自相
诛戮，以至灭亡，岂容目睹覆车，不改前辙？臣
所以竭诚进谏。"太宗曰："朕知公非独为朕一人，
实为社稷之计。"

［注释］

[1] 左光禄大夫：勋官第二等，从二品，无职事。

这一段文字，
通行本别作一章，
在以下二章之后。

萧瑀，贞观中为尚书左仆射，尝因宴集，太
宗谓房玄龄曰："武德六年已后，太上皇有废立
之心，我当此日，不为兄弟所容，实有功高不赏
之惧。萧瑀不可以厚利诱之，不可以刑戮惧之，
真社稷臣也。"乃赐瑀诗曰："疾风知劲草，板荡
识诚臣。"顾谓瑀曰："卿之守道耿介，古人无以
过也。然则善恶太分明，亦有时而失 [1]。"瑀拜
谢曰："臣特蒙诫训，许臣以忠谅，虽死之日，
犹生之年。"寻进拜太子太保。

［注释］

[1] 顾谓瑀曰：卿之守道耿介，古人无以过也。然则善恶太
分明，亦有时而失：原无此二十八字，据抄本及《旧唐书·萧瑀
传》补。

◎贞观七年，将发十六道黜陟使[1]，畿内道未有其人，太宗亲定，问于房玄龄等曰："此道事最重，谁可充使？"右仆射李靖曰："畿内事大，非魏徵莫可。"太宗作色曰："朕向九成宫，事亦非小，宁可遣魏徵出使？朕每行不欲与其相离者，适为其见朕是非，必无所隐。今欲从公等语遣去，朕若有是非得失，公等能正朕否？何因辄有所言，大非道理。"乃即令李靖充使。

这一章，据通行本补。

[注释]

[1]黜陟使：临时差遣，掌巡行诸道，提升或罢免官吏。黜，罢免。陟，提升。

◎贞观八年，太宗谓侍臣曰："隋时百姓纵有财物，岂得自保？自朕有天下已来，存心抚养，无有所科差[1]，人人皆得营生，守其资财，即朕所赐。向使朕科唤不已，数虽赏赐，亦不如不得。"侍中魏徵对曰[2]："尧、舜在上，百姓亦云'耕田而食，凿井而饮'，含哺鼓腹，而云'帝何力'于其间矣。今陛下如此含养，百姓可谓日用而不知。"又奏称："晋文公出田，逐兽于砀山，

这一章，文字据抄本、通行本补，排序据抄本编入，通行本移在卷一《政体》篇。

"必须先存百姓"理念的具体体现。

入大泽，迷不知所出。其中有渔者，文公谓曰：'我，若君也，道将安出？我且厚赐若。'渔者曰：'臣愿有献。'文公曰：'出泽而受之。'于是送出泽。文公曰：'今子之所欲教寡人者何？愿受之。'渔者曰：'鸿鹄保河海之中[3]，厌心而移徙之小泽，则必有矰丸之忧。鼋鼍保深泉[4]，厌心而出之浅渚，则必有罗网钓射之忧。今君逐兽砀，入至此，何行之太远也？'文公曰：'善哉！'谓从者曰，记渔者名。渔者曰：'君何以名为？君尊天事地，敬社稷、保四国，慈爱万人，薄赋敛、轻租税者，臣亦与焉。君不尊天，不事地，不敬社稷，不固四海，外失礼于诸侯，内逆人心，一国流亡，渔者虽有厚赐，不得保也。'遂辞不受。"太宗曰："卿言是也。"

[注释]

[1]科差：征收财物、派遣差役。　[2]"魏徵对曰"以下七句：魏徵用此典故，意在表示统治者不扰百姓，百姓安居乐业，几乎感觉不到统治者的存在。　[3]"鸿鹄保河海之中"以下三句是说：天鹅居于河海，厌倦了迁往沼泽，就会有被弹丸射中的忧患。鸿鹄（hú）：亦作黄鹄，即天鹅。河海之中，通行本无"之中"二字。甄丸，弓箭、弹丸。　[4]以下三句是说：鼋鼍居于深渊，厌倦了

出至浅滩，就会有被网罗或钩钓的忧患。

　　○贞观十一年，太宗行至汉太尉杨震墓，伤其以忠非命，亲为文以祭之。房玄龄进曰："杨震虽当天枉，数百年后方遇圣君，停舆驻跸，亲降神作，此可谓虽死犹生[1]，没而不朽，不觉助伯起幸赖欣跃于九泉之下矣[2]。伏读天文，且戚且慰[4]，凡百君子，焉可不勖励名节[3]，知为善之有效！"

[注释]

[1]此可谓：原作"此文可谓"，据抄本删"文"字。　[2]不觉助伯起幸赖欣跃于九泉之下：不禁为杨震有幸在九泉之下蒙受恩遇而欢欣雀跃。伯起，杨震字。　[3]勖励：勉励，自勉。

　　○贞观十一年，太宗谓侍臣曰："狄人杀卫懿公，尽食其肉，独留其肝。懿公之臣弘演呼天大哭，自出其肝，而内懿公之肝于其腹中[1]。今觅此人，而不可得。"特进魏徵对曰："在君待之而已[2]。昔豫让为智伯报雠，欲刺赵襄子，襄子执而获之，谓之曰：'子昔事范、中行氏乎？智伯尽灭之，子乃委质智伯[3]，不为报雠，今即为智伯报雠，何也？’让答曰：‘臣昔事范、中行，范、中行以众人遇我，我以众人报之。智伯以国士遇我[4]，我以国士报之。’在君礼之而已，亦何谓无人焉？”

魏徵从君臣关系说"忠义"，强调以国士相待则以国士相报的"尽忠"。

[注释]

[1]内：同"纳"，放入。　[2]在君待之而已：原无此六字，据抄本补。　[3]委质：委身投靠。　[4]国士：一国之中才智出众之士。

○贞观十三年，太宗幸蒲州，因诏曰："隋故鹰击郎将尧君素[1]，往在大业，受任河东，固守忠义，克终臣节。虽桀犬吠尧[2]，有乖倒戈之志，而疾风劲草，实表岁寒之心[3]。爰践兹境，追怀往事，宜锡宠命[4]，以申劝奖。可追赠蒲州刺史，仍访其子孙以闻。"

[注释]

[1]鹰击郎将：原名副鹰扬郎将，隋十二卫鹰扬府副长官，置一员，从五品，大业五年改鹰击郎将。尧君素，原作"姚君素"，据抄本、通行本改。　[2]"桀犬吠尧"以下二句是说：虽说桀犬吠尧，各为其主，违背反戈一击的原则。　[3]岁寒之心：严峻考验下始终坚贞不屈。岁寒，比喻逆境。　[4]锡：同"赐"，赏赐。

〇贞观中，太宗谓中书侍郎岑文本曰："梁、陈名臣，有谁可称？复有子弟堪招引否？"文本奏言："隋师入陈，百司分散，莫有留者，唯尚书仆射袁宪独在其主之傍。王世充将受隋禅，群僚表请劝进，宪子、国子司业承家，托疾独不署名。此之父子，足称忠烈。承家弟承序，今为建昌令，清贞雅操，实继先风。"由是召拜晋王友[1]，兼令侍读，寻授弘文馆学士[2]。

这一章以下，通行本有卷八《禁末作》篇贞观十五年一章。

[注释]

[1]晋王友：晋王府属官，置一员，从五品下，掌侍游，规讽道义。　[2]弘文馆学士：五品以上入弘文馆者，掌详正图籍，教授生徒，参议朝廷制度、礼仪。

太宗攻辽东安市城[1]，高丽人众皆死战，诏令高延寿、惠真等降众止其城下招之[2]。城中坚守不动，每见帝幡旗，必乘城鼓噪。帝怒甚，诏江夏王道宗筑土山而攻其城，竟不能克。太宗将旋师，嘉安市城主坚守臣节，赐绢三百疋，以励事君者也。

这一段文字，通行本别做一章。

嘉奖高丽坚守不降的安市城城主。

[注释]

[1]辽东安市城：在今辽宁省海城、辽阳一带。[2]高延寿、惠真：分别为高丽南部、北部地方长官。

[点评]

本篇所记"忠义"，大都是前朝忠心事主的具体事迹。不论太子建成的旧部，还是隋朝的旧臣，乃至高丽安市城拒绝降唐的城主，表彰的是他们的"竭诚于国"、"坚守臣节"。实际上，这是在表彰恪尽职守的气节。二十四史中的"忠义传"，都是记前朝忠心事主之事，表彰前朝忠于职守的臣节，这是一个修史传统。魏徵所说"以国士相报"，是在反对"愚忠"。

论孝友第十五

本篇通行本篇目无"论"字，刻本均五章。

○司空房玄龄事继母，能以色养[1]，恭谨过人。其母病，请医人至门，必迎拜垂泣。及居丧，尤甚柴毁[2]。太宗命散骑常侍刘洎就加宽譬，遗寝床、粥食、盐醋。

忠于职守、竭诚奉国十余年的首相，如此恭谨、尽心侍奉母亲，而且是继母，实在是古今忠孝两全的典范，今日为人子的官员的榜样！

[注释]

[1]色养：和颜悦色，服侍周到。　[2]柴毁：比喻悲哀过度，伤心毁身，骨瘦如柴。

○虞世南，初仕隋，历起居舍人[1]，宇文化及弑逆之际，其兄世基时为内史侍郎[2]，将被诛，世南抱持号泣，请以身代死，化及竟不纳。世南自此哀毁骨立者数载[3]，时人称重焉。

[注释]

[1]起居舍人：内史省属官，置二员，从六品，掌记皇帝言行。　[2]内史侍郎：内史省副长官，置二员，正四品。　[3]哀毁骨立：如上一章"柴毁"之意。

○韩王元嘉，贞观初为潞州刺史。时年十五，闻太妃有疾，便涕泣不食。及至京师发丧，哀毁过礼，太宗嗟其至性，屡慰勉之。元嘉阖门修整，有类寒素士大夫。与其弟鲁王灵夔甚相友爱[1]，兄弟集见，如布衣之礼。其修身洁己，当代诸王莫能及者。

唐太宗十一弟、十九弟，兼具孝、友，当时诸王"莫能及"。

[注释]

[1]鲁王：原作"鲁哀王"，据抄本及《旧唐书·韩王元嘉传》删"哀"字。

○霍王元轨，武德中初封为吴王，贞观七年

为寿州刺史。属高祖崩[1]，去职，毁瘠过礼。自后常衣布服，示有终身之戚。太宗常问侍臣曰："朕子弟孰贤？"侍中魏徵对曰："臣愚暗，不尽知其能，唯吴王数与臣言，臣未尝不自失。"太宗曰："卿以为前代谁比？"徵曰："经学文雅，亦汉之间、平[2]。至如孝行，乃古之曾、闵也[3]。"由是宠遇弥厚，因令徵女聘焉。

[注释]

[1]属（zhǔ）：及、至。　[2]间、平：指汉河间献王、东平献王，原作"河间乎"，据抄本、通行本改。　[3]曾、闵：指曾参、闵损。

○贞观中，有突厥史行昌直玄武门[1]，食而舍肉[2]，人问其故，曰："归以奉母。"太宗闻而叹曰："仁孝之性，岂隔华夷？"赐尚乘马一匹[3]，诏令给其母肉料。

记突厥人尽孝，表明"仁孝"不分种族，没有国界。

[注释]

[1]史行昌：突厥阿史那氏，以史为姓，行昌为名。　[2]舍肉：把肉挑出来留着不吃。　[3]尚乘：即尚乘局，隶属殿中省，掌管御马。

[点评]

本篇记贞观年间臣僚中子尽孝、兄弟友善的典型，虽然只有短短五章，却有两点值得重视：一是宰相日理万机，百忙之中孝敬继母，"恭谨过人"，成为贞观名臣尽孝的典范；二是唐太宗所说"仁孝之性，岂隔华夷"，一方面反映出他的民族观，另一方面也同他对周边部族实行"爱之如一"的政策密切相关。

论公平第十六

本篇通行本篇目无"论"字，刻本均八章。

○太宗初即位，中书令房玄龄奏言："秦府旧左右未得官者，共怨前宫及齐府左右处分之先己。"太宗曰："古称至公者，盖谓平恕无私。丹朱、商均，子也，而尧、舜废之。管叔、蔡叔，兄弟也，而周公诛之。故知君人者，以天下为心，无私于物。昔诸葛孔明，小国之相，犹曰'吾心如称[1]，不能为人作轻重'，况我今理大国乎？朕与公等衣食出于百姓，百姓人力已奉于上，而上恩未被于下。今所以择贤才者，盖为求安百姓也。用人但问堪否，岂以新故异情？凡一面尚自相亲，况旧人而顿忘也！才若不堪，亦岂以旧人而先用？今不问其能不能，而直言其怨嗟，岂是

强调至公无私。

强调为君者以天下为心。

强调为百姓安乐择取贤才。

至公之道耶！”

[注释]

[1] 称：同“秤”。

○贞观元年，有上封事者，请秦府旧兵共授以武职，追入宿卫。太宗谓曰：“朕以天下为家，不能私于一物，唯有才行是任，岂以新旧为差？况古人云：‘兵犹火也，弗戢将自焚。’汝之此意，非益政理。”

这一章与上章对读，可见唐太宗摆脱了兄弟之争和玄武门事变的心理重负，树立起至公之心。

○贞观元年，吏部尚书长孙无忌尝被召，不解佩刀入东上阁门，出阁后，监门校尉始觉[1]。尚书右仆射封德彝议，以监门校尉不觉，罪当死；无忌误带刀入，徒二年，罚铜二十斤。太宗从之。大理少卿戴胄驳曰[2]：“校尉不觉，无忌带刀入内，同为误耳。夫臣子之于尊极，不得称误，准律云：‘供御汤药、饮食、舟船，误不如法者，皆死。’陛下若录其功，非宪司所决[3]；若当据法，罚铜未为得中。”太宗曰：“法者非朕一人之法，乃天下之法，何得以无忌国之亲戚，更欲挠法耶[4]？"更令定议。德彝执议如初，太宗将从其议，胄又驳奏曰："校尉缘无忌以致罪，于法当轻。若论其过误，则为情一也，而生死顿殊，敢以固请。"太宗乃免校尉之死。

法乃天下之法，不得以皇亲国戚干扰执法。

[注释]

[1] 监门校尉：原作"临门校尉"，据抄本、下文及《旧唐书·戴胄传》改。　[2] 大理少卿：大理寺副长官，置二员，从四品上，掌邦国刑讯、断案，凡犯至流死，皆详而质之。　[3] 宪司：指刑部、大理寺等执法部门。　[4] 挠法：曲解、扰乱法律。

是时，朝廷盛开选举，或有诈伪阶资者[1]，太宗令其自首，不首，罪至于死。俄有诈伪者事泄，胄据法断流以奏之。太宗曰："朕初下敕，不首者死，今断从流，是示天下以不信矣。"胄曰："陛下当即杀之，非臣所及，既付所司，臣不敢亏法[2]。"太宗曰："卿自守法，而令朕失信耶？"胄曰："法者，国家所以布大信于天下；言者，当时喜怒之所发耳。陛下发一朝之忿而欲杀之，既知不可而置之于法，此乃忍小忿而存大信[3]，臣窃为陛下惜之。"太宗曰："朕法有所失，卿能正之，朕复何忧也！"

诏敕与国法冲突，弃诏敕、守国法的典型一例。

[**注释**]

[1] 诈伪阶资：谎报官阶和资历。 [2] 亏法：有损于法。 [3] 此句与后句语意矛盾，据《旧唐书·戴胄传》《唐会要》卷 39，脱"也若顺忿违信"六字。

○贞观二年，太宗谓房玄龄等曰："朕比见隋代遗老咸称高颎善为相者，遂观其本传，可谓公平正直，尤识治体。隋室安危，系其存没。炀帝无道，枉见诛夷，何尝不想见其人，废书歔叹！又汉、魏已来，诸葛亮为丞相，亦甚平直。亮尝表废廖立、李严于南中。立闻亮卒，泣曰：'吾其左衽矣[1]！'严闻亮卒，发病而死。故陈寿称[2] '亮之为政，开诚心，布公道，尽忠益时者，虽仇必赏；犯法怠慢者，虽亲必罚'。卿等岂可不企慕及之？朕今每慕前代帝王之善者，卿等亦可慕宰相之贤者。若如是，则荣名高位，可以长守。"玄龄对曰："臣闻理国要道，实在于公平正直，故《尚书》云：'无偏无党，王道荡荡。无党无偏，王道平平。'又孔子称'举直措诸枉[3]，则民服'。今圣虑所尚，诚足以极政教之源，尽至公之要，囊括区宇，化成天下。"太宗曰：

理国要道，在于公平正直，这是贞观君臣的共识，也是对治国施政理念的补充。

"此直朕之所怀，岂有与卿等言之而不行也？"

[注释]

[1]吾其左衽：我将要成为蛮荒之人。左衽，部分边族衣襟左掩，用以表示国破沦为异族统治。　[2]陈寿：三国至西晋人，《三国志》撰著者。　[3]措：废置、废弃，亦作"错"。

○长乐公主，文德皇后所生也。贞观中将出降[1]，敕所司资送倍于长公主。魏徵奏言："昔汉明帝欲封其子，帝曰：'朕子岂得同于先帝子乎？可半楚、淮阳王。'前史以为美谈。天子姊妹为长公主，天子之女为公主，既加'长'字，良以尊于公主也。情虽有殊，义无等别。若令公主之礼有过长公主，理恐不可，实愿陛下思之。"太宗称善。乃以其言退而告后[2]，后叹曰："尝闻陛下敬重魏徵，殊未知其故，而今闻其谏，乃能以义制人主之情，可谓正直社稷臣矣！妾与陛下结发为夫妻，曲蒙礼敬，情义深重，每将有言，必候颜色，尚不敢轻犯威严，况在臣下，情疏礼隔？故韩非谓之说难，东方朔称其不易，良有以也。忠言逆耳而利于行，有国有家者深所要急，纳之则世治，杜之则政乱，诚愿陛下详之，则天下幸甚！”因请遣中使赍帛五百匹^[4]，诣徵宅以赐之。

[注释]

[1]出降：公主下嫁。　[2]后，指长孙皇后。　[3]赍：携带。

○刑部尚书张亮坐谋反下狱，诏令百官议之，多言亮当诛，唯殿中少监李道裕奏亮反形未具^[1]，明其无罪。太宗既盛怒，竟杀之。俄而刑部侍郎有阙，令宰相妙择其人，累奏不可。太宗曰：“吾已得其人也，往者李道裕议张亮云‘反形未具’，明其无罪^[2]，可谓公平矣。当时虽不用其言，至今追悔。”遂授道裕刑部侍郎。

敢于为屈枉者鸣冤，被视为公平。

[注释]

[1]殿中少监：殿中省副长官，置二员，从四品上，掌天子食、药、衣、舍、乘、辇之事，备其物，供其职。《旧唐书·张亮传》为“将作少匠”，非“殿中少监”。将作监，掌土木工匠之事。将作少匠，将作监副长官，置二员，从四品下。　[2]明其无罪：原无此四字，据抄本及《旧唐书·张亮传》补。

○贞观初，太宗谓侍臣曰："朕今孜孜求士，欲专心政道，闻有好人，则抽擢驱使。而议者多称'彼者皆宰臣亲故'，但公等至公行事，勿避此言，便为形迹[1]。古人'内举不避亲，外举不避仇'，而为举得其真贤故也。但能举用得才，虽是子弟及有仇嫌，不得不举。"

［注释］

[1]便为形迹：行事不受拘束。形迹，原指行为举止显现于外，此处指行事。

○贞观十一年，时屡有阉宦充外使，妄有奏，事发，太宗怒。魏徵进曰："阉竖虽微，狎近左右，时有言语，轻而易信，浸润之谮，为患特深。今日之明，必无此虑，为子孙教，不可不杜绝其源。"太宗曰："非卿，朕安得闻此语？自今已后，充使宜停[1]。"魏徵因上疏曰：

臣闻为人君者，在乎善善恶恶，近君子而远小人。善善明，则君子进矣；恶恶著，则小人退矣。近君子，则朝无秕政[2]；远小人，则听不私邪。小人非无小善，君子非无小过。君子小过，

魏徵认为，最大的不公正是好善而不甚择人，疾恶而未能远佞，使君恩不结于下，臣忠不达于上。

盖白玉之微瑕[3]；小人小善，乃铅刀之一割[4]。铅刀一割，良工之所不重，小善不足以掩众恶也；白玉微瑕，善贾之所不弃，小疵不足以妨大美也。小人之小善，谓之善善，君子之小过，谓之恶恶，此则蒿兰同嗅[5]，玉石不分，屈原所以沉江，卞和所以泣血者。既识玉石之分，又辨蒿兰之臭，善而不能进，恶而不能去，此郭氏所以为墟[6]，史鱼所以为恨者也。

[注释]

[1]"时屡有阉宦充外使"至"自今已后，充使宜停"：原无此八十二字，据抄本、通行本补。浸润之谮，日积月累、不易察觉的谗言诋毁。 [2]秕政：或作"秕政"，不良的政令。 [3]白玉：原作"白璧"，据通行本及下文改。 [4]铅刀之一割：钝刀割一下，比喻无关轻重。铅刀，不锋利的刀。 [5]"此则蒿兰同嗅"以下四句是说：这就会蒿草与兰花气味相同，美玉和顽石不加区分，屈原因此而投江，卞和因此而泣血。嗅，亦作"臭"。卞和，楚人，得玉璞献给楚厉王，厉王不以为是玉，刖其足，卞和抱璞玉哭泣而呕血。 [6]"此郭氏所以为墟"以下二句是说：这就是春秋郭国所以灭亡，卫国大夫史鱼所以有遗恨的原因啊。史鱼，春秋时卫国大夫，因不能进贤能蘧（qú）伯玉、退小人弥子暇，感到遗恨，故以尸谏。

陛下聪明神武，天姿英睿，志存泛爱，引纳

多途，好善而不甚择人，疾恶而未能远佞。又出言无隐，疾恶大深，闻人之善或未全信，闻人之恶以为必然。虽有独见之明，犹恐理或未尽。何则？君子扬人之善，小人讦人之恶。闻恶必信，则小人之道长矣；闻善或疑，则君子之道消矣。为国者，急于进君子退小人，乃使君子道消，小人道长，则君臣失序，上下相隔，乱亡不恤，将何以求治？且世俗常人，心无远虑，情在告讦，好言朋党[1]。夫以善相成谓之同德，以恶相济谓之朋党。今则清浊共流，善恶无别，以告讦为诚直，以同心为朋党。以之为朋党，则谓事无可信；以之为诚直，则谓言皆可取。此君恩所以不结于下，臣忠所以不达于上。大臣不能辩正，小臣莫之敢论，近远承风，混然成俗，非国家之福，非为治之道。适足以长奸邪、乱视听，使人君不知所信，臣下不得相安。若不远虑，深绝其源，则后患未之息也。本行之而未败者，由乎君有远虑，虽失之于始，必得之于终，故若时逢少堕[2]，往而不返，虽欲悔之，必无所及。既事失以传诸后嗣，复何以垂法将来？且夫进善黜恶，施于人者

指陈唐太宗的弱点，好善而不甚择人，疾恶而未能远佞，闻人善不全信，闻人恶以为然。

也；以古作鉴，施于己者也。鉴貌在乎止水，鉴己在乎哲人。能以古之哲王鉴于己之行事，则貌之妍媸宛然在目，事之善恶自得于心，无劳司过之史，不假刍荛之议，巍巍之功日著，赫赫之名弘远，为人君可不务乎？

[注释]

[1]且世俗常人，心无远虑，情在告讦，好言朋党：原无此十七字，据抄本、通行本补。　[2]时逢少堕：世道稍乱。堕，通"隳"，毁坏。

以下魏徵《理狱听谏疏》及太宗手诏，据通行本补。

◎臣闻道德之厚，莫尚于轩、唐[1]；仁义之隆，莫彰于舜、禹。君欲继轩、唐之风，将追舜、禹之迹，必镇之以道德，弘之以仁义，举善而任之，择善而从之。不择善任能，而委之俗吏，既无远度，必失大体，唯奉三尺之律[2]，以绳四海之人，欲求垂拱无为[3]，不可得也。故圣哲君临，移风易俗，不资严刑峻法，在仁义而已。故非仁无以广施，非义无以正身。惠下以仁，正身以义，则其政不严而理，其教不肃而成矣。然则仁义，理之本也；刑罚，理之末也。为理之有刑罚，犹

以仁义（教化）、刑法为治国的两大基本手段，本末兼顾，废一不可。

执御之有鞭策也。人皆从化，而刑罚无所施；马尽其力，则鞭策无所用。由此言之，刑罚不可致理，亦已明矣。故《潜夫论》曰[4]："人君之理，莫大于道德教化也。民有性、有情、有化、有俗。情性者，心也，本也；俗化者，行也，末也。是以上君抚世，先其本而后其末，顺其心而履其行。心情苟正，则奸慝无所生，邪意无所载矣。是故上圣无不务理民心，故曰'听讼，吾犹人也，必也使无讼乎？'道之以礼，务厚其性而明其情。民相爱，则无相伤害之意；动思义，则无畜奸邪之心。若此，非律令之所理也，此乃教化之所致也。圣人甚尊德礼而卑刑罚，故舜先敕契以敬敷五教[5]，而后任咎繇以五刑也[6]。凡立法者，非以司民短而诛过误也，乃以防奸恶而救祸患，检淫邪而内正道。民蒙善化，则人有士君子之心；被恶政，则人有怀奸乱之虑。故善化之养民，犹工之为曲豉也[7]。六合之民，犹一薁也[8]。黔首之属，犹豆麦也。变化云为[9]，在将者耳！遭良吏，则怀忠信而履仁厚；遇恶吏，则怀奸邪而行浅薄。忠厚积，则致太平；浅薄积，则致危亡。

立法的根本宗旨不单单是纠错罚过，而在于防奸救祸，通过教化，达到改邪归正的目的。

是以圣帝明王，皆敦德化而薄威刑也。德者，所以循己也；威者，所以理人也。民之生，由铄金在炉，方圆薄厚，随镕制耳[10]！是故世之善恶，俗之薄厚，皆在于君。世之主诚能使六合之内、举世之人，感忠厚之情而无浅薄之恶，各奉公正之心，而无奸险之虑，则醇酽之俗[11]，复见于兹矣。"后王虽未能遵古，专尚仁义，当慎刑恤典，哀敬无私，故管子曰："圣君任法不任智，任公不任私。"故王天下，理国家。

虽不能专门崇尚仁义教化，却应当谨慎用刑、体恤法典，不玩弄小聪明，做到执法无私。

[**注释**]

[1]轩、唐：指轩辕氏黄帝、陶唐氏尧帝。　[2]三尺之律：古律条书写在三尺长的竹简上，故称三尺之律。　[3]垂拱无为：即垂衣拱手，无为而治，表示天下太平。　[4]《潜夫论》：东汉王符撰，10卷36篇。　[5]五教：指父子有亲、君臣有义、夫妻有别、长幼有序、朋友有信。　[6]五刑：指墨（刺面）、劓（割鼻）、剕（断足）、宫（阉割生殖器）、大辟（死刑）。　[7]曲豉：酒曲、豆豉，需酿而发酵。　[8]廕：通"荫"，庇护、庇荫。　[9]"变化云为"以下二句是说：改变言行，在其统领者的作为如何。　[10]镕：铸造器物的模型。　[11]醇酽：味淳、味浓。醇，味道很淳的酒。酽，味道很浓的茶。

"人有所犯，一一于法"，是"贞观之治"一个极重要的方面。在法律面前，任何人都得伏法，甚至国舅长孙无忌也不例外。

贞观之初，志存公道，人有所犯，一一于法。

纵临时处断，或有轻重，但见臣下执论，无不忻然受纳。民知罪之无私，故甘心而不怨；臣下见言无忤，故尽力以效忠。顷年以来，意渐深刻[1]，虽开三面之网，而察见川中之鱼，取舍在于爱憎，轻重由乎喜怒。爱之者，罪虽重而强为之辞；恶之者，过虽小而深探其意。法无定科，任情以轻重；人有执论，疑之以阿伪。故受罚者无所控告，当官者莫敢正言。不服其心，但穷其口，欲加之罪，其无辞乎？又五品已上有犯，悉令曹司闻奏。本欲察其情状，有所哀矜；今乃曲求小节，或重其罪，使人攻击，惟恨不深。事无重条，求之法外所加，十有六七，故顷年犯者惧上闻，得付法司，以为多幸。告讦无已，穷理不息，君私于上，吏奸于下，求细过而忘大体，行一罚而起众奸，此乃背公平之道，乖泣辜之意，欲其人和讼息，不可得也。

对比贞观初与贞观中教化、执法情况的细微变化。

[注释]

[1]深刻：苛刻严峻。

故《体论》云[1]："夫淫泆盗窃，百姓之所恶也，我从而刑罚之，虽过乎当，百姓不以我为暴者，公也。怨旷饥寒[2]，亦百姓之所恶也，遁而陷之法[3]，我从而宽宥之，百姓不以我为偏者，公也。我之所重，百姓之所憎也；我之所轻，百姓之所怜也。是故赏轻而劝善，刑省而禁奸。"由此言之，公之于法，无不可也，过轻亦可。私之于法，无可也，过轻则纵奸，过重则伤善。圣人之于法也公矣，然犹惧其未也，而救之以化，此上古所务也。后之理狱者则不然，未讯罪人，则先为之意，及其讯之，则驱而致之意，谓之能；不探狱之所由，生为之分，而上求人主之微旨以为制，谓之忠。其当官也能，其事上也忠，则名利随而与之，驱而陷之，欲望道化之隆，亦难矣。

理狱者易犯的通病。

[注释]

[1]《体论》：三国魏杜恕撰，今存辑本 1 卷。　[2]怨旷：指无夫女子和无妻男子。　[3]遁：逃避。此处指逃避鳏寡饥寒。

凡听讼吏狱，必原父子之亲[1]，立君臣之义，权轻重之叙，测浅深之量。悉其聪明，致其忠爱，疑则与众共之。疑则从轻者，所以重之也，故舜

魏徵提出的理狱基本原则。

命咎繇曰："汝作士，惟刑之恤。"又复加之以三讯[2]，众所善，然后断之。是以为法，参之人情。故《传》曰："小大之狱，虽不能察，必以情。"而世俗拘愚苛刻之吏，以为情也者，取货者也，立爱憎者也，右亲戚者也，陷怨仇者也。何世俗小吏之情，与夫古人之悬远乎？有司以此情疑之群吏，人主以此情疑之有司，是君臣上下通相疑也，欲其尽忠立节，难矣。

世俗苛刻之吏的通病，以己意立爱憎，以公器报私仇。

[注释]

[1]原：推求、察究。　[2]三讯：即《周礼》三讯，一讯群臣，二讯群吏，三讯万民。讯，审问、审查。

凡理狱之情，必本所犯之事以主，不敢讯[1]，不旁求，不贵多端，以见聪明。故律正其举劾之法，参伍其辞[2]，所以求实也，非所以饰实也。但当参伍明听之耳，不使狱吏锻炼饰理成辞于手[3]。孔子曰："古之听狱，求所以生之也；今之听狱，求所以杀之也。"故析言以破律[4]，任案以成法，执左道以必加也。又《淮南子》曰[5]："丰水之深十仞[6]，金铁在焉，则形见于外。非不深且清，而<u>鱼鳖</u>莫之归也。"故为政者以苛为察 [7]，以功为明，以刻下为忠，以讦多为功，譬犹广革 [8]，大则大矣，裂之道也。夫赏宜从重，罚宜从轻，君居其厚，百王通制。刑之轻重，恩之厚薄，见思与见疾 [9]，其可同日言哉！且法，国之权衡也，时之准绳也。权衡所以定轻重，准绳所以正曲直。今作法贵其宽平，罪人欲其严酷，喜怒肆志，高下在心，是则舍准绳以正曲直，弃权衡而定轻重者也，不亦惑哉？诸葛孔明，小国之相，犹曰："吾心如秤，不能为人作轻重。"况万乘之主 [10]，当可封之日 [11]，而任心弃法，取怨于人乎？

国法是定轻重、正曲直的权衡、准绳，不可"喜怒肆志"、"任心弃法"。

[注释]

[1] 以主，不敢讯：据《魏郑公文集》，当作"以为主，不严讯"。　[2] 参伍其辞：交互检验供词。　[3] 锻炼：比喻弄奸枉法。　[4] 析言：断章取义。　[5]《淮南子》：又名《淮南鸿烈》，西汉淮南王刘安组织编纂，现存 21 篇。　[6] 丰水：发源于陕西长安西南秦岭之中，北流至西安西北入渭河。仞，七尺称仞。　[7] 为政者：通行本脱"政"字，据抄本补。　[8] 广革：吹大皮球。　[9] 见思与见疾：被思念与被痛恨。　[10] 万乘之主：指天子，以其畿内之地方千里，出车万乘。　[11] 可封之日：

比喻教化成就升平之日。尧舜时天下向化，民风淳朴，据其德行，家家都可封官授爵。

又时有小事，不欲人闻，则暴作威怒，以弭谤议。若所为是也，闻于外，其何伤？若所为非也，虽掩之，何益？故谚曰："欲人不知，莫若不为；欲人不闻，莫若勿言。"为之而欲人不知，言之而欲人不闻，此犹捕雀以掩目，盗钟而掩耳者，只以取诮[1]，将何益乎？臣又闻之，无常乱之国，无不可理之民者，夫君之善恶，由乎化之薄厚，故禹、汤以之理，桀、纣以之乱；文、武以之安，幽、厉以之危。是以古之哲王，尽己而不以尤人[2]，求身而不以责下。故曰："禹、汤罪己，其兴也勃焉；桀、纣罪人，其亡也忽焉。"为之无已，深乖恻隐之情，实启奸邪之路。温舒恨于曩日[3]，臣亦欲惜不用，非所不闻也。臣闻尧有敢谏之鼓，舜有诽谤之木，汤有司过之史，武有戒慎之铭。此则听之于无形，求之于未有，虚心以待下，庶下情之达上，上情无私，君臣合德者也。魏武帝云："有德之君乐闻逆耳之言、

求谏、听谏，为的是使下情上达，君臣合德。

犯颜之诤，亲忠臣、厚谏士、斥谗慝、远佞人者，诚欲全身保国，远避灭亡者也。"凡百君子，膺期统运，纵未能上下无私，君臣合德，可不全身保国，远避灭亡乎？然自古圣哲之君，功成事立，未有不资同心，予违汝弼者也。

[注释]

[1]取诮：受责备、被讥讽。　[2]尤人：怨恨。　[3]温舒：西汉人，上书言狱吏营私舞弊之害。

这一段，旨在提醒唐太宗不要忘记"志意盈满，事异厥初"，渐喜顺旨之说，不悦逆耳之言。

昔在贞观之初，侧身励行，谦以受物，盖闻善必改。时有小过，引纳忠规，每听直言，喜形颜色。故凡在忠烈，咸竭其辞。自顷年海内无虞，远夷慑服，志意盈满，事异厥初。高谈疾邪，而喜闻顺旨之说；空论忠谠，而不悦逆耳之言。私嬖之径渐开[1]，至公之道日塞，往来行路，咸知之矣。邦之兴丧，实由斯道。为人上者，可不勉乎？臣数年以来，每奉明旨，深惧群臣莫肯尽言。臣切思之，自比来人或上书，事有得失，惟见述其所短，未有称其所长。又天居自高，龙鳞难犯。在于造次，不敢尽言。时有所陈，不能尽意。更思重竭，其道无因。且所言当理，未必加于宠秩；意或乖忤，将有耻辱随之。莫能尽节，实由于此。虽左右近侍，朝夕阶墀[2]，事或犯颜，咸怀顾望。况疏远不接，将何以极其忠款哉？又时或宣言云："臣下见事，只可来道，何因所言，即望我用？"此乃拒谏之辞，诚非纳忠之意。何以言之？犯主严颜，献可替否，所以成主之美，匡主之过。若主听则惑，事有不行，使其尽忠谠之言，竭股肱之力，犹恐临时恐惧，莫肯效其诚款。若如明诏所道，便是许其面从，而又责其尽言，进退将何所据？欲必使乎致谏，在乎好之而已。故齐桓好服紫，而合境无异色；楚王好细腰，而后宫多饿死。夫以耳目之玩，人犹死而不违，况圣明之君求忠正之士，千里斯应，信不为难。若徒有其言，而内无其实，欲其必至，不可得也。

[注释]

[1]私嬖：私人嬖佞。　[2]阶墀（chí）：台阶上的平地。此指宫殿。

太宗手诏曰：

省前后讽谕，皆切至之意，固所望于卿也。朕昔在衡门^[1]，尚惟童幼，未渐师保之训，罕闻先达之言。值隋主分崩，万邦涂炭，慄慄黔黎^[2]，庇身无所。朕自二九之年，有怀拯溺，发愤投袂，便提干戈，蒙犯霜露，东西征伐，日不暇给，居无宁岁。降苍昊之灵，禀庙堂之略，义旗所指，触向平夷。弱水^[3]、流沙^[4]，并通轺轩之使^[5]；被发左衽，皆为衣冠之域。正朔所班^[6]，无远不届^[7]。及恭承宝历^[8]，寅奉帝图^[9]，垂拱无为，氛埃靖息，于兹十有余年。斯盖股肱馨帷幄之谋，爪牙竭熊罴之力，协德同心，以致于此。自惟寡薄，厚享斯休，每以抚大神器，忧深责重，常惧万机多旷，四聪不达，战战兢兢，坐以待旦。询于公卿，以至皂隶，推以赤心。庶几明赖，一动以钟石；淳风至德，永传于竹帛。克播鸿名，常为称首。朕以虚薄，多惭往代，若不任舟楫，岂得济彼巨川？不藉盐梅，安得调夫五味？

赐绢三百匹。

[**注释**]

[1]衡门：横木为门，指简陋的房屋。 [2]慄慄：恐惧的样子。 [3]弱水：古水名，所指不一。《禹贡》雍州弱水，流经今甘肃张掖一带。 [4]流沙：古代泛指西北沙漠地区，特指今新疆境内白龙堆一带流沙。 [5]輶轩之使：帝王派出的使臣。帝王所派使臣多乘輶车，故称使臣为輶轩使。 [6]正朔：代指日历。一年之始称正，一月之始称朔。中原皇朝向周边属国颁行中原日历，以表示君臣关系。班，通"颁"。 [7]届：到、至。 [8]宝历：符宝、日历，借指皇位。 [9]寅：敬。

[**点评**]

本篇为公平执政、公正执法的论述与事例。论公平，主要集中在三个方面：一是执政公平，二是执法公正，三是对待君子小人不能错位。

唐太宗初即位一再表示"至公者，盖谓平恕无私"，"君人者，以天下为心，无私于物"，"朕以天下为家，不能私于一物"，这都是在强调治国施政要公平无私。首先想到的是"朕与公等衣食出于百姓"，必须择贤才以"求安百姓"，这与卷一《君道》篇贞观初提出"为君之道，必须先存百姓"相照应。

贞观初，国舅长孙无忌触犯律条，唐太宗明确表示"法非朕一人之法，乃天下之法，何得以无忌国之亲戚，便欲扰法耶？"诏敕与国法不一致时，唐太宗能够表示"朕法有所失"，弃诏敕而遵国法，这两例是贞观年间唐太宗执法公正的典型事例。

贞观中，魏徵的长篇奏疏，前半部分《论君子小人

《疏》以好善而不甚择人，疾恶而未能远佞，使君恩不结于下，臣忠不达于上，是最大的不公平，"非为治之道"；后半部分《理狱听谏疏》论公正执法的基本准则，如仁义为治理之本，刑罚为治理之末；法为国之权衡、时之准绳，并不断强调"引纳忠规，每听直言"，"君臣合德"、"协德同心"；从而"全身保国，远避灭亡"。

房玄龄所说"理国要道，实在于公平正直"，是对治国施政理念的重要补充。

论诚信第十七

本篇明本原三章，据抄本、通行本补一章，共四章。通行本篇目无"论"字，四章。

○贞观初，有上书请去佞者。太宗谓曰："朕之所任，皆以为贤，卿知佞者谁耶？"对曰："臣居草泽，不的知佞者，请陛下佯怒以试群臣，若能不畏雷霆，直言进谏，则是正人；顺情阿旨，则是佞人。"帝谓封德彝曰："流水清浊，在其源也。君者政源，人庶犹水，君自为诈，欲臣下行直，是犹源浊而望水清，理不可得。朕常以魏武帝多诡诈，深鄙其为人。此岂可堪为教令[3]？"谓上书人曰："朕欲使大信行于天下，不欲以诈道训俗，卿言虽善，朕所不取也。"

至理名言，值得深思。

要以大信风行天下，不可用诈术教训世俗。

[注释]

[1] 教令：施教化的政令。

◎太宗谓无忌曰："朕即位之初，有上书者非一，或言人主必须威权独运，不得委任群下；或欲耀兵振武，慑服四夷。惟有魏徵令朕'偃革兴文，布德施惠，中国既安，远人自服'。朕从其语，天下大宁，绝域君长[1]，皆来朝贡，九夷重译，相望于道。凡此等事，皆魏徵之力也。朕任用岂不得人？"徵拜谢称曰："陛下圣德自天，留心政术。臣以庸短，承受不暇，岂得称有益圣朝！"

[注释]

[1] 绝域：极远的地域。

○贞观十年，魏徵上疏曰：

臣闻为国之基，必资于德礼；君之所保，唯在于诚信。诚信立则下无二心，德礼形则远人斯格[1]。然则德礼、诚信，国之大纲，在于君臣父子，不可斯须而废也。故孔子曰："君使臣以礼，臣事君以忠。"又曰："自古皆有死，人无信不立。"文子曰[2]："同言而行信，信在言前；同令而行诚，

这一章，据抄本、通行本补，排序依抄本编入。

这一章，应与卷一《政体》篇魏徵与封德彝"论自古理政得失"章对读，表明唐太宗非常看重那一次辩论和魏徵所做的重要贡献。"偃革兴文，布德施惠，中国既安，远人自服"十六个字，几乎概括了贞观年间的基本国策。

魏徵此疏，论"德礼、诚信，国之大纲"，"信之为道大矣"。

诚在令后。"然则言而不行，言无信也；令而不从，令无诚也。不信之言，无诚之令，为上则败德，为下则危身，虽在颠沛之中，君子之所不为也。

[注释]

[1]远人斯格：远方之人归正。　[2]文子：姓辛名钘，一名计然，师事老子，著书《通玄真经》12篇。

初衷虽好，但由于对待下情不能完全尽于诚信，所以难以收到善终的效果。

自王道休明，十有余载，威加海外[1]，万国来庭，仓廪日积，土地日广。然而道德未益厚，仁义未益博者，何哉？由乎待下之情未尽于诚信，虽有善始之勤，未睹克终之美故也。其所由来有渐，非一朝一夕。昔贞观之始，乃闻善惊叹，暨八九年间，犹悦以从谏。自兹厥后，渐恶直言，虽或勉强有所容，非复曩时之裕如[2]。謇谔之辈[3]，稍避龙鳞；便佞之徒，肆其巧辩。谓同心者为擅权[4]，谓忠谠者为诽谤。谓之为朋党，虽忠信而可疑；谓之为至公，虽矫伪而无咎。强直者畏擅权之议，忠谠者虑诽谤之尤。至于窃斧生疑，投杼致惑，正臣不得尽其言，大臣莫能与之争。荧惑视听于大道，妨政损德，其在兹乎？

贞观中期，虽然万国朝贡、仓廪日积，但君臣互信"未睹克终之美"，出现"妨政损德"的情况。

故孔子曰"恶利口之覆邦家者"，盖为此也。

[注释]

[1]海外：原作"海内"，据抄本、通行本改。　[2]裕如：宽宏大量的样子。　[3]謇谔：正直敢言。謇，忠诚正直。谔，正直的话。　[4]谓同心者为擅权：据《旧唐卷·魏徵传》，"擅权"前有"朋党谓告讦者为至公谓强直者为"十四字。

且君子小人，貌同心异。君子掩人之恶，扬人之善，临难无苟免，杀身以成仁。小人不耻不仁，不畏不义，唯利之所在，危人自安。夫苟在危人，则何所不至？今欲将求致理，必委之于君子；事有得失，或访之于小人。其待君子也则敬而疏[1]，遇小人也必轻而狎[2]。狎则言无不尽，疏则情不上通。是则毁誉在于小人，刑罚加于君子，实兴丧之所在，可不慎哉！此乃孙卿所谓："使智者谋之，与愚者论之，使修洁之士行之，与污鄙之人疑之。欲其成功，可得乎哉？"夫中智之人，岂无小慧，然才非经国，虑不及远，虽竭力尽诚，犹未免于倾败；况内怀奸利，承颜顺旨，其为祸患，不亦深乎？夫立直木而疑影之不直，虽竭精神、劳思虑，其不得亦已明矣。

[注释]

[1] 敬而疏：表面尊敬，实际疏远。　[2] 轻而狎：轻率随便，亲昵无间。

君臣互信，君臣共治，才能够达到"巍巍至德之盛"。

夫君能尽礼，臣得竭忠，必在于外内无私，上下相信。上不信则无以使下，下不信则无以事上，信之为道大矣。故自天佑之，吉无不利。昔齐桓公问于管仲曰："吾欲使爵腐于酒，肉腐于俎，得无害于霸乎？"管仲曰："此极非其善者，然亦无害霸也。"桓公曰："如何而害霸乎？"管仲曰："不能知人，害霸也；知而不能任，害霸也；任而不能信，害霸也；既信而又使小人参之，害霸也。"晋中行穆伯攻鼓，经年而弗能下，馈间伦曰："鼓之啬夫，间伦知之。请无疲士大夫，而鼓可得。"穆伯不应。左右曰："不折一戟，不伤一卒，而鼓可得，君奚为不取？"穆伯曰："间伦之为人也，佞而不仁。若使间伦下之，吾可以不赏之乎？若赏之，是赏佞人也。佞人得志，是使晋国之士舍仁而为佞。虽得鼓，将何用之矣？"

夫穆伯，列国之大夫，管仲，霸者之佐，犹能慎
于信任，远避佞人也如此，况乎为四海之大君，
应千龄之上圣，而可使巍巍之盛德，复将有所间
然乎[1]？

[注释]

[1]间然：间断，不连接。

若欲令君子小人是非不杂，必怀之以德，待
之以信，厉之以义，节之以礼，然后善善而恶恶，
审罚而明赏。小人绝其佞邪，君子自强不息，无
为之治，何远之有？善善而不能进，恶恶而不能
去，罚不及于有罪，赏不加于有功，则危亡之期，
或未可保，永锡祚胤[1]，将何望哉！

太宗览疏叹曰："若不遇公，何由得闻此
说？"

[注释]

[1]永锡祚胤：永远赐福子孙。祚，福祉。胤，后嗣。

○贞观十七年，太宗谓侍臣曰："传称'去

虽然鼓励行善，做好事者却得不到应有的奖励；虽然痛恨邪恶，做坏事者却得不到应有的惩罚，怎能保证不会危亡呢！

食存信’[1]，孔子曰‘人无信不立’。昔项羽既入咸阳，已制天下，向使能行汉高之仁、信，谁夺邪？”房玄龄对曰：“仁、义、礼、智、信，谓之五常，废一不可。能勤行之，甚有裨益。殷纣狎侮五常，而武王伐之，项氏以无仁、信为汉高祖所夺，皆诚如圣旨。”

[注释]

[1]“传称‘去食存信’”以下二句：均出《论语·颜渊》。

[点评]

本篇论诚信与治国施政的关系。论诚信，强调君臣上下的互信：“君能尽礼，臣得竭忠，必在于内外无私，上下相信。”反之，“上不信，则无以使下；下不信，则无以事上”，“危亡之期，或未可保”。

魏徵上疏中强调的两点应当引起重视：一是“待下之情未尽于诚信，虽有善始之勤，未睹克终之美”；二是“善善而不能进，恶恶而不能去，罚不及于有罪，赏不加于有功，则危亡之期，或未可保”。

对于边族，同样有诚信问题，这是民族政策的重要基础：不以“威权独任”，而是“布德施惠”，使“远人自服”。

贞观政要卷第六

论俭约第十八

〇贞观元年，太宗谓侍臣曰："自古帝王凡有兴造，必须贵顺物情。昔大禹凿九山[1]、通九江[2]，用人力极广而无怨讟者，物情所欲，共众所有故也。秦始皇营建宫室而人多谤议者，为徇其私欲，不与众共故也。朕今欲造一殿，材木已具，远想秦皇之事，遂不复作也。又古人云：'不作无益害有益'，'不见可欲，使心不乱'，固知见可欲，其心必乱矣。至如雕镂器物、珠玉服玩，若恣其骄奢，则危亡之期可立待也。自王公已下，第宅、车服、婚娶、丧葬，准品秩不合服用者[3]，一切禁断。"由是二十年间，风俗简朴，衣无锦

本篇明本四章，通行本篇目无"论"字，九章，有卷十《慎终》篇移入一章、卷六《贪鄙》篇移入四章。

这一章，与卷八《禁末作附》第二章大部分文字相同，侧重点却有所不同，标年亦不同。

营造兴建，"共众所有"和"不与众共"的区别。

欲望可以乱心智。

绣，财帛富饶，无饥寒之弊。

[**注释**]

[1] 九山: 泛指九州之山。　[2] 九江: 泛指天下江河。一说指汇入洞庭湖的沅水、渐水、元水、辰水、叙水、酉水、澧水、资水、湘水，但非《汉书·地理志》《太平寰宇记》所记"九江"。　[3]"准品秩不合服用者"以下二句是说: 按照官品秩禄不该穿戴使用的，一律严加禁止。

○贞观二年，公卿奏曰："依《礼》，季夏之月，可以居台榭。今夏暑未退，秋霖方始，宫中卑湿，请营一阁以居之。"太宗曰："朕有气疾，岂宜下湿？若遂来请，糜费良多。昔汉文将起露台而惜十家之产，朕德不逮于汉帝，而所费过之，岂谓为人父母之道也？"固请至于再三，竟不许。

○贞观四年，太宗谓侍臣曰："崇饰宫宇，游赏池台，帝王之所欲，百姓之所不欲。帝王所欲者放逸，百姓所不欲者劳弊。孔子云:'有一言可以终身行之者，其恕乎！己所不欲，勿施于人。'劳弊之事，诚不可施于百姓。朕尊为帝王，富有四海，事皆由己，诚能自节。若百姓不欲，

禁断一切超法令规定的奢靡消费，使得二十余年间风俗简朴、财帛富饶。

必能顺其情也。"魏徵曰："陛下本怜万姓，每节己以顺人。臣闻'以欲从人者昌，以人乐己者亡。'隋炀帝志在无厌，惟好奢侈[1]，所司每有供奉、营造，小不称意，则有峻罚严刑。上之所好，下必有甚，竞为无限，遂至灭亡。此非书籍所传，亦陛下目所亲见。为其无道，故天命陛下代之。陛下若以为足，今日不啻足矣；若以为不足，更万倍过此亦不足。"太宗曰："公所奏对甚善，非公朕安得闻此言！"

劳弊之事不施于百姓，百姓不欲必顺其情而能自节，体现的是"存百姓"、"正自身"的理念。

[注释]

[1] 惟好：原作"虽好"，据抄本、通行本改。

○贞观十六年，太宗谓侍臣曰："朕近读《刘聪传》[1]，聪将为刘后起鸳仪殿[2]，廷尉陈元达切谏[3]，聪大怒，命斩之。刘后手疏启请，辞情甚切，聪怒乃解，而甚愧之。人之读书，欲广闻见以自益耳。朕见此事，可以为深戒[4]。比者欲造一殿，仍构重阁，今于蓝田采木[5]，并已备具。远想聪事，斯作遂止。"

读史书不光为长知识，而是要"广闻见以自益"。"自益"，不是从中得好处，而是从中吸取教训，"以为深戒"，这才是真正的"以史为鉴"！

这一章之后，通行本有卷十《慎终》篇移入一章、卷六《贪鄙》篇移入四章。

[注释]

[1]《刘聪传》：指记载十六国前赵皇帝刘聪的传记。　[2]聪将为：原作"将为"，据抄本、通行本补"聪"字。　[3]廷尉：九卿之一，置一员，掌平决诏狱。　[4]可以为：原作"可以"，据抄本、通行本补"为"字。　[5]蓝田：今陕西省蓝田县。

[点评]

本篇论俭约，既有观念认识，又有措施办法，还有具体事例。厉行俭约，要从"存百姓""正自身"出发，百姓不希望的必须"节己""顺其情"。同时，制定禁断奢靡的相关制度、规定，不仅要以史为鉴，更要以身作则。

论谦让第十九

本篇通行本篇目无"论"字，刻本均三章。

○贞观二年，太宗谓侍臣曰："人言作天子则得自尊崇，无所畏惧，朕则以为正合自守谦恭，常怀畏惧。昔舜诫禹曰[1]：'汝惟不矜，天下莫与汝争能；汝惟不伐，天下莫与汝争功。'又《易》曰[2]：'人道恶盈而好谦。'凡为天子，若唯自尊崇，不守谦恭者，在身傥有不是之事，谁肯犯颜谏奏？朕每出一言、行一事，必上畏皇天，下惧群臣。天高听卑，何得不畏？群公卿士，皆见瞻仰，何得不惧？以此思之，但知常谦常惧，犹

天子谦恭，臣下才可能犯颜进谏，唐太宗把谦恭视为纳谏的前提。魏徵更把常谦常惧视为天下太平、宗社永固的基本保证。

恐不称天心及百姓意也。"魏徵曰："古人云：'靡
不有初，鲜克有终。'愿陛下守此常谦常惧之道，
日慎一日，则宗社永固，无倾覆矣。尧、舜所以
太平，实用此法。"

[注释]

[1]舜戒禹曰：语出《古文尚书·大禹谟》，是说你只要不矜
持骄傲，天下就无人敢与你争能；你只要不炫耀功劳，天下就无
人敢与你争功。伐，自我炫耀。　[2]《易》曰：语出《易·谦卦
象辞》，是说人都厌恶骄傲自满，崇尚谦逊恭谨。

○贞观三年，太宗问给事中孔颖达曰："《论
语》云'以能问于不能，以多问于寡，有若无，
实若虚'，何谓也？"孔颖达对曰："圣人设教，
欲人谦光[1]，己虽有能，不自矜大，仍就不能之
人求访能事。己之才艺虽多，犹以为少，仍就寡
少之人更求所益。己之虽有，其状若无。己之虽
实，其容若虚。非唯匹庶，帝王之德，亦当如此。
夫帝王内蕴神明，外须玄默[2]，使深不可知。故
《易》称'以蒙养正[3]，以明夷莅众'，若其位居
尊极，炫耀聪明，以才凌人，饰非拒谏，则上下

谦虚是帝王
尤其应当具备的品
德。

情隔，君臣道乖。自古灭亡，莫不由此也。"太宗曰："《易》云：'劳谦，君子有终，吉。'诚如卿所说。"诏赐物二百段。

[注释]

[1]谦光：谦虚而更加光明。　[2]玄默：沉静寡言。　[3]"以蒙养正"以下二句是说：以蒙昧自居，修养正道，以隐藏英明，教导民众。明夷，隐明用晦。

○河间王孝恭[1]，武德初封为赵郡王，累授东南道行台尚书左仆射。孝恭既讨平萧铣、辅公祐，江、淮及岭南皆统摄之。专制八方，威名甚著，累迁礼部尚书。孝恭性惟退让，无骄矜自伐之色。时有特进江夏王道宗[2]，尤以将略驰名，兼好学，敬慕贤士，动修礼让，太宗并加亲待。诸宗室中，惟孝恭、道宗，莫与为比，一代宗英云。

[注释]

[1]河间王孝恭：唐高祖堂兄。　[2]江夏王道宗：唐高祖族侄。

[点评]

本篇论谦恭，应特别注意第一章唐太宗的认识：做天子之后，不是"自尊崇，无所畏惧"，而应当"守谦恭，常怀畏惧"，魏徵紧接着希望"守此常谦常惧之道，日慎一日"。得天下之后，如何对待权势、财富，是张扬放纵，还是谦恭常惧，考验着最高统治集团，也考验着各级官员。要想天下太平，"宗社永固"，必须时时谦虚谨慎，事事戒骄戒躁！

论仁恻第二十

本篇通行本篇目无"论"字，各本均四章。

○贞观初，太宗谓侍臣曰："妇人幽闭深宫，情实可愍。隋氏末年，求采无已，至于离宫别馆，非幸御之所，多聚宫人，此皆竭人财力，朕所不取。且洒扫之余，更何所用？今将出之，任求伉俪，非独以省费息人，亦各得遂其情性。"于是后宫及掖庭[1]，前后所出三千余人。

"任求伉俪"、"遂其情性"，已超出旧有的"仁恻"范围。

[注释]

[1] 掖庭：宫廷旁舍，宫女及犯官女眷配没入宫者的居住劳作之所。

○贞观二年，关中旱，大饥。太宗谓侍臣曰："水旱不调，皆为人君失德。朕德之不修，天当责朕，百姓何罪而多遭困穷！闻有鬻男女者，朕甚愍之焉。"乃遣御史大夫杜淹巡检，出御府金宝赎之^[1]，还其父母。

[注释]

[1] 御府：即内府，收藏皇家珍宝的府库。

○贞观七年，襄州都督张公谨卒^[1]，太宗闻而嗟悼，出次发哀^[2]。有司奏言："准阴阳书云'日在辰^[3]，不可哭泣。'此亦流俗所传。"太宗曰："君臣之义，同于父子，情发于衷，安避辰日？"遂哭之^[4]。

[注释]

[1] 襄州：今湖北省襄樊市。　[2] 出次发哀：至郊外丧庐发丧。出次，舍于郊外。　[3] 辰：指辰日。　[4] 哭之：原作"泣之"，据抄本、通行本改。

○贞观十九年，太宗征高丽，次定州^[1]。有兵士到者，帝御州城北门楼抚慰之。有从卒一人病，不能进，诏至床前，问其所苦，仍敕州县医疗之，是以将士莫不欣然愿从。及大军回次柳城[2]，诏集前后战亡人骸骨，设太牢致祭[3]，亲临哭之尽哀，军人无不洒泣。兵士观祭者归家以言，其父母曰："吾儿之丧，天子哭之，死无所恨。"太宗征辽东，攻白岩城[4]，右卫大将军李思摩为流矢所中[5]，帝亲为吮血，将士莫不感励。

皇帝亲祭阵亡将士不止唐太宗一人，为受伤的少数族将领吮血却是唯一一人。

[注释]

[1]定州：今河北省定州市。　[2]柳城：今河北省滦县、滦南县一带。　[3]太牢：古代重大祭祀，需牛、羊、豕三牲具备，谓之太牢。　[4]白岩城：亦作白崖城，在今辽宁省辽阳市东北。　[5]右卫大将军：十六卫右卫长官，置一员，正三品，与左卫大将军掌统领宫廷警卫之法，督其所属队仗。李思摩，突厥颉利可汗族人，归顺唐朝，赐姓李。

[点评]

本篇论仁恻，使后宫三千佳丽"任求伉俪"、"遂其情性"，对因灾害卖儿鬻女者出府库金宝赎回归还其父母。这些举措，在帝制社会实属罕见，已近乎近代以来的"人道主义"做法。究其原因，就是因为唐太宗有"存百姓"、"正自身"的理念并能够付诸实践。

慎所好第二十一

〇贞观二年，太宗谓侍臣曰："古人云：'君

本篇明本三章，通行本四章，有卷八《禁末作附》篇移入一章。

犹器也，人犹水也，方圆在于器，不在于水。'
故尧、舜率天下以仁，而人从之；桀、纣率天下
以暴，而人从之。下之所行，皆从上之所好。至
如梁武帝父子，志尚浮华，唯好释氏、老氏之教，
武帝末年，频幸同泰寺，亲讲佛经，百寮皆大冠
高履，乘车扈从，终日谈说苦空[1]，未尝以军国
典章为意。及侯景率兵向阙，尚书郎以下多不解
乘马，狼狈步走，死者相继于道路，武帝及简文
卒被侯景幽逼而死[2]。孝元帝在于江陵，为万纽
于谨所围，帝犹讲《老子》不辍，百寮皆戎服以
听。俄而城陷，君臣俱被囚絷。庾信亦叹其如此，
及作《哀江南赋》，乃云：'宰衡以干戈为儿戏，
搢绅以清谈为庙略。'此事亦足为鉴诫。朕今所
好者，惟在尧、舜之道，周、孔之教，以为如鸟
有翼，如鱼依水，失之必死，不可暂无耳。"

上行下效，在
上者必须注意自身
的喜好。

把治国施政
遵循尧、舜的治理
之道和周公、孔子
所行教化，比喻
为鸟有翅膀，鱼依
于水，不可瞬间有
失，失之必亡！

［注释］

[1] 苦空：佛教修行方法和内容，谓人生为苦，万物为空。此
处代指佛教。   [2] 简文：即梁简文帝，梁武帝第三子，即位不久
被侯景废黜。

○贞观二年，太宗谓侍臣曰："神仙本是虚妄，空有其名。秦始皇非分爱好，遂为方士所诈，乃遣童男童女数千人，随其入海求仙药。方士避秦苛虐，因留不归。始皇犹海侧踟蹰以待之，还至沙丘而死[1]。汉武帝为求神仙，乃将女嫁道术之人，事既无验，便行诛戮。据此二事，神仙不烦妄求也。"

[注释]

[1]沙丘：在今河北省广宗县西北大平台。

○贞观四年，太宗曰："隋炀帝性好猜防，专信邪道，大忌胡人[1]，乃至谓胡床为交床，胡瓜为黄瓜，筑长城以备胡，终被宇文化及使令狐行达杀之。又诛戮李金才，及诸李殆尽，卒何所益？且居天下者，惟须正身修德而已[2]。此外虚事，不足在怀。"

治国施政者，必须正自身、修德行，身外虚事，不足为怀。

这一章之后，通行本有卷八《禁末作附》篇移入一章。

[注释]

[1]胡人：古代泛指西北和西方少数族。 [2]惟须：原作"唯"，据抄本、通行本补改。

[点评]

本篇论慎所好，旨在强调"下之所行，皆从上之所好"，"君天下者，惟须正身修德而已"，也是从"正自身"出发。

慎言语第二十二

本篇各本均三章。

○贞观二年，太宗谓侍臣曰："朕每日坐朝，欲出一言，即思此一言于百姓有利益否，所以不能多言。"给事中兼知起居事杜正伦进曰："君举必书，言存左史[1]。臣职当兼修起居注，不敢不尽愚直。陛下若一言乖于道理，则千载累于圣德，非止当今损于百姓，愿陛下慎之。"太宗大悦，赐彩百段。

每出一言都首先想想是否对百姓有利。

[注释]

[1]左史：泛指记言、记事的史官。

○贞观八年，太宗谓侍臣曰："言语者，君子之枢机，谈何容易！凡在众庶，出一言不善，则人记之，成其耻累。况是万乘之主，不可出言有失。其所亏损至大，岂同匹夫！我常以此为戒。隋炀帝初幸甘泉宫，泉石称意，而怪无萤火，敕

权势越大，出言有失造成的损失就越大，应当常以此为戒！

云：'捉取多少，于宫中照夜。'所司遽遣数千人采拾，送五百舆于宫侧。小事尚尔，况其大乎！"魏徵对曰："人君居四海之尊，若有亏失，古人以为如日月之蚀，人皆见之，实如陛下所戒慎。"

○贞观十六年，太宗每与公卿言及古道，必诘难往复。散骑常侍刘洎上书谏曰：

帝王之与凡庶，圣哲之与庸愚，上下相悬，拟伦斯绝[1]。是知以至愚而对至圣，以极卑而对极尊，徒思自强，不可得也。陛下降恩旨、假慈颜，凝旒以听其言[2]，虚襟以纳其说，犹恐群下未敢对扬。况动神机、纵天辩，饰辞以折其理，援古以排其议，欲令凡蔽何阶应答？臣闻皇天以无言为贵，圣人以不言为德，老君称'大辩若讷'，庄生称'至道无文[3]'，此皆不欲烦也。是以齐侯读书[4]，轮扁窃议；汉皇慕古[5]，长孺陈讥，此亦不欲劳也。且多记则损心，多语则损气，心气内损，形神外劳，初虽不觉，后必为累。须为社稷自爱，岂为性好自伤乎？窃以今日升平，皆陛下力行所致，欲其长久，匪由辩博。但当忘彼爱憎，慎兹取舍，每事敦朴，无非至公[6]，若贞观之初则可矣。至于秦政强辩，失人心于自矜；魏文宏才[7]，亏众望于虚说。此才辩之累，皎然可知。伏愿略兹雄辩，浩然养气，简彼缃图[8]，淡焉怡悦，固万寿于南岳[9]，齐百姓于东户[10]，则天下幸甚，皇恩斯毕[11]。

手诏答曰："非虑无以临下，非言无以述虑。比有谈论，遂致烦多。轻物骄人，恐由斯道。形神心气，非此为劳。今闻说言，虚怀以改。"

[注释]

[1]拟伦斯绝：议论不同。伦，通"论"。　[2]凝旒（liú）：使冠冕前后悬垂的玉串不晃动，以示端庄肃穆，态度严正。　[3]至道无文：最根本的道理无须文采修饰。　[4]"齐侯读书"以下二句是说：齐桓公在堂上读书，在堂下制轮的轮扁上堂去说齐桓公读的书是"古人之糟魄"。　[5]"汉皇慕古"以下二句是说：汉武帝好古尊儒，欲招纳文学儒士，大臣汲黯极力劝阻，说汉武帝"内多诈而外示仁义"。长孺，汲黯的字。长孺，原作"张孺"，据建治本及《旧唐书·刘洎传》改。　[6]无非至公：不非议最高准则。至公，至公之道，最高准则。　[7]"魏文宏才"以下二句是说：魏文帝曹丕富于才华，但因说空话而失去众望。　[8]"简彼缃图"以下二句是说：简选古籍，淡泊性情。缃图，年久纸黄的图书。　[9]南岳：即"寿比南山"的南山。　[10]东户：传说中的社会，路不拾遗，余粮屯地。　[11]皇恩斯毕：皇恩遍及四海。

[点评]

本篇虽然只有三章，每章文字也不长，但反复强调慎言语的重要性。出言不慎，既可能"千载累于圣德"，遭后人非议、唾弃，又"当今损于百姓"，影响眼下百姓生活。任何时候的主政者都应当"常以此为戒"，谨言慎行，不要随便拍脑门下决策，祸害百姓，贻害社会！

杜谗佞第二十三

○贞观初，太宗谓侍臣曰："朕观前代谗佞之徒，皆国之蟊贼也。或巧言令色，朋党比周。若暗主庸君，莫不以之迷惑；忠臣孝子，所以泣血衔冤。故丛兰欲茂，秋风败之；王者欲明，谗人蔽之。此事著于史籍，不能具道。至如齐、隋间谗谮事，耳目所接者，略与公等言之。斛律明月，齐朝良将，威震敌国，周家每岁斫汾河冰，虑齐兵之西渡。及明月被祖孝徵谗构伏诛，周人始有吞齐之心。高颎有经国大才，为隋文帝赞成霸业，知国政者二十余载，天下赖以安宁。文帝唯妇言是听，特令摈斥，及为炀帝所杀，刑政由是衰坏。又隋太子勇抚军监国，凡二十年，固亦

本篇明本二章，通行本篇目作"杜谗邪"，七章，有卷二《直谏附》篇移入一章、本卷《贪鄙》篇移入四章。

谗佞，危害国家治理的蟊贼。

早有定分，杨素欺主罔上，贼害良善，使父子之道一朝灭于天性。逆乱之源，自此开矣。隋文既淆混嫡庶，竟祸及其身，社稷寻亦覆败。古人云'代乱则谗胜'，诚非妄言。朕每防萌杜渐，用绝谗构之端，犹恐心力所不至，或不能觉悟。前史云：'猛兽处山林，藜藿为之不采；直臣立朝廷，奸邪为之寝谋。'此实朕所望于群公也。"魏徵曰："《礼》云：'戒慎乎其所不睹，恐惧乎其所不闻。'《诗》云：'恺悌君子，无信谗言。谗言罔极，交乱四国。'又孔子'恶利口之覆邦家'，盖为此也。臣尝观自古有国有家者，若曲受谗谮，妄害忠良，必宗庙丘墟，市朝霜露矣[1]。愿陛下深慎之！"

随时保持对谗佞的警惕，犹恐"心力不至"、"不能觉悟"，足见杜谗佞的不易，应当"深慎之"。

把曲受谗佞、妄害忠良视为关系国家兴亡的大事，是对"谗佞，国之蟊贼"的具体解释。

这一章之后，通行本有卷二《直谏附》篇移入一章、本卷《贪鄙》篇移入四章。

唐太宗的"勤行三事"，是对贞观前中期治国施政的一个简要概括。

[注释]

[1]市朝霜露：人众聚集的闹市变得霜被露凝，冷落无人。

○贞观十六年，太宗谓谏议大夫褚遂良曰："卿知起居，比来记我行事善恶？"遂良曰："史官之设，君举必书。善既必书，过亦无隐。"太宗曰："朕今勤行三事，亦望史官不书吾恶。一则鉴前代败事[1]，以为元龟；二则进用善人，共

成政道；三则斥弃群小，不听谗言。吾能守之，
终不转也。"

[注释]

[1] 鉴前代败事：原作"鉴前代成败事"，据建治本、写字台
本及《唐会要》卷63删"成"字。

[点评]

本篇二章，视谗佞为治国之蟊贼，视谗佞妄害忠良
为关系国家兴亡的大事，把杜谗佞与以史为鉴、任贤纳
谏并列为治国施政的三件大事，表明唐太宗对杜谗佞的
高度重视。贞观年间实现"君臣共治"，与唐太宗"勤行"
这三事密不可分。

论悔过第二十四

本篇通行本篇目无"论"字，刻本均四章。

○贞观二年，太宗谓玄龄曰："为人大须学
问。朕往为群凶未定，东西征讨，躬亲戎事，不
暇读书。比来四海安静，身处殿堂，不能自执书
卷，使人读而听之。君臣父子，政教之道，共在
书内。古人云'不学[1]，墙面，莅事惟烦'，不
徒言也。却思少小时行事，大觉非也。"

现身说法，强调执政后读书的重要。

[注释]

[1]"不学"以下三句是说：不学就像面对墙壁，一无所见，遇事困扰，无从解决。

○贞观中，太子承乾多不修法度，魏王泰尤以才能为太宗所重，特诏泰移居武德殿。魏徵上疏谏曰："魏王既是陛下爱子，陛下须使知定分，常保安全，每事抑其骄奢，不处嫌疑之地也。今移居此殿，使在东宫之西。海陵昔居，时人以为不可，虽时移事异，犹恐人之多言。又王之本心，亦不宁息，既能以宠为惧，伏愿成人之美。"太宗曰："几不思量，朕甚大错误。"遂遣泰归于本第。

○贞观十七年，太宗谓侍臣曰："人情之至痛者，莫过乎丧亲也。故孔子云：'三年之丧，天下之通丧也，自天子达于庶人也。'又曰：'何必高宗[1]？古之人皆然。'近代帝王，遂行汉仪以日易月之制，甚乖于礼典。朕昨见徐幹《中论·复三年丧》篇[2]，义理甚精审，深恨不早见此书。所行大疏略，但知自咎自责，追悔何及！"因悲泣久之。

［注释］

[1]"何必高宗"以下二句是说：不仅殷高宗，古人都这样（守丧三年）。　[2]徐幹：东汉末人，撰《中论》2卷20篇，《复三年丧》为其中一篇。

○贞观十八年，太宗谓侍臣曰："夫人臣之对帝王，多承意顺旨，甘言取容。朕今欲闻己过，卿等皆可直言。"散骑常侍刘洎对曰："陛下每与公卿论事，及有上书者，以其不称旨，或面加诘难，无不惭退，恐非诱进直言之道。"太宗曰："卿言是也，朕亦悔之，当为卿改之。"

这一章，与卷二《纳谏》篇第十二章后半部分重复。

［点评］

本篇论悔过，一是悔悟少小无暇读书，"大觉非也"；二是后悔一些具体行事，当即改过。其实，卷五《论公平》篇不听李道裕议，误斩张亮后"追悔"不已，遂授李道裕刑部侍郎，卷七《论刑法》篇怒斩张蕴古后颁诏实行"五覆奏"制度，是唐太宗"悔过"的更典型事例，应该联系起来阅读。

本篇明本三章，通行本篇目无"论"字，删去与卷八《辩兴亡》篇重复的二章，只有一章。

论奢纵第二十五

○贞观二年，太宗谓黄门侍郎王珪曰："隋

这一章，卷八《辩兴亡》篇第二章重出，通行本去此存彼，本书存此去彼。

开皇十四年大旱，人多饥乏。是时仓库盈溢，竟不许赈给，乃令百姓逐粮。隋文不怜百姓而惜仓库，比至末年，计天下储积，得供五六十年。炀帝恃此富饶，所以奢华无道，遂致亡灭。炀帝失国，亦由其父。凡理国者，务积于人，不在盈其仓库。古人云：'百姓不足[1]，君孰与足。'但使仓库可备凶年，此外何烦储蓄！后嗣若贤，能自保其天下；如其不肖，多积仓库，徒益其奢侈，危亡之本也。"

这是一则不可多得的重要记载，不仅反映隋文帝不怜百姓而惜仓储，还表明了隋朝的富饶。唐太宗由此提出一条治国施政的重要原则："凡理国者，务积于人，不在盈其仓库。"不要只看着物质富饶，更应当注重人的素养。

[注释]

[1]"百姓不足"以下二句是说：百姓用度不充足，国君的用度怎么会充足。

这一章，卷八《辩兴亡》篇第四章重出，通行本去此存彼，本书存此去彼。

○贞观九年，太宗谓魏徵曰："顷读周、齐史，末代亡国之主，为恶多相类也。齐王深好奢侈，所有府库用之略尽，乃至关市无不税敛。朕常谓此犹如馋人自食其肉，肉尽必死。人君赋敛不已，百姓既弊，其君亦亡，齐主即是也。然天元、齐主[1]，若为优劣？"徵对曰："二主亡国虽同，其行则别。齐主懦弱[2]，政出多门，国无

这是"为君之道，必须先存百姓"的一个反面事例。

纲纪，遂至亡灭。天元性凶而强，威福在己，亡
国之事，皆在其身。以此论之，齐主为劣。"

[**注释**]

[1]天元：北周宣帝，自称天元皇帝。齐主，北齐后主。　[2]懦
弱：即怯弱。

〇贞观十一年，太宗令所司造金银器物五十
事[1]，侍御史马周上疏陈时政曰：

臣历睹前代，自夏、商、周及汉氏之有天下，
传祚相继，多者八百余年，少者犹四五百年，皆
为积德累业，恩结于人心。岂无辟王[2]，赖前哲
以免尔。自魏、晋已还，降及周、隋，多者不过
五六十年，少者才二三十年而亡，良由创业之君
不务广恩化，当时仅能自守，后无遗德可思，故
传嗣之主政教少衰，一夫大呼而天下土崩矣。今
陛下虽以大功定天下，而积德日浅，固当思崇禹、
汤、文、武之道，广施德化，使恩有余地，为子
孙立万代之基，岂欲但令政教无失，以持当年而
已。且自古明王圣主，虽因人设教，宽猛随时，
而大要以节俭于身、恩加于人二者是务。故其下

概括夏、商、
周、汉"卜祚遐长
而祸乱不作"的两
大基本原则：节俭
于身、恩加于人。

爱之如父母，仰之如日月，敬之如神明，畏之如雷霆，此其所以卜祚遐长而祸乱不作也。臣愚[3]，顷闻京师营造，供奉器物，颇多糜费，百姓或有嗟怨之言。

[注释]

[1] 太宗令所司造金银器物五十事：原无此十三字，据抄本补。　[2] 辟王：邪僻的君王，亦作"僻王"。　[3]"臣愚"至"嗟怨之言"：原无此二十四字，据抄本补。

今百姓承丧乱之后，比于隋时才十分之一，而供官徭役，道路相继，兄去弟还，首尾不绝，远者往来五六千里，春秋冬夏，略无休时。陛下虽每有恩诏令其减省，而有司作既不废，自然须人，徒行文书，役之如故。臣每访问，四五年来，百姓颇有怨嗟之言，以陛下不存养之。昔唐尧茅茨土阶，夏禹恶衣菲食，如此之事，臣知复可行于今。汉文帝惜百金之费，辍露台之役，集上书囊以为殿帷，所幸夫人衣不曳地。至景帝以锦绣纂组妨害女功，特诏除之，所以百姓安乐。至孝武帝虽穷奢极侈，而承文、景遗德，故人心不动。

这是贞观十一年的情况，已经出现四五年了，为什么得不到解决，值得深思！

向使高祖之后即有武帝，天下必不能全。此于时代差近，事迹可见。今京师及益州诸处营造供奉器物，并诸王、妃主服饰，议者皆不以为俭。臣闻昧旦丕显[1]，后世犹怠，作法于理，其弊犹乱。陛下少处人间，知百姓辛苦，前代成败，目所亲见，尚犹如此，而皇太子生长深宫，不更外事，即万岁之后[2]，固圣虑所当忧也。

[注释]

[1]"臣闻昧旦丕显"以下四句是说：为臣听说，勤奋早起求得显赫功业，后代却仍然懈怠不为。制定法律合乎常理，但其弊端仍然会造成混乱。　[2]万岁：讳称皇帝卒。

臣窃寻往代以来成败之事，但有黎庶怨叛，聚为盗贼，其国无不即灭，人主虽欲改悔，未有重能安全者。凡修政教，当修之于可修之时，若事变一起而后悔之，则无益也。故人主每见前代之亡，则知其政教之所由丧，而皆不知其身之有失。是以殷纣笑夏桀之亡，而幽、厉亦笑殷纣之灭。隋炀大业初，又笑周、齐之失国。然今之视炀帝，亦犹炀帝之视周、齐也。故京房谓汉元帝

概述贞观中期以来出现的奢纵现象，提醒唐太宗"圣虑所当忧"。久拖不得解决，尤其值得深思、深忧！

云[1]："臣恐后之视今，亦犹今之视古。"此言不可不戒也。

[注释]

[1]京房：字君明，西汉东郡人，治《易》名家。

往者贞观之初，率土霜俭，一匹绢才得粟一斗，而天下怡然。百姓知陛下甚忧怜之，故人人自安，曾无谤讟。自五六年来，频岁丰稔，一匹绢得十余石粟，而百姓皆以陛下不忧怜之，咸有怨言。又今所营为者，颇多不急之务故也。自古以来，国之兴亡，不由蓄积多少，唯在百姓苦乐。且以近事验之，隋家贮洛口仓[1]，而李密因之；东京积布帛，王世充据之；西京府库，亦为国家之用，至今未尽。向使洛口、东都无粟帛，即世充、李密未必能聚大众。但贮积者固是国之常事，要当人有余力而后收之。若人劳而强敛之，竟以资寇，积之无益也。然俭以息人，贞观之初，陛下已躬为之，故今行之不难也。为之一日，则天下知之，式歌且舞矣。若人既劳矣，而用之不息，傥中国被水旱之灾，边方有风尘之警，狂狡

"凡修政教，当修之于可修之时"，这是对施政者的提醒。施政要有前瞻性，不能只见眼前利益而不顾后果，一定要预见到可能出现的问题，并制定出切实可行的避免办法。等出了问题或问题成堆之后，"悔之，则无益也"。所以会如此，是因为施政者"知前代政教之所由丧，而皆不知其身之有失"。好的决策也可能有负面后果，一定要有预见和预防，避免成为后人的笑柄。"后之视今，亦犹今之视古"，应当成为主大政者时刻不忘的警戒语！

因之窃发，则有不可测之事，非徒圣躬旰食晏寝而已^[2]。若以陛下之圣明，诚欲励精为政，不烦远求上古之术，但及贞观之初，则天下幸甚。

太宗曰："近令造小随身器物，不意百姓遂有嗟怨，此则朕之过误。"乃命停之。

[注释]

[1] 洛口仓：在今河南巩县东洛水入黄河口处。　　[2] 旰食晏寝：晚食晚寝，比喻辛苦操劳。

[点评]

本篇总共三章，前二章与卷八《辩兴亡》篇重出，可见"奢纵"与"兴亡"是何等的密切相关，以致编选者都很难加以区分。马周的上时政疏，实在值得主大政者认真阅读、认真思考！所引用京房谏汉元帝语"后之视今，亦犹今之视古"，更是对主大政者最具前瞻性的提醒：不要只知笑话以前的施政者有问题，看不见自身执政存在的问题，最终成为历史的笑柄！

论贪鄙第二十六

○贞观初，太宗谓侍臣曰："人有明珠，莫不贵重，若以弹雀，岂非可惜？况人之性命甚于

贞观初，全社会历经战乱、灾害，物质匮乏，但天下怡然，人人自安，百姓并无怨言。五六年后，连年丰收，人们生活普遍改善，百姓却反而有怨言。为什么蓄积多了，生活好起来了，而且"圣躬旰食晏寝"，勤劳施政，百姓却反而有怨言？这的确是一个很值得深思的问题！既是社会问题，更是严峻的政治问题、施政措施问题！

本篇明本十四章，通行本篇目无"论"字，六章，移至《俭约》篇四章、《杜谗邪》篇四章。

明珠，见金银钱帛不惧刑网，径即受纳，乃是不惜性命。明珠是身外之物，尚不可弹雀，何况性命之重，乃以博财物邪？群臣若能备尽忠直，有益国利民，则官爵立至。若不能以此道求荣，遂妄受钱物，赃贿既露，其身亦损，实为可笑。帝王亦然，恣情放逸，劳役无度，信任群小，疏远忠正，有一于此，岂不灭亡？隋炀帝奢侈自贤，身死匹夫之手，亦为可笑。"

不仅提醒群臣戒贪鄙，更表示帝王亦然，不论君臣，都必须深戒。

○贞观二年，太宗谓侍臣曰："朕尝谓贪人不解爱财也，至如内外官五品已上，禄秩优厚，一年所得，其数自多。若受人财贿，不过数万，一朝彰露，禄秩削夺，此岂是解爱财物？视小得而大失者也。昔公仪休性嗜鱼而不受人鱼，其鱼长存。且为主贪，必丧其国；为臣贪，必亡其身[1]。《诗》云'大风有隧[2]，贪人败类'，固非谬言也。昔秦惠王欲伐蜀，不知其径，乃刻五石牛，置金其后。蜀人见之，以为牛能便金，蜀王使五丁力士挽牛入蜀，道成，秦师随而伐之，蜀国遂亡。汉大司农田延年赃贿三千万[3]，事觉自死。如此之流，何可胜记！朕今以蜀王为元龟，卿等亦须以延年为覆辙也。"

[注释]

[1]必亡其身：原作"必忘其身"，据抄本、通行本改。 [2]"大风有隧"以下二句是说：大风有生成的隧道，贪婪之人败坏同类是因为其贪婪的本性。 [3]汉大司农：汉代九卿之一，秩中二千石，掌太仓、均输、平准、籍田、盐铁之职。

○贞观四年，太宗谓公卿曰："朕终日孜孜，非但忧怜百姓，亦欲使卿等长守富贵。天非不高，地非不厚，朕常兢兢业业[1]，以畏天地。卿等若能小心奉法，常如朕畏天地，非但百姓安宁，自身常得欢乐。古人云：'贤者多财损其志，愚者多财生其过。'此言可以为深诫。若徇私贪浊，非止坏公法、损百姓，纵事未发间，中心岂不恒恐惧？恐惧既多，亦有因而致死。大丈夫岂得苟贪财物，以害身命，使子孙每怀愧耻耶？卿等宜深思此言。"

徇私贪浊，既坏公法、损百姓，又害自身。

[注释]

[1]常：原作"尝"，据抄本、通行本改。

○贞观六年，右卫将军陈万福自九成宫赴京[1]，违法取驿家麸数石。太宗赐其麸，令自负出以耻之。

[注释]

[1]右卫将军：十六卫之右卫副长官，置二员，从三品。

○贞观十年，治书侍御史权万纪上言："宣、饶二州诸山大有银坑[1]，采之极是利益，每岁可得钱数百万贯[2]。"太宗曰："朕贵为天子，是事无所少乏。唯须嘉言进善事，有益于百姓者。且国家剩得数百万贯钱[3]，何如得一有才行人？不见卿推贤进善之事，又不能按举不法，震肃权豪，唯道税鬻银坑以为利益。昔尧、舜抵璧于山林，投珠于渊谷，由是崇名美号，见称千载。后汉桓、灵二帝好利贱义，为近代庸暗之主，卿遂欲将我比桓、灵邪？"是日敕放令还第。

[注释]

[1]宣、饶二州：今安徽宣州、江西上饶。银坑，采银的坑穴。　[2]贯：一千文钱串在一起为一贯。　[3]剩：多。

强调天子之责"惟须嘉言进善事，有益于百姓"，不要效法庸暗之主，"好利贱义"，眼睛只知盯住钱财！

○户部尚书戴胄卒，太宗以其居宅弊陋，祭享无所，令有司特为之造庙[1]。

这一章，通行本移在《俭约》篇。

[注释]

[1]造庙：指建造家庙。

○温彦博为尚书右仆射，家贫无正寝。及薨，殡于并室[1]。太宗闻而嗟叹，遽命所司为造，当厚加赙赠[2]。

这一章，通行本移在《俭约》篇。

[注释]

[1]并室：即旁室。　[2]赙赠：为办丧事赠给财、物。

○岑文本为中书令，宅卑陋，无帷帐之饰，有劝其营产业者，本文叹曰："吾本汉南一布衣耳，竟无汗马之劳，徒以文墨致位中书令，斯亦极矣。荷俸禄之重，为惧已多，更得言产业乎？"言者叹息而退。

这一章，通行本移在《俭约》篇。

身为宰相，不营产业，实在值得效法！

○魏徵宅内先无正堂，及遇疾，太宗时欲造小殿，而辍其材为徵营构，五日而就。遣中使赍素褥布被而赐之，以遂其尚。

这一章，通行本移在《俭约》篇。

[点评]

戴胄、温彦博、岑文本、魏徵，包括房玄龄、杜如晦等，既是治世能臣，又是躬行节俭的典范，一个个"家贫"，住房"弊陋"，而且"不营产业"，实在值得古今各级官员认真效法！正因为有如此多能臣，又都恪守节俭，才会有"贞观之治"的局面。

这一章，通行本移在《杜谗邪》篇。

〇尚书左仆射杜如晦奏言："监察御史陈师合上《拔士论》，兼人之思虑有限[1]，一人不可总知数职，以论臣等。"太宗谓戴胄曰："朕以至公理天下，今任玄龄、如晦，非为勋旧，以其有才行也。此人妄事毁谤，止欲离间我君臣。昔蜀后主昏弱，齐文宣狂悖，然国称理者，以任诸葛亮、杨遵彦不猜之也。朕今任如晦等，亦复如法。"于是流陈师合于岭外。

[注释]

[1] 兼人：兼职之人。

这一章，通行本移在《杜谗邪》篇。

〇贞观中，太宗谓房玄龄、杜如晦曰："朕闻自古帝王上合天心，以致太平者，皆股肱之力。朕比开直言之路者，庶知冤屈，欲闻规谏。所有上封事人，多告讦百官，细无可采。朕历选前王，但有君疑于臣，则下情不能上达，欲求尽忠极虑，何可得哉！而无识之人，务行谗毁，交乱君臣[1]，殊非益国。自今已后，有上书讦人小恶者，当以谗人之罪罪之。"

［注释］

[1] 交乱君臣：使君臣相互胡乱猜疑。

○魏徵为秘书监，有告谋反，太宗曰："魏徵，昔吾之仇，止以忠于所事，吾遂拔而用之，何乃妄生谗构[1]？"竟不问徵，遽斩所告者。

这一章，通行本移在《杜谗邪》篇。

［注释］

[1] 谗构：谗言构罪，讲坏话诬陷别人。

○贞观七年，太宗幸蒲州[1]，刺史赵元楷课父老服黄纱单衣，迎谒路左，盛饰廨宇，修营楼雉以求媚[2]。又潜饲羊百余口，鱼数千头，将馈贵戚。太宗知，召而数之曰："朕巡省河、洛，经历数州，凡有所须，皆资官物。卿为饲羊养鱼，

这一章，通行本移在《杜谗邪》篇。

雕饰院宇，此乃亡隋弊俗，今不可复行。当识朕心，改旧态也。"以元楷在隋邪佞故，太宗发此言以戒之。元楷惭惧，数日不食而卒。

[注释]

[1] 蒲州：今山西永济。　[2] 楼雉：城楼和城上的齿形矮墙。

这一章，与卷三《君臣鉴戒》篇末章重复，存此去彼。

○贞观十六年，太宗谓侍臣曰："古人云：'鸟栖于林，犹恐其不高，复巢于木末[1]；鱼藏于泉，犹恐其不深，复穴于窟下。然而为人所获者，皆由贪饵故也。'今人臣受任，居高位、食厚禄，当须履忠正、蹈公清，则无灾害，长守富贵矣。古人云：'祸福无门，唯人所召。'然陷其身者，皆为贪冒财利，与夫鱼鸟何以异哉！卿等宜思此语，用为鉴诫。"

[注释]

[1] 复巢于木末：又在树梢构巢。木末，树梢，原作"木"，据抄本、通行本补"末"字。

[点评]

本篇有四章通行本移在本卷《俭约》篇，表明戒贪与俭约密不可分。要严厉戒贪，就必须厉行俭约，特别是在物质条件改善、生活水平提高之后，如何厉行俭约、防止奢纵、贪鄙现象发生，不仅是对主大政者、各级官员、每一个个人的极大考验，也是衡量富足社会风气至关重要的尺度！三位宰相、一位户部尚书的俭约实例，特别是岑文本位至中书令之后的一席话，可谓中国历代宰相、高官力行节俭的典范，尤其值得效法。

贞观政要卷第七

崇儒学第二十七

本篇明本五章，通行本另组合为六章。

○太宗初践祚[1]，即于正殿之左置弘文馆[2]，精选天下文儒，令以本官兼直学士[3]，给珍膳，更日直宿[4]。以听朝之隙，引入内殿，讨论坟典，商略政事，或至夜分乃罢。又诏勋贤三品已上子孙，为弘文学生。

设置学士直宿，商略政事，把执政与问学紧密联系在一起。

[注释]

[1] 践祚：君主即位。古代庙、堂前两阶，主阶称阼阶，阼阶之上为主位，故称即位为践祚。 [2] 弘文馆：原为修文馆，隶属门下省，太宗即位后改置，掌详正图籍、教授生徒，参决朝廷制度沿革、礼仪轻重。 [3] 兼直：兼以轮值。学士，为兼职，本官五品以上称学士，本官六品以下称直学士。 [4] 直宿：轮流值宿。

　　贞观二年，诏停周公为先圣，始立孔子庙堂于国学[1]。稽式旧典[2]，以仲尼为先圣，颜子为先师，而边豆干戚之容[3]，始备于兹矣。是岁，大收天下儒士，赐帛给传[4]，令诣京师，优以吏职，布廊庙者甚众。学生通一大经已上[5]，咸得署吏。于国学造舍四百间，国子、太学、四门俊士亦增置生员[6]，其书、算各置博士、学生，以备众艺。自玄武门屯营飞骑，亦给博士，授以经业。有能通经者，听预贡举。而吐蕃及高昌、高丽、新罗等诸夷酋长，亦遣子弟请入于学以百数。国学之内，鼓箧而升讲筵者[7]，几至万人。儒学之盛，前古未之闻也。太宗又数幸国学，令祭酒、博士讲论毕[8]，各赐以束帛。学生能通经者，即擢以吏职。

这一段文字，通行本别作一章。

[**注释**]

[1] 国学：国子监之学，指国子学、太学、四门学、律学、书学、算学六学，均设博士、助教教授生徒。 [2] 稽式：考求根据。 [3] 而边豆：原作"两边俎豆"，据抄本删"俎"字。边豆，当作"笾豆"，为祭祀宴享时盛果脯等的竹编食器，形如豆，容四升。《尔雅·释器》："竹豆谓之笾。"干戚，即盾与斧，均为古代兵器。祭祀时伴以歌舞，文舞手拿羽旌，武舞手拿干戚。 [4] 给

传：由官府提供车马乘传。　[5]大经：唐代科举，以经书文字长短分为大、中、小三经，《礼记》《春秋左氏传》为大经，《诗》《周礼》《仪礼》为中经，《易》《尚书》《公羊传》《谷梁传》为小经。　[6]四门俊士：即四门生。　[7]鼓箧：击鼓开箱取书，开始一天的学习。箧，装书的竹箱。　[8]祭酒：国子监长官，置一员，从三品，掌诸学训导之政，兼领诸学。博士，主讲教师。

这一段文字，通行本别作一章。

十四年诏曰："梁皇侃、褚仲都，周熊安生、沈重，陈沈文阿、周弘正、张讥，隋何妥、刘炫等，并前代名儒，经术可纪。加以所在学徒，多行其讲疏[1]，宜加优赏，以劝后生。可访其子孙见在者，录姓名闻奏。"二十一年又诏曰："左丘明、卜子夏、公羊高、谷梁赤、伏胜、高堂生、戴圣、毛苌、孔安国、刘向、郑众、杜子春、马融、卢植、郑玄、服虔、何休、王肃、王弼、杜预、范宁等二十有一人，并用其书，垂于国胄[2]。既行其道，理合褒崇。自今有事于太学，可并配享尼父庙堂。"其尊儒重道如此。

[注释]

[1]讲疏：对经典义理的讲述和疏解。　[2]国胄：皇室家族的后裔。

○贞观二年，太宗谓侍臣曰："为政之要，惟在得人，用非其才，必难致理。今所任用，必须以德行、学识为本。"谏议大夫王珪曰："人臣若无学业，不能识前言往行，岂堪大任。汉昭帝时^[1]，有人诈称卫太子，聚观者数万人，众皆致惑。隽不疑断以蒯聩之事^[2]。昭帝曰：'公卿大臣，当用经术明于古义者，此则固非刀笔俗吏所可比拟。'"太宗曰："信如卿言。"

执政在用人，用人必须以德行、学识为根本。

［注释］

[1]昭帝：原作"宣帝"，据通行本及《汉书·隽不疑传》改。下文同。　[2]蒯聩：春秋时卫灵公世子，出奔宋。灵公卒，孙出公辄继立，晋接纳蒯聩在戚邑，父子争国。后十五年蒯聩回到卫国，是为庄公，辄乃出奔。西汉昭帝始元五年，有男子自称卫太子，昭帝诏公卿识别真假，都不敢直言。隽不疑举出上述例子，将男子交廷尉验治，果然是假冒。

○贞观四年，太宗以经籍去圣久远，文字讹谬，诏前中书侍郎颜师古于秘书省考定五经^[1]。及功毕，复诏尚书左仆射房玄龄集诸儒重加详议。时诸儒传习师说，舛谬已久，皆共非之，异端蜂起。而师古辄引晋、宋已来古本，随方晓答，援据详明，皆出其意表，诸儒莫不叹伏。太宗称善者久之，赐帛五百段，加授通直散骑常侍[2]，颁其所定书于天下，令学者习焉。

统一教材。

[注释]

[1]秘书省：掌邦国经籍图书之事，领著作局、司天台，以秘书监、少监为正、副长官。　[2]通直散骑常侍：文散官，正四品。

这一段文字，通行本与上章合为一章。

○太宗又以儒家多门，章句繁杂，诏师古与国子祭酒孔颖达等诸儒，撰定五经疏义，凡一百八十卷，名曰《五经正义》，付国学施行。

《五经正义》不仅是对汉代以来特别是南北朝以来南北儒学的梳理和总结，而且吸收了贞观君臣结合治国施政对儒学的发挥。

学与道的关系：不学不知道，必须博学，方成其道。

勤于学问，作为一种美德，尤其需要提倡。

○太宗尝谓中书令岑文本曰："夫人虽禀定性，必须博学以成其道，亦犹蜃性含水[1]，待月光而水垂；木性怀火[2]，待燧动而焰发；人性含灵[3]，待学成而为美。是以苏秦刺股[4]，董生垂帷[5]。不勤道艺，则其名不立。"文本曰："夫人性相近[6]，情则迁移，必须以学饰情，以成其性。《礼》云：'玉不琢不成器，人不学不知道。'所以古人勤于学问，谓之懿德[7]。"

［注释］

[1]"亦犹蜃性含水"以下二句是说：蜃有含水的本性，有待月光才喷射出来。蜃，大蛤（gé）。　[2]"木性怀火"以下二句是说：木有燃烧的本性，有待发火工具引燃。燧，古人取火的工具。　[3]"人性含灵"以下二句是说：人的本性中包含着灵性，有待学业成就彰显其美。　[4]苏秦刺股：苏秦，战国时人，读书欲睡，用锥自刺其股，潜心揣摩，一年而学成。　[5]董生垂帷：汉景帝时博士董仲舒，放下帷幕专心读书，三年足不出户。　[6]"人性相近"以下四句是说：人的本性接近，情趣则会随时变化，必须通过学习诚勉情趣，以成就和完善本性。　[7]懿德：美德。

［点评］

本篇论崇儒学，要点有五：一，把执政与问学紧密联系在一起；二，重视国学教育，以备众艺；三，培养德行、学识兼备的人才；四，统一认识、统一教材；五，把勤于学问视为一种美德。

论文史第二十八

本篇通行本篇目无"论"字，刻本均四章。

○贞观初，太宗谓监修国史房玄龄曰："比见前、后汉史载录扬雄《甘泉》《羽猎》，司马相如《子虚》《上林》，班固《两都》等赋，此既文体浮华，无益劝诫，何假书之史册？其上书论事，词理切直，可裨于政理者，朕从与不从，皆须载书。"

○贞观十一年，著作佐郎邓隆表请编次太宗文章为集[1]。太宗谓曰[2]："朕若制事出令，有益于人者，史则书之，足为不朽。若事不师古，乱政害物，虽有词藻，终贻后代笑，非所须也。只如梁武帝父子及陈后主、隋炀帝，亦大有文集，而所为多不法，宗社皆须臾倾覆。凡人主唯在德行，何必要事文章耶？"竟不许。

不许为自己编文集，强调"人主唯在德行"、"有益于人"，不要图虚名。

[注释]

[1]著作佐郎：秘书省著作局副长官，置四员，从六品上，与长官著作郎同掌修撰之事，分判局事。邓隆，原作"郐崇"，据通行本及《旧唐书·邓世隆传》改。 [2]谓曰：原作"谓崇曰"，据抄本、通行本删"崇"字。

○贞观十三年，褚遂良为谏议大夫，兼知起居注。太宗问曰："卿比知起居，书何等事？大抵于人君得观见否？朕欲见此注记者，将却观所为得失以自警诫耳。"遂良曰："今之起居，古之左、右史，以记人君言行，善恶毕书，庶几人主不为非法，不闻帝王躬自观史。"太宗曰："朕有不善，卿必记耶？"遂良曰："臣闻守道不如守官，臣职当载笔，何不书之。"黄门侍郎刘洎进曰："人君有过失，如日月之蚀，人皆见之。设令遂良不记，天下之人皆记之矣。"

执政有过失，掩饰是掩饰不住的，即便文字不记载，人心还是记得的。

○贞观十四年，太宗谓房玄龄曰："朕每观前代史书，彰善瘅恶[1]，足为将来规诫。不知自古当代国史，何因不令帝王亲见之？"对曰："国史既善恶必书，庶几人主不为非法。止应畏有忤旨，故不得见也。"太宗曰："朕意殊不同古人。今欲自看国史者，若有善事，故不须论；若有恶事，亦欲以为鉴诫，使得自修改耳。卿可撰录进来。"玄龄等遂删略国史为编年体，撰《高祖、太宗实录》各二十卷表上之。太宗见六月四日事[2]，语多微文，乃谓玄龄曰："昔周公诛管、蔡而周室安[3]，季友鸩叔牙而鲁国宁，朕之所为，义同此类，盖所以安社稷、利万人耳。史官执笔，何烦有隐？宜即改削浮词，直书其事。"侍中魏徵奏曰："臣闻人主位居尊极，无所忌惮，唯有国史，用为惩恶劝善。书不以实，后人何观？陛下今遣史官正其辞，雅合至公之道。"

要求国史如实记事，"若有恶事，亦欲以为鉴戒"，无须"有隐"。

系统编纂皇帝实录自此开始，成为唐至清皇家修史的一项传统。

尽管唐太宗强调"史官执笔，何烦有隐，宜改削浮词，直书其事"，却开了皇帝观看国史的先例。

[注释]

[1]彰善瘅恶：表彰美善，痛斥罪恶。瘅（dàn），憎恨。 [2]"太宗见六月四日事"以下二句是说：太宗看到所记武德九年六月四日玄武门之变杀太子建成、齐王元吉事，写得很隐晦。微文，文字隐约不明。 [3]"昔周公诛管、蔡而周室安"以下五句是说：往日周公诛杀管叔、蔡叔使周室安定，季有毒死叔牙使鲁国安宁，我六月四日做的事，大义跟这一类事相同，是为了安定社会、有利万民。

[点评]

本篇论文史，值得称赞的有两点：一是"凡人主唯在德行，何必要事文章"、编文集；二是修国史不得"有隐"，要"无所忌惮，直书其事"。

论礼乐第二十九

本篇通行本篇目无"论"字，刻本均十二章。

○太宗初即位，谓侍臣曰："准《礼》[1]，名终为讳之。前古帝王，亦不生讳其名，故周文王名昌，《周诗》云'克昌厥后'。春秋时鲁庄公名同，十六年《经》云'齐侯、宋公同盟于幽'[2]。唯近代诸帝，皆妄为节制，特令生避其讳，理非通允，宜有改张。"因诏曰："依《礼》，二名义不偏讳[3]。尼甫达圣[4]，非无前指。近世以来，曲为节制，两字兼避，废阙已多，率意而行，有违经诰。今宜依据礼典，务从简约，仰效先哲，垂法将来。其官号、人名及公私文籍，有'世'及'民'两字不连读，并不须避。"

[注释]

[1]《礼》：指《周礼》。　[2]《经》云：即《春秋》庄公十六年云。　[3]二名义不偏讳：两个字的人名，不必一一避讳。　[4]尼甫：亦作"尼父"，即孔子。

○贞观二年，中书舍人高季辅上疏曰："窃见密王元晓等俱是懿亲[1]，陛下友爱之怀，义高古昔，分以车服，委以藩维，须依礼仪，以副瞻望。比见帝子拜诸叔，诸叔即亦答拜，王爵既同，家人有礼，岂合如此颠倒昭穆[2]？伏愿一垂训诫，永修彝则[3]。"太宗乃诏元晓等，不得答吴王恪、魏王泰兄弟拜。

[注释]

[1]懿亲：至亲，特指皇室宗亲。　[2]昭穆：古代宗法制度、宗庙次序。始祖居中，祖、父依次为昭穆，左为昭，右为穆。祭祀时，子孙以此排列行礼，区别父子、长幼、亲疏。这里指宗族

的辈分。　[3] 彝则：常理，法则。

○贞观四年，太宗谓侍臣曰："比闻京城士庶居父母丧者，乃有信巫书之言，辰日不哭，以此辞于吊问，拘忌辍哀，败俗伤风，极乖人理。宜令州县教导，齐之以礼典。"

○贞观五年，太宗谓侍臣曰："佛道设教，本行善事，岂遣僧尼、道士等妄自尊崇，坐受父母之拜？损害风俗，悖乱礼经，宜即禁断，仍令致拜于父母。"

○贞观六年，太宗谓尚书左仆射房玄龄曰："比有山东崔、卢、李、郑四姓，虽累叶陵迟[1]，犹恃其旧地，好自矜大，称为士大夫。每嫁女他族，必广索聘财，以多为贵，论数定约，同于市买，甚损风俗，有紊礼经。既轻重失宜，理须改革。"乃诏吏部尚书高士廉、御史大夫韦挺、中书侍郎岑文本、礼部侍郎令狐德棻等刊正姓氏，普责天下谱牒[2]，兼据凭史、传，剪其浮华，定其真伪，忠贤者褒进，悖逆者贬黜，撰为《氏族

唐太宗提出修订氏族谱的基本原因。

志》。士廉等及进定氏族等第，以崔幹为第一等。

太宗谓曰："我与山东崔、卢、李、郑，旧既无嫌，为其世代衰微，全无官宦，犹自云士大夫。婚姻之际，则多索财物。或才识庸下，而偃仰自高[3]，贩鬻松槚[4]，依托富贵，我不解人间何为重之？且大丈夫有能立德立功，爵位崇重，善事君父，忠孝可称；或道义素高，学艺宏博，此亦足为门户，可谓天下大丈夫。今崔、卢之属，唯矜远叶衣冠，宁比当朝之贵？公卿已下，何假多输钱物，兼与他气势，向声背实，以得为荣？我今定氏族者，诚欲崇树今朝冠冕，何因崔幹犹为第一等，只看卿等不贵我官爵耶！不须论数代已前，止取今日官品、人才作等级，宜一量定，用为永则。"遂以崔幹为第三等。至十二年书成[5]，凡百卷，颁天下。又诏曰："氏族之美，实系于冠冕；婚姻之道，莫先于仁义。自有魏失御，齐氏云亡，市朝既迁[6]，风俗陵替。燕、赵古姓，多失衣冠之绪；齐、韩旧族，或乖礼义之风。名不著于州闾，身未免于贫贱，自号高门之胄，不敦匹嫡之仪，问名唯在于窃赀[7]，结缡必归于富室[8]。乃有新

从上述唐太宗的几段话和诏令，表明南北朝以来山东士族虽然衰颓，但其社会地位和影响并未衰落，以致新官之辈、丰财之家，仍然竞相与之结婚联姻。

官之辈，丰财之家，慕其祖宗，竞结婚姻，多纳货贿，有如贩鬻。或自贬家门，受屈辱于姻娅；或矜夸旧望，行无礼于舅姑。积习成俗，迄今未已，既紊人伦，实亏名教。朕夙夜兢惕，忧勤政道，往代蠹害，咸以惩革，唯此弊风，未能尽变。自今已后，明加告示，使识嫁娶之序，务合典礼，称朕意焉。"

指出婚嫁存在攀附高门、唯在窃财，多纳货贿、有如买卖等现象，已经"积习成俗"，必须"咸以惩革"。

[注释]

[1] 累叶陵迟：一代一代地衰落。陵迟，丘陵随时代变迁而变成平地。　[2] 谱牒：记述氏族世袭的家谱。　[3] 偃仰自高：自以门第高贵而悠闲自得。　[4] 贩鬻松槚：指炫耀祖宗的名望。贩鬻，贩卖，此处指炫耀。松槚，常种于墓前的松树与楸树，此处代指死去祖先的名望。　[5] 十二年：原作"十三年"，据抄本、通行本改。　[6] 市朝：指争名夺利的场所。市，交易买卖场所。朝，官府治事处所。　[7] 问名：古代婚礼"六礼"之一，男方请媒人问女方名字、生辰等。　[8] 结褵：结婚。古代女子出嫁，母亲把帨（佩巾）结在女儿身上，申戒至男家后须尽力家务。

○礼部尚书王珪子敬直[1]，尚太宗女南平公主[2]。珪曰："《礼》有妇见舅姑之义，自近代风俗弊薄，公主出降[3]，此礼皆废。主上钦明，动循法制，吾受公主谒见，岂为身荣，所以成国家之美耳。"遂与其妻就位而坐，令公主亲执巾，行盥馈之道^[4]，礼成而退。太宗闻而称善。是后公主下降有舅姑者，皆遣备行此礼。

公主下嫁，要遵守礼仪，孝敬公婆。

[注释]

[1]礼部：尚书省六部之一，掌礼仪、祭享、贡举之政令。礼部尚书，礼部长官，置一员，正三品。　[2]尚：专指娶皇帝女儿为妻。　[3]出降：专指皇帝女儿出嫁。　[4]盥馈之道：古代婚姻礼节之一，新妇进门拜见公婆，先给公婆浇水洗手，然后送上食物。盥，浇水洗手。馈，奉进食物。

○贞观十二年，太宗谓侍臣曰："古者诸侯入朝，有汤沐之邑^[1]，刍禾百车^[2]，待以客礼。昼坐正殿，夜设庭燎^[3]，思与相见，问其劳苦。又汉家京城，亦为诸郡立邸舍。顷闻考使至京师者^[4]，皆赁房以坐，与商人杂居，才得容身而已。既待礼之不足，必是人多怨叹，岂肯竭情于共理哉！"乃令就京城闲坊，为诸州考使各造邸第。及成，太宗亲观幸焉。

[注释]

[1]汤沐之邑：古代诸侯到京师朝见天子，天子在畿内赐给封邑，以供住宿、斋戒沐浴，名为汤浴邑。　[2]刍禾：军马草料。

刍，茭草。禾，麦秆。　[3]庭燎：在门庭设火炬照明。　[4]考使：即朝集使，每年集聚京城，谒见天子、宰相，报告各地民情和丰歉等情况。原作"奉使"，据抄本、通行本改。下文同。

○贞观十三年，礼部尚书王珪奏言："准令，三品以上，遇亲王于路[1]，不合下马。今皆违法申敬，有乖朝典。"太宗曰："卿辈欲自崇贵，卑我儿子耶！"魏徵对曰："汉、魏已来，亲王班皆次三公以下[2]。今三品并天子六尚书、九卿[3]，为诸王下马，王所不宜当也。求诸故事，则无可凭；行之于今，又乖国宪[4]，理诚不可。"帝曰："国家立太子者，拟以为君。人之修短，不在老幼。设无太子，则母弟次立。以此而言，安得轻我子耶！"徵又曰："殷人尚质，有兄终弟及之义。自周以降，立嫡必长，所以绝庶孽之窥窬，塞祸乱之源本。为国家者，所深慎之。"太宗遂可王珪之奏。

[注释]

[1]亲王：皇帝兄弟、儿子封王，称亲王。　[2]班：官爵排列次序。　[3]九卿：唐代指九寺长官，即太常、光禄、卫尉、宗正、太仆、大理、鸿胪、司农、太府九卿。　[4]国宪：国法制度。

○贞观十四年，太宗谓礼官曰："同爨尚有缌麻之恩[1]，而嫂叔无服[2]。又舅之与姨，亲疏相似，而服纪有殊，未为得礼，宜集学者详议。余有亲重而服轻者，亦附奏闻。"是月尚书八座与礼官定议曰[3]：

臣窃闻之，礼所以决嫌疑、定犹豫、别同异、明是非者也[4]。非从天下，非从地出，在人情而已矣。人道所先，在乎敦睦九族。九族敦睦，由乎亲亲，以近及远。亲属有等差，故丧纪有降杀，随恩之薄厚，皆称情以立文。原夫舅之与姨，虽为同气[5]，推之于母，轻重相悬。何则？舅为母之本宗，姨乃外成他姓，求之母族，姨不与焉，考之经文，舅诚为重。故周王念齐[6]，是称舅甥之国；秦伯怀晋[7]，实切《渭阳》之诗。今在舅服止一时之情[8]，为姨居丧五月，徇名丧实，逐末弃本。此古人之情，或有未达，所宜损益，实在兹乎！

礼仪的社会功用。

为人之道，首先要做到九族和睦。

[注释]

[1]同爨（cuàn）：同吃同住。爨，烧火做饭。缌麻，丧服名，古代丧服依亲疏关系分作五等，缌麻为第五等，是最低的一等，

穿戴细麻制成的孝服三月。 [2]无服：没有丧服。 [3]尚书八座：尚书省正、副长官（或左右仆射）与六部尚书。 [4]明是非：原作"名是非"，据抄本、通行本改。 [5]同气：指同辈。 [6]"故周王念齐"以下二句是说：春秋时，齐与周室通婚，周王想念齐国，称齐为"甥舅之国"。 [7]"秦伯怀晋"以下二句是说：春秋时，秦康公怀念晋文公，确实符合《渭阳》诗的意境。晋文公为秦康公舅舅，出亡至秦，秦康公送晋文公回国，送至渭阳，作诗曰："我送舅氏，曰至渭阳。" [8]"今在舅服止一时之情"以下四句是说：如今母舅穿丧服仅是一时之情，为姨母守孝却长达五月，迁就虚名，丧失实际，追求枝节，舍弃根本。

《礼记》曰："兄弟之子犹子，盖引而进之也。嫂叔之无服，盖推而远之也。"《礼》云，继父同居则为之期[1]，未尝同居则不为服。从母之夫、舅之妻，二人相为服。或曰"同爨缌麻"。然则继父并非骨肉，服重由乎同爨，恩轻在乎异居。固知制服虽继于名文，盖亦缘恩之厚薄者也。或有长年之嫂，遇孩童之叔，劬劳鞠养，情若所生，分饥共寒，契阔偕老，譬同居之继父，方他人之同爨，情义之深浅，宁可同日而言哉！在其生也，乃爱同骨肉；于其死也，则推而远之。求之本源，深所未喻。若推而远之为是，则不可生而共居；生而共居为是，则不可死同行路。重其生而轻其死，厚其始而薄其终，称情立文，其义安在？且事嫂见称，载籍非一。郑仲虞则恩礼甚笃[2]，颜弘都则竭诚致感，马援则见之必冠，孔伋则哭之为位。此盖并躬践教义，仁深孝友，察其所行之旨，岂非先觉者欤？但于时上无哲主，礼非下之所议，遂使深情郁于千载，至理藏于万古，其来久矣，岂不惜哉！

[注释]

[1]期：期服的简称，服丧一年。　[2]"郑仲虞则恩礼甚笃"以下四句是说：东汉郑仲虞侍奉寡嫂孤儿情、礼都很厚重。晋人颜弘都奉养失明的嫂子，感动神明，使其嫂恢复光明。东汉马援奉嫂恭顺，每见其嫂必先戴好帽子（表示尊重）。孔子之孙孔伋，凡在嫂子灵位前都要哭泣。

今陛下以为尊卑之叙，虽焕乎已备；丧纪之制，或情理未安。爰命秩宗[1]，详议损益。臣等奉遵明旨，触类傍求，采摭群经，讨论传记，或抑或引，兼名兼实，损其有余，益其不足，使无文之礼咸秩[2]，敦睦之情毕举，变薄俗于既往，垂笃义于将来，信六籍所不能谈[3]，超百王而独得者也。

谨按曾祖父母旧服齐衰三月[4]，请加为齐衰五月；嫡子妇旧服大功[5]，请加为期；众子妇旧服小功[6]，今请与兄弟子妇同为大功九月[7]；嫂叔旧无服，今请服小功五月。服其弟妻及夫兄，亦小功五月。舅旧服缌麻，请加与从母同服小功五月。

诏从其议。魏徵之词也。

[注释]

[1]秩宗：掌宗庙祭祀的官衙，后多指礼部。　[2]咸秩：都井井有序。　[3]信六籍所不能谈：申述六经未曾谈及者。　[4]齐衰：衰通"缞"，五服第二等。　[5]大功：丧服第三等，穿孝九个月。　[6]小功：丧服第四等，穿孝五个月。　[7]与兄弟子妇：原作"与兄弟"，据抄本及《旧唐书·礼仪志七》补"子妇"二字。

过生日为父母生养自己劳苦而落泪，不仅可以杜绝各种祝寿，还能够提倡不忘父母辛劳，教天下以孝。比起唐玄宗把生日定为"千秋节"，布告天下，咸令宴乐，恰如吴兢所说，"安可同年而较其优劣"！

○贞观十四年十二月癸丑，太宗谓侍臣曰："今日是朕生日。俗间以生日可为喜乐，在朕情翻成感思。君临天下，富有四海，而追求侍养，永不可得。仲由怀负米之恨[1]，良有以也。况《诗》曰：'哀哀父母，生我劬劳[2]。'奈何以劬劳之辰，遂为宴乐之事，甚是乖于礼度！"因而泣下。

[**注释**]

[1]仲由怀负米之恨：子路怀有不能为父母负米的遗恨。仲由，即子路。二老在世时，经常负米供食。二老没后，虽从车百乘，积米万钟，想要为双亲负米不可复得。　　[2]劬（qú）劳：劳苦。

○太常少卿祖孝孙奏请所定新乐[1]。太宗曰："礼乐之作，是圣人象物设教，以为撙节[2]，治政善恶，岂此之由？"御史大夫杜淹对曰："前代兴亡，实由于乐。陈将亡也[3]，为《玉树后庭花》；齐将亡也，而为《伴侣曲》。行路闻之，莫不悲叹，所谓亡国之音。以是观之，实由于乐。"太宗曰："不然，夫音声岂能感人？欢者闻之则悦，哀者听之则悲。悲悦在于人心，非由乐也。将亡之政，其人必苦，然苦心所感，故闻而则悲耳。何有乐声哀怨，能使悦者悲乎？今《玉树》《伴侣》之曲，其声具存，朕当为公奏之，知公必不悲耳。"尚书右丞魏徵对曰："古人称，礼云，礼云，玉帛云乎哉！乐云，乐云，钟鼓云乎哉！乐在人和，不由音调。"太宗然之。

乐的社会功用。

[**注释**]

[1]太常少卿：太常寺副长官，置二员，正四品上，助太常卿

掌礼乐、郊庙、祭祀之事。　[2]搏节：控制、约束。　[3]"陈将亡也"以下四句是说：南朝陈后主奢淫，选宫女分部演唱，其曲有《玉树后庭花》，君臣自夕达旦，以此为常，终至覆灭。南齐东昏侯，宠潘贵妃，作《伴侣曲》，不理朝政，终为南朝梁所灭。

　　〇贞观七年[1]，太常卿萧瑀奏言："今《破陈乐舞》[2]，天下之所共传。然美至德之形容，尚有所未尽。前后之所破刘武周、薛举、窦建德、王世充等，臣愿图其形状，以写战胜攻取之容。"太宗曰："朕当四方未定，因为天下救焚拯溺，故不获已，乃行战伐之事，所以人间遂有此舞，国家因兹亦制其曲。雅乐之容[3]，正得陈其梗概。若委曲写之，则其状易识。朕以见在将相，多有曾经受彼驱使者，既经为一日君臣，今若重见其被擒获之势，必当有所不忍。我为此等，所以不为也。"萧瑀谢曰："此事非臣思虑所及。"

[注释]

　　[1]七年：原作"十七年"，据通行本改。萧瑀为太常卿在贞观六年至八年。　[2]《破陈乐舞》：即七德舞。陈，音阵。太宗为秦王时，破刘武周，军中相与作破陈乐。后元日、冬至、朝会、庆贺，经常演奏。　[3]雅乐：祭祀天地、祖先、朝贺、宴会等大典所用乐舞，音乐"中正平和"，歌词"典雅纯正"，故称雅乐。

[**点评**]

本篇论礼乐，论礼十章、论乐二章，反映了当时的社会伦理秩序。论礼的范围广泛，依次为名讳问题、亲王相见之礼、哭祭父母、信奉佛道二教问题、婚嫁中追求等第与彩礼问题、下嫁公主孝敬公婆、对待各地使者、三品以上官与亲王相见之礼、礼的社会功用、九族间的亲近关系，以及如何对待生日等。应当注意礼的"决嫌疑，定犹豫，别同异，明是非"的社会功用，"惩革"婚嫁中追求等第与彩礼的歪风，敦睦九族，怀念母亲生养之劳等几项。论乐，重在"乐在人和，不由音调"的功用和特性。

贞观政要卷第八

论务农第三十

本篇通行本篇目无"论"字，刻本均四章。

○贞观二年，太宗谓侍臣曰："凡事皆须务本。国以人为本，人以衣食为本。凡营衣食，以不失时为本。夫不失时者，唯在人君简静乃可致耳[1]。若兵戈屡动，土木不息，而欲不夺农时，其可得也？"王珪曰："昔秦皇、汉武，外则穷极兵戈，内则崇侈宫室，人力既竭，祸难遂兴，彼岂不欲安人乎？失所以安人之道也。亡隋之辙，殷鉴不远，陛下亲承其弊，知所以易之，然在初则易，终之实难。伏愿慎终如始，方尽其美。"太宗曰："公言是也。夫安人宁国，唯在于君。君无为则人乐[2]，君多欲则人苦，朕所以抑

唐太宗关于"国以人为本"的论述和王珪关于"安人之道"论述，都是对"为君之道"的进一步发挥。

情损欲，克己自励耳。"

[注释]

[1]简静：简易宁静，不烦百姓。 [2]无为：顺应自然，与民休息。

○贞观二年，京师旱，蝗虫大起。太宗入苑视禾[1]，见蝗虫，掇数枚而祝曰[2]："人以谷为命，而汝食之，是害于百姓。百姓有过，在予一人，尔其有灵，但当食我心，无害百姓。"将吞之，左右遽谏曰："恐成疾，不可。"太宗曰："所冀移灾朕躬，何疾之避！"遂吞之。自是蝗不复为灾。

[注释]

[1]苑：禁苑，供皇帝游猎、种植之用的园林。 [2]掇（duō），双手捧取。

○贞观五年，有司上书言："皇太子将行冠礼[1]，宜用二月为吉，请追兵以备仪注[2]。"太宗曰："今东作方兴[3]，恐妨农事，命改用十月。"太子少保萧瑀奏言："准阴阳家[4]，用二月为胜。"太宗曰："阴阳拘忌，朕所不行，若动静必依阴阳，不顾德义，欲求福祐，其可得乎？若所行皆遵正道，自然常与吉会。且吉凶在人，岂假阴阳拘忌？农时甚要，不可暂失。"

"农时甚要"，宁可改变皇太子行加冠大礼的日期，也不能够妨碍农事。

贞观十六年唐太宗仍然没有忘记贞观二年关于"国以民为本"的理念，并进一步强调，要做到民为本、食为命，主大政者唯有带头"躬务俭约，必不辄为奢侈"。

把减轻百姓负担，使之努力耕作，达到富裕视为"富"，把敦行礼让，使少敬老、妻敬夫，达到家庭、社会和睦视作"贵"，这是唐太宗的"富贵观"，也是其治国基本理念。

[注释]

[1]冠礼：古代男子成年时举行的加冠仪式。 [2]追兵：补充礼器。追，追加。兵，干戚，即礼器。仪注，礼仪制度。 [3]东作：春耕。古代以每年始于东，称春耕为东作。 [4]阴阳家：九流之一，主星象历律，敬授民时。后指占卜、择日、看风水之人。

○贞观十六年，太宗以天下粟价率计斗直五钱，其尤贱处计斗直三钱，因谓侍臣曰："国以民为本，人以食为命。朕为亿兆人父母，若禾黍不登，则兆庶非国家所有。既属丰稔若斯，安得不喜[1]。唯欲躬务俭约，必不辄为奢侈。朕常欲赐天下之人，皆使富贵。令省徭薄赋，不夺其时，使比屋之人，恣其耕稼，此则富矣。敦行礼让，使乡闾之间，少敬长、妻敬夫，此则贵矣。但令天下皆然，朕不听管弦，不从畋猎，乐在其中矣！"

[注释]

[1]安得不喜：原无此四字，据抄本补。

[点评]

本篇论务农，重点在第一章、第四章，反映唐太宗治国施政的基本理念。第一章强调"务本"，包括民为本、衣食为本、农时为本，必须做到"抑情损欲，克己自励"。第四章表达的唐太宗的"富贵观"，实际包括经济发展、社会和谐两大方面，并与"躬务俭约，不为奢侈"紧密联系，应当高度重视和深入发掘，值得进一步发挥和传扬！

论刑法第三十一

○贞观元年，太宗谓侍臣曰："死者不可再生，用法须务存宽简。古人云，鬻棺者，欲岁之疫，非疾于人，利于棺售故耳。今法司核理一狱，必求深劾[1]，欲成其考课[2]。今作何法，得使平允？"谏议大夫王珪曰："但选公良直善人，断狱允当者，增秩赐金，即奸伪自息。"诏从之。

本篇明本九章，通行本篇目无"论"字，合一、二章为一章，成八章。

君臣讨论如何才能用法宽简、平允，认为关键在选公良直善、断狱允当者。

[注释]

[1]深劾：审案过严、量刑太重。   [2]成其考课：完成考核指标。

○太宗又曰："古者断狱，必讯于三槐、九棘之官[1]。今三公、九卿即其职也。自今以后，

这一章，通行本与上章合为一章。

大辟罪^[2]，皆令中书、门下四品已上及尚书、九卿议之。如此，庶免冤滥。"由是至四年，断死刑，天下二十九人，几致刑措。

犯罪率低是"贞观之治"的标志之一。

［注释］

[1]三槐、九棘之官：西周高官。《周礼·秋官》以三槐为三公位，左、右九棘为孤卿大夫、公侯伯子男位。后以"三槐"代指三公，"九棘"代指九卿。 [2]大辟：古代五刑之一，死刑。

○贞观二年，太宗谓侍臣曰："比有奴告主谋逆，此极弊法，特须禁断。假令有谋反者，必不独成，终将与人计之。众计之事，必有他人论之，岂藉奴告主也^[1]。自今奴告主者，皆不须受，尽令斩决。"

［注释］

[1]藉：凭借。

○贞观五年，张蕴古为大理丞。相州人李好德素有风疾^[1]，言涉妖妄，诏令鞫其狱。蕴古言："好德癫病有征，法不当坐。"太宗许将宽宥，蕴古密报其旨，仍引与博戏。治书侍御史权万纪劾奏之，太宗大怒，令斩于东市。既而悔之，谓房玄龄曰："公等食君之禄，须忧人之忧，事无巨细，咸当留意。今不问则不言，见事都不谏争，何所辅弼？如蕴古身为法官，与囚博戏，漏泄朕言，此亦罪状甚重，若据常律，未至极刑。朕当时盛怒，即令处置，公等竟无一言，所司又不覆奏[2]，遂即决之，岂是道理？"因诏曰："凡有死刑，虽令即决，皆须五覆奏。"五覆奏，自蕴古始也[3]。"守文决罪，或恐有冤。自今以后，门下省覆，有据法令合死而情可矜者，宜录奏闻。"

以诏书形式确定死刑"五覆奏"的制度。

据法当处死而情有可原者，应将案情抄录上奏。

[注释]

[1]风疾：疯病，即癫狂病。　[2]覆奏：反复审核奏闻。　[3]皆须五覆奏：原作"皆须五覆五奏"，据内藤本、写字台本、通行本补改。

蕴古，初以贞观二年自幽州总管府记室兼直中书省[1]，奏上《大宝箴》[2]，文义甚美，可为规诫。其词曰：

今来古往，俯察仰观，惟辟作福[3]，为君实难。宅普天之下，处王公之上，任土贡其所求^[4]，具僚和其所唱^[5]。是故兢惧之心日弛，邪僻之情转放。岂知事起乎所忽，祸生乎无妄^[6]。固以圣人受命，拯溺亨屯^[7]，归罪于己，因心于人。至明无偏照，至公无私亲，故以一人治天下，不以天下奉一人。礼以禁其奢，乐以防其佚。左言而右事，出警而入跸。四时调其惨舒^[8]，三光同其得失^[9]。故身为之度，而声为之律。勿谓无知，居高听卑；勿谓何害，积小成大。乐不可极，极乐成哀；欲不可纵，纵欲成灾。壮九重于内，所居不过容膝，彼昏不知，瑶其台而琼其室；罗八珍于前^[10]，所食不过适口，唯狂罔念，丘其糟而池其酒。勿内荒于色^[11]，勿外荒于禽，勿贵难得之货，勿听亡国之音。内荒伐人性，外荒荡人心，难得之物侈，亡国之声淫。勿谓我尊而傲贤侮士，勿谓我智而拒谏矜己。闻之夏后，授馈频起^[12]；亦有魏帝，牵裾不止^[13]。安彼反侧^[14]，如春阳秋露，巍巍荡荡，推汉高大度；抚兹庶事，如履薄临深，战战栗栗，用周文小心。

为君者，要"至明无偏照，至公无私亲"，不得"以天下奉一人"。

礼、乐的功用之一，"禁奢"、"防佚"。

[**注释**]

[1]兼直中书省:兼在中书省轮值。　[2]《大宝箴》:规劝皇帝的文章。大宝,帝位。箴(zhēn):规劝、告诫。　[3]辟:国君。　[4]任土:即任土作贡,根据土地瘠瘦确定贡赋。　[5]具僚:具官,即众官。　[6]无妄:意外。　[7]亨屯:使身处困境的人顺利通达。亨,顺利通达。屯(zhūn),六十四卦之一,震下坎上,"刚柔始交而难生。"比喻艰难。　[8]惨舒:心情忧郁与舒畅。　[9]三光:指日、月、星。　[10]八珍:古代八种珍贵的食物。《周礼·天官·膳夫》谓之淳熬、淳母、炮豚、炮牂、捣珍、渍、熬、肝膋。　[11]"勿内荒于色"以下二句是说:不要在内沉湎于女色,不要在外沉迷于游猎。荒,迷荒、迷恋。　[12]授馈频起:指进餐时多次起身为国事操劳。授馈,进食。　[13]牵裾不止:牵住衣裾劝谏。魏文帝曹丕欲迁徙冀州十万户充实河南,辛毗劝谏,文帝起身入内,辛毗牵住其衣裾不放,文帝最终答应迁徙一半人家。　[14]反侧:心怀反复之人。

《诗》云"不识不知",《书》曰"无偏无党"。一彼此于胸臆,捐好恶于心想。众弃而后加刑,众悦而后命赏。弱其强而治其乱,伸其屈而直其枉。故曰:如衡如石[1],不定物以数,物之悬者,轻重自具;如水如镜,不示物以情,物之鉴者,妍蚩自露。勿浑浑而浊,勿皎皎而清,勿汶汶而暗[2],勿察察而明。虽冕旒蔽目而视于未形,虽黈纩塞耳而听于无声[3]。纵心乎湛然之域[4],游神于至道之精。扣之者应洪纤而效响，酌之者随浅深而皆盈。故曰：天之清，地之宁，王之贞。四时不言而代序，万物无为而化成，岂知帝有其力，而天下和平。吾王拨乱，戡以智力，人惧其威，未怀其德。我皇抚运，扇以淳风，民怀其始，未保其终。爰述金镜，穷神尽圣。使人以心，应言以行。苞括治体，抑扬词令。天下为公，一人有庆。开罗起祝，援琴命诗，一日二日，念兹在兹。惟人所召，自天祐之。争臣司直，敢告前疑。

太宗嘉之，赐帛三百段，仍授以大理寺丞。

提醒唐太宗：人惧其威，未怀其德；民怀其始，未保其终。

[注释]

[1] 如衡如石：就像秤和石。衡，秤。石（dàn），重量单位，一百二十斤为一石。　[2] 勿汶汶而暗：不以昏暗不明为愚昧。汶（mén）汶：犹惛惛，昏暗不明。　[3] 黈纩（tǒu kuàng）：黄色丝绵球，悬于冕，垂两耳旁，示不听谗邪。　[4] 湛然：清澈明净貌。

即上一章的"因诏曰"，较前章为详。

○贞观五年，诏曰："在京诸司，比来奏决死囚，虽云五复，一日即了，都未暇审思，五奏何益？纵有追悔，又无所及。自今在京诸司奏决死囚，宜三日中五复奏，天下诸州三复奏。"

又手诏敕曰[1]："比来有司断狱，多据律文，虽情在可矜而不敢违法，守文定罪，或恐有冤。自今门下省复，有据法合死而情在可矜者，宜录状奏闻。"

[注释]

[1]敕：告诫。

○贞观中，盐泽道行军总管、岷州都督高甑生坐违李靖节度[1]，减死徙边[2]。时有上言者曰："甑生旧秦府功臣，请宽其过。"太宗曰："甑生违李靖节度，又诬告靖谋逆，虽是藩邸旧劳，诚不可忘，然治国守法，事须画一，今若赦之，使开侥幸之路。且国家建义太原[3]，元从及征战有功者甚众，若甑生获免[4]，谁不觊觎？有功之人，皆须犯法。我所以必不赦者，正为此也。"

这一章，讲不赦犯法，应编入后面的《论赦令》篇。

[注释]

[1]盐泽：古湖泊，即今新疆罗布泊。盐泽道，行军道，不是行政区划。大总管，行军道统帅，统领所辖各道总管。此次征吐谷浑，李靖为海西道行军大总管，高甑生为李靖所辖盐泽道行军总管。岷州，今甘肃岷县一带。坐违李靖节度。　[2]减死徙边：

减死刑为戍边。　[3] 建义太原：指太原起义反隋。　[4] "若甑
生获免"以下四句是说：如果高甑生得到赦免，谁不存侥幸心理？
这样的话，有功劳的人就都要犯法了。

注意贞观十一
年魏徵的四篇上
疏、马周的长篇上
疏。

○贞观十一年，特进魏徵上疏曰：

臣闻《书》曰："明德慎罚"，"惟刑恤哉"！
《礼》云："为上易事，为下易知，则刑不烦矣。
上多疑则百姓惑，下难知则君长劳矣。"夫上易
事[1]，则下易知，君长不劳，百姓不惑。故君有
一德，臣无二心，上播忠厚之诚，下竭股肱之力，
然后太平之基不坠，"康哉"之咏斯起。当今道
被华戎，功高宇宙，无思不服[2]，无远不臻。然
言尚于简文[3]，志在于明察，刑赏之用，有所未
尽。夫刑赏之本，在乎劝善而惩恶，帝王之所以
与天下为画一，不以亲疏贵贱而轻重者也。今之
刑赏，未必尽然。或屈伸在乎好恶，或轻重由乎

刑赏有所未尽
的主要表现是：随
好恶、喜怒而定轻
重。

喜怒。遇喜则矜其情于法中，逢怒则求其罪于事
外，所好则钻皮出其毛羽，所恶则洗垢求其瘢痕。
瘢痕可求，则刑斯滥矣；毛羽可出，则赏因谬矣。
刑滥则小人道长，赏谬则君子之道消。小人之恶
不惩，君子之善不劝，而望治安刑措，非所闻也。

[注释]

[1]"夫上易事"以下四句是说：在上容易侍奉，在下容易知情，君上不烦心操劳，百姓不会迷惑。　　[2]无思不服：没有谁不归服。　　[3]简文：选择美好的文辞。简，选择。

　　且夫暇豫清谈，皆敦尚于孔、老[1]；威怒所至，则取法于申、韩[2]。直道而行，非无三黜[3]，危人自安，盖亦多矣。故道德之旨未弘，刻薄之风已扇[4]。夫刻薄既扇，则下生百端。人竞趋时，则宪章不一，稽之王度，实亏君道。昔州犁上下其手[5]，楚国之法遂差；张汤轻重其心[6]，汉朝之刑已弊。以人臣之颇僻[7]，犹莫能申其欺罔，况人君之高下，将何以措其手足乎！以睿圣之聪明，无幽微之不烛[8]，岂神有所不达，智有所不通哉？安其所安，不以恤刑为念；乐其所乐，遂忘先笑之变[9]。祸福相倚，吉凶同域，唯人所召，安可不思？顷者责罚稍多，威怒微厉，或以供张不赡[10]，或以营作差违，或以物不称心，或以人不从命，皆非致治之所急，实恐骄奢之攸渐[11]。是知"贵不与骄期而骄自至，富不与侈期而侈自来"，非徒语也。

[注释]

[1]孔、老：即孔子、老子，指儒家的王道说和道家的无为说。　[2]申、韩：即申不害、韩非，指战国时的刑名之学，即严刑峻法的法家主张。　[3]三黜：多次降职、撤职。　[4]扇：通煽，即煽起。　[5]"昔州犁上下其手"以下二句是说：从前伯州犁玩弄手法作弊，楚国的法令就越来越不行了。　[6]"张汤轻重其心"以下二句是说：张汤以个人意志作量刑轻重的标准，汉朝的刑律就出现了弊端。　[7]颇僻：邪僻不正。　[8]无幽微之不烛：没有什么隐微不能够察见。烛，照耀，引申为察见。　[9]先笑之变：语出《易·同人》，比喻命运的变化。　[10]供张：陈设帷帐等用具以供宴会或旅宿之需。　[11]攸渐：逐渐滋长。

对比隋富强而丧败，唐贫寡而安宁的原因：动则乱，静则安。

且我之所代，实在有隋，隋氏乱亡之源，圣明之所临照。以隋氏之府藏譬今日之资储，以隋氏之甲兵况当今之士马，以隋氏之户口校今日之百姓，度长比大，曾何等级？然隋氏以富强而丧败，动之也；我以贫寡而安宁，静之也。静之则安，动之则乱，人皆知之，非隐而难见也，非微而难察也。然鲜蹈平易之途，多遵覆车之辙，何哉？在于安不思危，治不念乱，存不虑亡之所致也。昔隋氏之未乱，自谓必无乱；隋氏之未亡，自谓必不亡。所以甲兵屡动，徭役不息，至于将受戮辱，竟未悟其灭亡之所由也，可不哀哉！

鉴形之美恶，必就于止水[1]；鉴国之安危，必取于亡国。故《诗》曰："殷鉴不远，在夏后之世。"又曰："伐柯伐柯，其则不远。"臣愿当今之动静，必思隋氏以为殷鉴，则存亡治乱可得而知。若能思其所以危，则安矣；思其所以乱，则治矣；思其所以亡，则存矣。知存亡之所在，节嗜欲以从人，省游畋之娱，息靡丽之作[2]，罢不急之务，慎偏听之怒。近忠厚、远便佞，杜悦耳之邪说，甘苦口之忠言。去易进之人[3]，贱难得之货，采尧、舜之诽谤，追禹、汤之罪己，惜十家之产，顺百姓之心。近取诸身，恕以待物，思劳谦以受益，不自满以招损。有动则庶类以和，出言而千里斯应，超上德于前载，树风声于后昆。此圣哲之宏规，而帝王之大业，能事斯毕，在乎慎守而已。

［注释］

[1] 止水：静止的水面。　[2] 靡丽：奢侈华丽。　[3] 去易进之人：疏远侥幸进取以求利禄之人。去，远离。

夫守之则易，取之实难。既能得其所以难，

从亡国取鉴。

这是魏徵"以隋为鉴"思想的基本概括。以隋的危、乱、亡作为唐的安、治、存的鉴戒，希唐太宗"在乎慎守"，思劳谦，不自满，做到节嗜欲，罢不急之务，杜悦耳之邪说，甘苦口之忠言，顺百姓之心，知存亡之所在。

岂不能保其所以易？其或保之不固，则骄奢淫溢动之也。慎终如始，可不勉欤！《易》曰："君子安不忘危，治不忘乱，存不忘亡，是以身安而国家可保。"诚哉斯言，不可以不深察也。伏惟陛下欲善之志，不减于昔时；闻过必改，少亏于曩日。若能以当今之无事，行畴昔之恭俭，则尽善尽美，固以无得而称焉。

希望唐太宗慎终如始，不忘初心，保持昔时、曩日的恭俭。

太宗深嘉而纳用。

〇贞观十四年，戴州刺史贾崇以所部有犯十恶者[1]，被御史劾奏[2]。太宗谓侍臣曰："昔陶唐大圣[3]，柳下惠大贤，其子丹朱甚不肖，其弟盗跖为巨恶[4]。夫以圣贤之训，父子兄弟之亲，尚不能使陶染变革，去恶从善。今遣刺史化被下人，咸归善道，岂可得也。若令缘此皆被贬降，或恐递相掩蔽，罪人斯失[5]。诸州有犯十恶者，刺史不须从坐[6]，但令明加纠访科罪，庶可以肃清奸恶。"

[注释]

[1]十恶：十种不可赦免的罪名：谋反、谋大逆、谋叛、谋恶

逆、不道、大不敬、不孝、不睦、不义、内乱。　[2] 劾奏：上奏弹劾。　[3] 陶唐：即尧，又称唐尧。　[4] 盗跖（zhí），《庄子·杂篇》以柳下惠之弟名跖，而为大盗，故后世蔑称"盗跖"。　[5] 罪人：原作"罪人"，据抄本、通行本改。　[6] 从坐：因牵连而受罚。

○贞观十六年，太宗谓大理卿孙伏伽曰[1]："夫作甲者欲其坚，恐人之伤；作箭者欲其锐，恐人不伤。何则？各有司存[2]，利在称职故也。朕问法官刑罚轻重，每称法网宽于往代。仍恐主狱之司利在杀人，危人自达，以钓声价。今之所忧，正在此耳！深宜禁止，务在宽平。"

担心"主狱之司利在杀人，以钓声价"，反复强调用法"务在宽平"。

[注释]

[1] 大理卿：大理寺长官，置一员，从三品，掌邦国折狱详刑之事。　[2] 司存：职责。

[点评]

本篇论刑法，虽然贞观四年全年断死刑二十九人几致刑措，虽然制定了死刑"五覆奏"的制度，虽然法官们"称法网宽于往代"，但唐太宗、魏徵等仍然担心"法司核理一狱，必求深劾，欲成其考课"，"主狱之司利在杀人，以钓声价"，"或屈伸在乎好恶，或轻重由乎喜怒"等现象发生。贞观年间，君臣反复强调严禁刑滥，务求宽平，足见要真正实现"用法务在宽简"并不容易，这实在是非常值得深思的一大问题！

论赦令第三十二

本篇通行本篇目无"论"字，刻本均四章。

〇贞观七年，太宗谓侍臣曰："天下愚人者多，智人者少，智者不肯为恶，愚人好犯宪章。凡赦宥之恩，唯及不轨之辈。古语云：'小人之幸，君子之不幸'，'一岁再赦，善人喑哑[1]'。凡养稂莠者伤禾稼[2]，惠奸宄者贼良人[3]。昔'文王作罚，刑兹无赦。'又蜀先主尝谓诸葛亮曰：'吾周旋陈元方、郑康成之间[4]，每见启告理乱之道备矣，曾不语赦。'故诸葛亮理蜀十年不赦，而蜀大化。梁武帝每年数赦，卒至倾败。夫小仁者，大仁之贼，故我有天下已来，绝不放赦。今四海安宁，礼义兴行，非常之恩，弥不可数。将恐愚人常冀侥幸，唯欲犯法，不能改过。"

不轻易放赦，唯恐犯法者心怀侥幸，不能改过。

［注释］

[1] 喑哑：口不能言，此处指默不作声，不敢言语。　[2] 稂莠（láng yǒu），形状似禾苗的有害之草。　[3] 奸宄（guǐ）：即奸轨，犯法作乱者。　[4] 周旋：周而复始，即反复。陈元方、郑康

成，即陈纪、郑玄，东汉末经学家。

○贞观十年，太宗谓侍臣曰："国家法令，唯须简约，不可一罪作数种条。格式既多，官人不能尽记，更生奸诈。若欲出罪即引轻条[1]，若欲入罪即引重条。数变法者，实不益道理。宜令审细，毋使互文[2]。"

这一章，强调法令应当简约，便于执行，避免重复、矛盾，应编入前面的《论刑法》篇。

[注释]

[1]出罪：宽宥罪过。　[2]互文：重复、矛盾。

○贞观十一年，太宗谓侍臣曰："诏令格式[1]，若不常定，则人心多惑，奸诈益生。《周易》称'涣汗其大号'，言发号施令，若汗出于体，一出而不复也。又《书》曰：'慎乃出令，令出惟行，弗惟反。'且汉祖日不暇给[2]，萧何起于小吏，制法之后，犹称画一。今宜详思此义，不可轻出诏令，必须审定，以为永式。"

这一章，强调法令画一，保持稳定性，应编入前面的《论刑法》篇。

[注释]

[1]诏：皇帝所发诏旨。令，设范立制。格，奖惩条例和标准。式，各种程式。　[2]汉祖日不暇给：汉高祖政务繁多，时间不够用。

○长孙皇后遇疾，渐危笃[1]。皇太子启后曰："医药备尽，今尊体不瘳[2]，请奏赦囚徒并度人入道，冀蒙福祐。"后曰："死生有命，非人力所加。若修福可延，吾素非为恶；若行善无效，何福可求？赦者，国之大事。佛道者，上每示存异方之教耳。常恐为理体之弊，岂以吾一妇人而乱天下法，不能依汝言也。"

皇后不以个人病危而"乱天下法"，堪称绝世典范，尤其是皇亲国戚们的楷模！

[注释]

[1]危笃：病危，濒临死亡。　[2]瘳（chōu）：病愈。

[点评]

本篇论赦令，有两章属于制定法令问题，应编在前面的《论刑法》篇，实际谈赦令者只有二章，一章论不放赦的原因，一章是皇后不同意以其个人病危采取赦囚的办法祈福祈寿。

本篇通行本篇目作"贡赋第三十三"，各本均五章。

论贡献第三十三

○贞观二年，太宗谓朝集使曰："任土作贡，布在前典，当州所产，则充庭实[1]。比闻都督、刺史邀射声名[2]，厥土所赋，或嫌其不善，逾境

外求，更相仿效，遂以成俗。极为劳扰，宜改此
弊，不得更然。"

必须改掉地方
长官为求"声名"
到外地寻求土特产
进贡，以及互相攀
比的风气。

[注释]

[1]庭实：将供物陈列中庭。　[3]邀射：追求。

○林邑国以贞观中贡白鹦鹉[1]，性辩惠[2]，
尤善应答，屡有苦寒之言[3]。太宗愍之，付其使，
令还出于林薮。

[注释]

[1]林邑国：即占城，故地在今越南中南部。　[2]辩惠：亦
作"辩慧"，伶俐聪慧，会说话。　[3]苦寒：苦于寒冷。

○贞观十二年，疏勒、朱俱波、甘棠遣使贡
方物[1]。太宗谓群臣曰："向使中国不安，日南[2]、
西域朝贡使亦何缘而至？朕何德以堪之[3]，睹此
翻怀危惧。近代平一天下、拓定边方者，唯秦皇、
汉武。始皇暴虐，至子而亡；汉武骄奢，国祚几
绝。朕提三尺剑以定四海，远夷率服，亿兆乂安，
自谓不减二主也。然念二主末途，皆不能自保，
由是每自惧危亡，必不敢懈怠。惟藉公等直言正

由边族进贡联想到秦皇、汉武平一天下，拓定边方的功业及其衰亡的教训，表示每自惧危亡，不敢懈怠，希望群臣直言正谏，共相匡弼。

谏，以相匡弼。若惟扬美隐恶，共进谀言，则国之危亡可立而待也。"

［注释］

［1］疏勒、朱俱波、甘棠：西域古国名。疏勒都今新疆喀什，朱俱波都今新疆叶城，甘棠在西海之南。　［2］日南：故地在今越南中部。　［3］堪：承受。

○贞观十八年，太宗将伐高丽，其莫离支遣使贡白金[1]。黄门侍郎褚遂良谏曰："莫离支虐杀其主，九夷所不容[2]，陛下以之兴兵，将事吊伐[3]，为辽山之人报主辱之耻。古者讨弑君之贼，不受其赂。昔宋督遗鲁君之郜鼎[4]，桓公受之于太庙，臧哀伯谏曰：'君人者昭德塞违[5]，今灭德立违，而置其赂器于太庙，百官象之[6]，又何诛焉！武王克商[7]，迁九鼎于洛邑，义士犹或非之。而况将昭违乱之赂器，置诸太庙，其若之何？'夫《春秋》之书，百王取则，若受不臣之筐篚[8]，纳弑君之朝贡，不以为愆，何所致伐？臣谓莫离支所献，自不合受。"太宗从之。

［注释］

[1]莫离支：高丽官名，职如唐朝吏部兼兵部尚书。 [2]九夷：夷之九种：畎夷、于夷、方夷、黄夷、白夷、赤夷、玄夷、风夷、阳夷。或谓玄菟、乐浪、高俪、满饬、凫曳、索家、东屠、倭人、天都。 [3]吊伐：吊民伐罪。 [4]"昔宋督遗鲁君之郜鼎"以下二句是说：春秋时宋督杀其君殇公，用郜国所铸鼎器贿赂鲁桓公，鲁桓公收下放在太庙里。 [5]昭德塞违：彰显道德，堵塞邪恶。 [6]象：取法，仿效。 [7]"武王克商"以下三句是说：武王克商，营建洛邑，迁入九鼎，尚且遭到伯夷这样的义士非议。九鼎，相传夏禹所造，象征九州，奉为国宝，商灭夏，迁九鼎于商邑。 [8]筐筥：竹器，方形为筐，圆形为筥。此处指贿赂之物。

○贞观十九年，高丽王高藏及莫离支盖苏文遣使献二美女，太宗谓其使曰："朕悯此女离其父母兄弟于本国，若爱其色而伤其心，我不取也。"并却还之本国[1]。

［注释］

[1]却：推却、拒绝。

［点评］

国家强大了，进贡者增多，是像秦皇、汉武"末途不能自保"，还是"每自惧危亡，不敢懈怠"？唐太宗选择了"惟藉公等直言正谏，以相匡弼"的做法，使"贞观之治"成为中国历史上"治世"的典范。

禁末作附

本篇明本三章，通行本无。

○贞观七年，工部尚书段纶奏进巧人杨思齐至[1]，太宗令试，纶遣造傀儡戏具[2]。太宗语纶曰："所进巧匠[3]，将供国事，卿令先造此物，是岂百工相戒无作奇巧之意邪？"乃诏削纶阶级，并禁断此戏。

这一章，通行本移在卷六《慎所好》篇。

[**注释**]

[1]工部：尚书省六部之一，掌百工、屯田、山泽之政令。工部尚书，工部长官，置一员，正三品。巧人，巧匠。　[2]傀儡戏具：即木偶。　[3]所进：原作"所造"，据通行本改。

○贞观九年，太宗谓侍臣曰："为政之要，必须禁末作[1]。《传》曰：'雕琢刻镂伤农事，纂组文彩害女工。'自古圣人制法，莫不崇节俭、革奢侈。又帝王凡有兴造，亦须贵顺物情[2]。昔大禹凿九山，通九江，用人力极广而无怨讟者，物情所欲，共众所有故也。秦始皇营建宫室而人多谤议者，为徇其私，不与众共故也。朕今欲造一殿，材木已具，远想秦皇之事，遂复不作也。

这一章，与卷六《论俭约》篇第一章后半部分相同，前半部分却少"为政之要，必须禁末作。《传》曰：'雕琢刻镂伤农事，纂组文彩害女工。'自古圣人制法，莫不崇节俭、革奢侈"39字，侧重在"禁末作"，所系年份不同。

古人云：'不作无益，不见可欲，使心不乱。'至如雕镂器物，珠玉服玩，若恣其骄奢，则危亡可立待也。自今王公已下，准品秩不合服用者，宜一切禁断。"由是数十年间，风俗简朴，财帛富饶，无复饥寒之弊（在《俭约篇》）[3]。

详见卷六《论俭约》篇批注。

[注释]

[1]末作：古代以农为本，其他产业均称末作。此处指非当务之急的手工业。　[2]物情：民情、民心。　[3]在俭约篇：明本以外各本均无此四字。

○贞观十五年，诏曰："朕听朝之暇观前史，每览前贤佐时、忠臣徇国，何尝不想见其人，废书钦叹！至于近代以来，年岁非远，然其胤绪[1]，或当见存，纵未能显加旌表[2]，无容弃之遐裔。其周、隋二代名臣及忠节子孙，有贞观已来犯罪配流者，宜令所司具录奏闻。"于是多从矜宥（论在《刑法篇》）。[3]

这一章，通行本移在卷五《忠义》篇。

[注释]

[1]胤绪：后代。　[2]旌表：立牌坊、赐匾额给予表彰。　[3]矜宥：爱怜与宽宥。论在刑法篇：明本以外各本均无此

五字。

[点评]

本篇作为"附篇"附在《论贡献》篇之后不甚妥，似应附在《辩兴亡》篇后。第一章、第二章的内容与慎所好、俭约密切相关，第三章为寻访前朝忠良的诏书，所以通行本将这三章分别移在卷六《俭约》、《慎所好》、卷五《忠义》三篇，无此附篇。

辩兴亡第三十四

本篇明本原有四章，删去与卷六《论奢纵》篇重复的二章，存二章。通行本五章，有卷二《直谏附》篇一章。

○贞观初，太宗从容谓侍臣曰："周武平纣之乱以有天下，秦皇因周之衰遂吞六国，其得天下不殊，祚运长短若此之相悬也？"尚书右仆射萧瑀进曰："纣为无道，天下苦之，故八百诸侯不期而会。周室虽微，六国无罪，秦氏专任智力，蚕食诸侯。平定虽同，人情则异。"太宗曰："不然，周既克殷，务弘仁义；秦既得志，专行诈力。非但取之有异，抑亦守之不同。祚之修短，意在兹乎！"

对比周、秦的兴与亡。

这一章之后，明本原有与卷六《论奢纵》篇重复的一章，本书去此存彼。通行本有卷六《奢纵》篇一章。

○贞观五年，太宗谓侍臣曰："天道福善祸

淫，事犹影响。昔启人亡国来奔[1]，隋文帝不吝粟帛，大兴士众，营卫安置，乃得存立。既而强富，当须子子孙孙不忘报德。才至失毕[2]，即起兵围炀帝于雁门。及隋国乱，又恃强深入，遂使昔安立其国家者，身及子孙并为颉利兄弟之所屠戮。今颉利破亡[3]，岂非背恩忘义所至也！"群臣咸曰："诚如圣旨。"

谈突厥启民、始毕、颉利的由兴至亡。

这一章之后，明本原有与卷六《论奢纵》篇重复的一章，本书去此存彼。通行本有卷二《直谏附》篇一章、卷六《奢纵》篇一章。

[注释]

[1]启人：即隋末唐初突厥可汗启民，避唐太宗名讳改。　[2]失毕：原作"失脱"，据抄本改。失毕，即始毕。　[3]并为颉利兄弟之所屠戮，今颉利破亡：原脱"兄弟之所屠戮，今颉利"九字，据抄本及《旧唐书·突厥传上》补。

[点评]

本篇辩兴亡，远比周、秦的兴亡，近谈突厥的兴亡，强调治国施政须行仁义，反对诈力。其实，从广义上说，《贞观政要》的许多篇章实质上都涉及"辩兴亡"的问题。

贞观政要卷第九

议征伐第三十五

本篇通行本篇目无"议"字,刻本均十三章。

○武德九年冬,突厥颉利、突利二可汗,以其众二十万,至渭水便桥之北,遣酋帅执矢思力入朝为觇[1],自张声势云:"二可汗总兵百万,今已至矣。"乃请返命[2]。太宗谓曰:"我与突厥面自和亲,汝则背之,我无所愧。何辄将兵入我畿县[3],自夸强盛,我当先戮尔矣!"思力惧而请命[4],萧瑀、封德彝请礼而遣之。太宗曰:"不然。今者放还,必谓我惧。"乃遣囚之。太宗曰:"颉利闻我国家新有内难[5],又闻朕初即位,所以率其兵众直至此,谓我不敢拒之。朕若闭门自守,虏必纵兵大掠。强弱之势,在今一策。朕将独出，以示轻之，且耀军容，使知我必战。事出不意，乖其本图，制服匈奴^[6]，在兹举矣。"遂单马而进，隔津与语，颉利莫能测。俄而六军继至，颉利见军容大盛，又知思力就拘，由是大惧，请盟而退。

出敌不意，制服突厥。

[注释]

[1] 觇：侦察、偷看。此处指窥探虚实。　[2] 返命：复命。　[3] 畿县：京畿所属郊县。　[4] 请命：请求保全性命。　[5] 内难：指刚发生不久的"玄武门之变"。　[6] 匈奴：西汉时北方强敌，此处借指突厥。

〇贞观初，岭南诸州奏言高州酋帅冯盎、谈殿阻兵反叛^[1]，诏将军蔺謩发江、岭数十州兵讨之^[2]。秘书监魏徵谏曰："中国初定，疮痍未复，岭表瘴疠^[3]，山川阻深，兵远难继，疾疫或起，若不如意，悔不可追。且冯盎若反，即须及中国未宁，交结远人，分兵断险要，破掠山县，署置官司。何因告来数年，兵不出境？此则反形未成，无容动众。陛下既未遣使人就彼观察，即来朝谒，恐不见明。今若遣使分明晓谕，必不劳师旅，自致阙庭。"太宗从之，岭表悉定。侍臣奏言："冯盎、谈殿，往年恒相征伐。当时议者屡请讨之[4]，陛下发一单使，今岭外恬然。"太宗曰："初，岭南诸州盛言盎反，朕必欲讨之，魏徵频谏，以为但怀之以德，必不讨自来。既从其计，遂得岭表无事，不劳而定，胜于十万之师。"乃赐魏徵绢五百匹。徵辞曰[5]："陛下德化所被，八表安宁，臣岂敢贪天之功以为己力。"太宗曰："臣有善，须显扬，正令如此也。"杜如晦曰："陛下圣明，故推功归善于下，前代王者皆以为难。"

接纳魏徵谏言，不发兵征讨，施行"怀之以德"的策略，使岭南安定。

[注释]

[1]高州：今广东茂名、高州、电白一带。　[2]江、岭：即江南道、岭南道。　[3]瘴疠：瘴气和瘟疫。　[4]当时议者屡请讨之：原无此八字，据建治本、写字台本补。　[5]"徵辞曰"至"前代王者皆以为难"：原无此六十一字，据建治本、写字台本补。

○贞观四年，有司上言："林邑国蛮，表疏不顺，请发兵讨击。"太宗曰："兵者，凶器，不得已而用之。故汉光武云：'每一发兵，不觉头须为白。'自古以来，穷兵极武，未有不亡者也。符坚自恃兵强[1]，欲必吞晋室，兴兵百万，一举而亡。隋主亦欲必取高丽[2]，频年劳役，人不胜怨，死于匹夫之手。至如颉利，往岁数来侵我国家，部落疲于征役，遂至灭亡。朕今见此，岂得辄即发兵？但经历山险，土多瘴疠，若我兵士疾疫，虽克剪此蛮，亦何所补？言语之间，何足介意！"竟不讨之。

[注释]

[1]"符坚自恃兵强"以下四句是说：东晋时前秦苻坚弑杀苻健之子苻生自立，依仗兵力强盛，统大军进攻东晋，在淝水战败，后为姚苌所杀。　[2]"隋主亦欲必取高丽"以下四句是说：隋炀帝也是想势必攻取高丽，连年增加兵役，百姓怨声载道，最终被属下所杀。

○贞观五年，康国请归附[1]。太宗谓侍臣曰："前代帝王，大有务广土地以求身后之虚名，无益于身，其人甚困。假令于身有益，于百姓有损，朕必不为，况求虚名而损百姓乎！康国既来归朝，有急难不得不救。兵行万里，得无劳于人？若劳人求名，非朕所欲。所请归附，不须纳也。"

"于百姓有损"，"求虚名而损百姓"，皆"非朕所欲"，表明唐太宗对待边事同样不忘"先存百姓"。

[注释]

[1]康国：西域国名，唐时为昭武诸国之一，故地在今中亚撒

马尔罕一带。

○贞观十四年，兵部尚书侯君集伐高昌。及师次柳谷[1]，候骑云："高昌王麴文泰死[2]，克日将葬[3]，国人咸集，以二千人轻骑袭之，可尽得也。"薛万均、姜行本皆以为然。君集曰："天子以高昌骄慢，使吾恭行天诛，乃于墟墓间以袭其葬[4]，不足称武，此非问罪之师也。"遂按兵以待葬毕，然后进兵，以平其国。

[注释]

[1]柳谷：西域地名，在西域交河（今新疆吐鲁番东南）北二百里处。 [2]候骑：侦察骑兵。 [3]克日：已定下日子。 [4]墟墓：即荒坟、坟墓。

○贞观十六年，太宗谓侍臣曰："北狄代为寇乱，今延陀倔强[1]，须早为之所。朕熟思之，惟有二策：选徒十万，击而虏之，涤除凶丑，百年无事，此一策也。若遂其来请，与之姻媾，朕为苍生父母，苟可利之，岂惜一女！北狄风俗，多由内政，亦既生子，则我外孙，不侵中国，断可知也。以此而言，边境足得三十年来无事。举此二策，何者为先？"司空房玄龄对曰："遭隋室大乱之后，户口太半未复，兵凶战危，圣人所慎，和亲之策，实天下幸甚。"

[注释]

[1] 延陀：北方部族名，与薛部合并为薛延陀。

○贞观十七年，太宗谓侍臣曰："盖苏文弑其主而夺其国政，诚不可忍。今日国家兵力取之不难，朕未能即动兵众，且令契丹、靺鞨扰搅之，何如[1]？"房玄龄曰："臣闻古之列国，无不强陵弱、众暴寡。今陛下抚养苍生，将士勇锐，力有余而不取之，所谓止戈为武者也。昔汉武帝屡伐匈奴，隋后主三征辽左，人贫国败，实此之由，惟陛下详察。"太宗曰"善"。

[注释]

[1] 契丹：古族名，在今辽河上游一带游牧。唐时内附，置松漠都督府，以其首领为都督。靺鞨，古族名，唐时分布在松花江、牡丹江流域及黑龙江中下游，东至日本海。自北朝至唐，常来朝贡。

○贞观十八年，太宗以高丽莫离支贼杀其主，残虐其下，议将讨之。谏议大夫褚遂良进曰："陛下兵机神算，人莫能知。昔隋末乱离，克平寇难。及北狄侵边[1]，西番失礼[2]，陛下欲命将击之，群臣莫不苦谏，惟陛下明略独断，卒并诛夷。今闻陛下将伐高丽，意皆营惑[3]。然陛下神武英声，不比周、隋之主，兵若渡辽，事须克捷，万一不获，无以示威远方，必更发怒，再动兵众，若至于此，安危难测。"太宗然之。

此时的唐太宗，对征辽之事尚能听得进谏言。

[注释]

[1]北狄：指东突厥。　[2]西番：指吐谷浑、高昌等西域小国。　[3]营惑：亦作"荧惑"，迷惑、疑惑。

○贞观十八年，太宗将亲征高丽，开府仪同三司尉迟敬德奏言[1]："车驾若自往辽左[2]，皇太子又监国定州[3]，东、西二京，府库所在，虽有镇守，终是空虚，辽东路遥，恐有玄感之变[4]。且边隅小国，不足亲劳万乘。若克胜，不足为武；傥或不胜，恐为所笑。伏请委之良将，自可应时摧灭。"太宗虽不从其谏，为识者是之。

自此而后，唐太宗对于征辽之事不再听谏了。

[注释]

[1] 开府仪同三司：从一品文散官。　[2] 辽左：辽河以东地区，此处指高丽。左，古代地理以东为左。　[3] 定州：今河北定州。　[4] 玄感之变：隋炀帝征高丽，杨玄感发动兵变，围攻东都洛阳。

○礼部尚书江夏王道宗从太宗征高丽，诏道宗与李勣为前锋。及济辽水克盖牟城[1]，逢贼兵大至，军中佥议欲深沟保险[2]，待太宗至。道宗曰："不可。贼赴急来远，兵实疲顿，恃众轻我，一战可摧。昔耿弇不以贼遗君父[3]，我既职在前军，当须清道以待舆驾。"李勣大然其议。乃率骁勇数百骑直冲贼阵，左右出入。勣因合击，大破之。太宗至，深嘉赏劳。道宗在阵损足，帝亲为其针，赐其御膳。

唐太宗重视医学，研究过《明堂图》，了解人体穴位，因而能够亲自为李道宗行针疗伤。

[注释]

[1] 盖牟城：故址在今辽宁营口盖县。　[2] 佥议：都建议。　[3] 耿弇不以贼遗君父：东汉大将耿弇为扫平割据势力，从不把敌人留给光武帝。

○太宗《帝范》曰[1]："夫兵甲者，国家凶器也。土地虽广，好战则人凋；邦国虽安，忘战则人殆。凋非保全之术，殆非拟寇之方，不可以全除，不可以常用。故农隙讲武，习威仪也；三年治兵，辨等列也。是以勾践轼蛙[2]，卒成霸业；徐偃弃武[3]，终以丧邦。何也？越习其威，徐亡其备也。孔子曰：‘以不教人战，是谓弃之。’故知弧矢之威，以利天下，此用兵之机也。”

[注释]

[1]《帝范》：唐太宗撰，分君体、建亲、求贤、审官、纳谏、去谗、戒盈、崇俭、赏罚、务农、阅武、崇文 12 篇，贞观二十二年正月赐太子。　[2]“勾践轼蛙”以下二句是说：春秋时越王勾践为吴所败，被释放路上，见一只大青蛙，下车恭拜，曰：“彼亦有气者。”立下雪耻志向，修德治兵，最终成为春秋五霸之一。　[3]“徐偃弃武”以下二句是说：西周时徐戎僭称偃王，周穆王令楚伐徐，徐偃曰：“吾赖于文德，而不明武备，故至于此。”先为楚所败，最终被吴吞并。

○贞观二十二年，太宗将重讨高丽。是时，司空房玄龄寝疾增剧，而谓子曰：“当今天下清谧，咸得其宜，惟欲再讨高丽，方为国害。主上含怒意决，臣下莫敢犯颜。吾乃知而不言，可谓衔恨入地。"遂上表谏曰：

臣闻兵恶不戢[1]，武贵止戈。当今圣化所罩[2]，无远不暨。上古所不臣者，陛下皆能臣之；所不制者，陛下皆能制之。详观古今，为中国患害，无过突厥。遂能坐运神策，不下殿堂，大小可汗相次束手，分典禁卫，执戟行间。其后延陀鸱张[3]，寻就夷灭，铁勒慕义[4]，请置州县，沙漠已北，万里无尘。至如高昌叛换于流沙[5]，吐浑首鼠于积石[6]，偏师薄伐[7]，俱从平荡。高丽历代逋诛[8]，莫能讨击。陛下责其逆乱，杀主虐人，亲总六军，问罪辽、碣[9]。未经旬日，即拔辽东，前后虏获，数十万计，分配诸州，无处不满。雪往代之宿耻[10]，掩崤陵之枯骨[11]，比功校德，万倍前王。此圣主之所自知，微臣安敢备说。

[**注释**]

[1]戢：原指收藏兵器，引申为止息、禁止。　[2]罩：延及。　[3]鸱张：嚣张、凶暴。鸱（chī），鹞鹰，一种猛禽。此处指贞观十九年薛延陀趁太宗征高丽之机出兵入犯唐境。　[4]"铁勒慕义"以下二句是说：唐击败薛延陀部，遣使诏谕铁勒诸部，

铁勒诸部归附，置为州府。慕义，仰慕礼义。　[5]叛换：跋扈，横行不法。　[6]首鼠：踌躇不决，进退不定。积石，即积石关，在今甘肃临夏县城西北，地势险要。　[7]薄伐：抵近讨伐。薄，靠近。[8]逋诛：逃避讨伐。　[9]辽、碣：泛指辽东、渤海湾一带。辽，辽东。碣，即碣石，在今河北昌黎北。　[10]宿耻：旧的耻辱，指隋朝多次征高丽均遭失败。　[11]掩崤陵之枯骨：掩埋阵亡将士枯骨。崤（yáo）陵，即崤山，在今河南西部，为秦岭东段支脉。春秋时晋与姜戎在崤山打败秦军。数年后秦伐晋，晋军不出战，秦军在崤山掩埋先前阵亡将士后回师。此处借指贞观十九年太宗征高丽途中下诏掩埋阵亡将士并亲作祭文祭奠事。

　　且陛下仁风被于率土，孝德彰于配天。睹夷狄之将亡，则指期数岁；授将帅之节度，则决机万里。观风云气候[1]，视景而望书，符应若神，算无遗策。擢将于行伍之间，取士于凡庸之末。远夷单使，一见不忘；小臣之名，未尝再问。箭穿七扎[2]，弓贯六钧。加以留情典坟，属意篇什[3]，笔迈钟、张[4]，词穷贾、马[5]。文锋既振，则宫徵自谐[6]；轻翰暂飞[7]，则花葩竞发。抚万民以慈，遇群臣以礼。褒秋毫之善[8]，解吞舟之网。逆耳之谏必听，肤受之愬斯绝[9]。好生之德，禁障塞于江湖；恶杀之仁，息鼓刀于屠肆。凫、鹤荷稻粱之惠[10]，犬、马蒙帷盖之恩。降尊呪思摩之疮，登堂临魏徵之枢。哭战亡之卒，则哀动六军；负填道之薪，则情感天地。重黔黎之大命，特尽心于庶狱。今臣心识昏愦，岂足论圣功之深远，谈天德之高大哉！陛下兼众美而有之，靡不备具，微臣深为陛下惜之重之，爱之宝之。

[注释]

[1]"观风云气候"以下二句是说：观察局势变化，望着日影，等候捷报。景，日影。　[2]"箭穿七扎"以下二句是说：射箭能够穿透七层铠甲，拉弓可以拉满六钧的硬弓。扎，即札，铠甲。钧，重量单位，三十斤。　[3]篇什：《诗》中的"雅""颂"以十篇为"什"，后人即以诗章称"篇什"。　[4]笔迈钟、张：书法超越钟繇、张芝。　[5]词穷贾、马：辞赋胜过贾谊、司马相如。　[6]宫徵自谐：音调韵律自然和谐。宫、徵，古代五音中的两个音级，此处借指音调、韵律。　[7]"轻翰暂飞"以下二句是说：灵巧的毛笔刚一挥动，鲜花就竞相开放。形容太宗文思敏捷，辞藻书法优美。　[8]"褒秋毫之善"以下二句是说：褒奖像秋天鸟兽细毛一样微小的善事，对能够吞没船只的大鱼解开渔网放生。　[9]肤受之愬斯绝：谗言毁谤一律杜绝。肤受，浮泛不实，指谗言。愬，"诉"的异体字，进谗言，谗毁。　[10]稻粱：原作"稻梁"，据抄本改。

《周易》曰："知进而不知退，知存而不知亡，知得而不知丧，其圣人乎[1]！"又曰："知进退存亡，而不失其正者，其惟圣人乎！"由此言之，进有退之义，存有亡之基，得是丧之理，老臣所以为陛下惜之者，盖谓此也。老子曰："知足不辱，知止不殆。"臣谓陛下威名功德，亦已足矣；拓地开疆，亦可止矣。彼高丽者，边夷贱类，不足待以仁义，不可责以常礼。古来以鱼鳖畜之，宜从阔略[2]。若必欲绝其种类，深恐兽穷则搏。且陛下每决死囚，必令三覆五奏，进素食、停音乐者，盖以人命所重，感动圣慈也。况今兵士之徒，无一罪戾，无故驱之于战阵之间，委之于锋刃之下，使肝脑涂地，魂魄无归，令其老父孤儿、寡妻慈母，望辒车而掩泣[3]，抱枯骨而摧心，足以变动阴阳，感伤和气，实天下之冤痛也！且兵，凶器；战，危事，不得已而用之。向使高丽违失臣节，而陛下诛之可也；侵扰百姓，而陛下灭之可也；久长能为中国患，而陛下除之可也。有一于此，虽日杀万夫，不足为愧。今无此三条，坐烦中国，内为旧主雪怨，外为新罗报仇，岂非所存者小，所损者大？

[注释]

[1]其圣人乎：原无此四字，据建治本、写字台本补。　[2]阔

略：宽缓简略，适当放宽。　　[3] 轊车：运送阵亡将士小棺的车子。轊（wèi），通"槥（huì）"，小而薄的棺材。

伏愿陛下遵皇祖老子止足之戒[1]，以保万代巍巍之名。发沛然之恩，降宽大之诏，顺阳春以布泽，许高丽以自新，焚凌波之船，罢应募之众，自然华夷庆赖，远肃迩安[2]。臣老病三公，朝夕入地，所恨竟无尘露微增海岳。谨罄残魂余息，豫代结草之诚[3]。傥蒙录此哀鸣，即臣死且不朽。

太宗见表叹曰："此人危笃如此，尚能忧我国家，真忠臣也[4]。"虽谏不从，终为善策。

> 对房玄龄的谏言也听不进。

[注释]

[1] 皇祖老子：以老子为远祖。皇祖，通常指皇室的祖父，也泛指皇家远祖。传说，唐初晋州人吉善在羊角山见一白衣老者，嘱令转告唐天子勿忘祖宗。唐高祖疑老者为老子，遂在羊角山建老子庙，遵老子为远祖。　　[2] 迩：近。　　[3] 结草：借用春秋魏颗事，比喻受恩深重，虽死也要报答。事见《左传》宣公十五年。　　[4] 真忠臣也：原无此四字，据建治本、写字台本补。

〇贞观二十二年，军旅亟动，宫室互兴，百姓颇有劳弊，充容徐氏上疏谏曰[1]：

贞观以来，二十有余载，风调雨时，年登岁

> 充容徐惠上疏，一则反映贞观年间谏诤的普遍，二则表明唐太宗晚年行事连后宫女官都觉得有必要进谏了。

稔，人无水旱之弊，国无饥馑之灾。昔汉武守文之常主，犹登刻玉之符 [2]；齐桓小国之庸君，尚图泥金之望 [3]。陛下推功损己，让德不居。亿兆倾心，犹阙告成之礼；云、亭伫谒 [4]，未展升中之仪。此之功德，足以咀嚼百王，网罗千代者矣。然古人有云"虽休勿休"，良有以也。守保未备，圣哲罕兼。是知业大者易骄，愿陛下难之；善始者难终，愿陛下易之。

[注释]

[1] 充容：内官女官，正二品，置一员，九嫔之一，位第八。　[2] 登刻玉之符：用刻写在玉版上的文书（玉牒）祭祀天地。指汉武帝封泰山、禅肃然山。登，古祭器，引申为祭祀，此处作封禅解。　[3] 尚图泥金之望：尚且希望举行封禅大典。泥金指以水银和金屑为封泥。　[4] "云、亭伫谒"以下二句是说：古代帝王曾在泰山脚下的云云山、亭亭山举行封禅大典，伫立谒告，而陛下仍未举行报告治理天下成功的祭天仪式。

窃见顷年以来，力役兼总，东有辽海六军，西有昆丘之役，士马疲于甲胄，舟车倦于转输。且召募投戎，去留怀死生之痛 [1]；因风阻浪，人米有漂溺之危 [2]。一夫力耕，年无数十之获；一

"业大者易骄，愿陛下难之；善始者难终，愿陛下易之。"如何让功业大者容易骄傲变为难以骄傲，如何让善于开创者难以坚持到底变成容易坚持到底？这的确是一个带有普遍性的尖锐问题。对于治国施政者来说，也是如何处理创业与守成关系的问题。要守住开创的基业，就必须不忘初心，变骄傲易为骄傲难，变克终难为克终易，不断创新，永不停留。

船致损，则倾覆数百之粮。是犹运有尽之农功，填无穷之巨浪，图未获之他众，丧已成之我军。虽除凶伐暴，有国常规，然黩武习兵，先哲所戒。昔秦皇并吞六国，反速危亡之基；晋武奄有三方，翻成覆败之业。岂非务功恃大，弃德而轻邦；图利忘害，肆情而纵欲？遂使悠悠六合，虽广不救其亡；嗷嗷黎庶，因弊以成其祸。是知地广非常安之术，人劳乃易乱之源。愿陛下布泽流仁，务恤弊乏，减行役之烦，增雨露之惠。

[注释]

[1]生：原无此字，据建治本、写字台本及《旧唐书·贤妃徐氏传》补。　[2]米：原无此字，据建治本、写字台本及《旧唐书·贤妃徐氏传》补。

妾又闻为政之本，贵在无为。窃见土木之功，不可遂兼。北阙初建，南营翠微，曾未逾时，玉华创制，复山藉水，非无构架之劳；损之又损，颇有土力之费。终以茅茨示约，犹兴木石之疲；假使和雇取人，不无烦扰之弊。是以卑宫菲室，圣王之所安；金屋瑶台，骄主之为丽。故有道之君，以逸逸人；无道之君，以乐乐身。愿陛下使

以"逸人"还是"乐身"为有道之君与无道之君的根本区别，言简意赅，切中要害。

之以时，则力不竭矣；用而息之，则心斯悦矣。

　　夫珍玩技巧，为丧国之斤斧；珠玉锦绣，实迷心之酖毒。切见服玩鲜靡，如变化于自然；职贡珍奇，若神仙之所制。虽驰华于季俗[1]，实败素于淳风。是知漆器非延叛之方，舜造之而人叛；玉杯岂招亡之术，纣用之而亡国。方验侈丽之源，不可不遏。夫作法于俭，犹恐其奢；作法于奢，何以制后？伏惟陛下，明照未形，智周无际，穷奥秘于麟阁，尽探赜于儒林。千王理乱之踪，百代安危之迹，兴亡衰祸之数，得失成败之机，故亦包吞心府之中，循环目围之内，乃宸衷之久察，无假一二言焉。唯知之非难，行之不易，志骄于业著，体逸于时安。伏愿抑志裁心[2]，慎终成始，削轻过以添重德，择今是以替前非，则鸿名与日月无穷，盛业与乾坤永泰！

虽"甚善其言，特加优赐甚厚"，却依然没有听进去。

　　太宗甚善其言，特加优赐甚厚。

　　［注释］

　　[1]"虽驰华于季俗"以下二句是说：虽然是在衰微的世俗中张扬奢侈华丽，实际上是在败坏朴素敦厚的风气。　　[2]裁心：原作"摧心"，据建治本、写字台本及《旧唐书·贤妃徐氏传》改。

[点评]

如果说卷二求谏、纳谏、直谏的排列顺序间接表明唐太宗听谏态度的微妙变化，那么本篇则直接表现出唐太宗从听谏到拒谏的变化。贞观前中期，对待边地征战之事，除了灭突厥、平高昌之外，对岭南、林邑、康国等，总是采纳魏徵"怀之以德"的建言，所以唐太宗对长孙无忌等说："惟有魏徵劝朕'偃革兴文，布德施惠，中国既安，远人自服'。朕从此语，天下大宁，绝域君长，皆来朝贺，九夷重译，相望于道。凡此等事，皆魏徵之力也。"贞观十七年魏徵逝去，唐太宗也丢掉这面"明得失"的镜子。十八年以后，几乎在步隋炀帝后尘，一意要征高丽。凌烟阁功臣尉迟敬德奏言，"尽心竭节"的宰相房玄龄上表，后宫女官徐惠上疏，吴兢都如实记录下唐太宗的"不从谏"。不过，唐太宗还没有像隋炀帝那样用杀戮来止谏，他本人不久就逝去，没有给"贞观之治"留下太多、太大的憾事。

议安边第三十六

○贞观四年，李靖击突厥颉利，败之，其部落多来归降者，诏议安边之术。中书令温彦博议："请于河南处之[1]。准汉建武时，置降匈奴于五原塞下[2]，令其部落得为捍蔽，又不离其土俗，因而抚之，一则实空虚之地，二则示无猜之

本篇明本三章，通行本篇目无"议"字，合一、二章为一章，变成二章。

这一章主要议安置突厥部落。

心，故是含育之道也。"太宗从之。秘书监魏徵曰："匈奴自古至今，未有如斯之破败，此是上天剿绝，宗庙神武。且其世寇中国，万姓冤仇，陛下以其为降，不能诛灭，即宜遣还河北，居其旧土。匈奴人面兽心，非我族类，强必寇盗，弱则卑服，不顾恩义，其天性也。秦、汉患之若是，故发猛将以击之，收其河南以为郡县，陛下奈何以内地居之？且今降者几至十万，数年之后，滋息过倍，居我肘腋，甫迩王畿，心腹之疾，将为后患，尤不可处以河南也。"温彦博曰："天子之于物也，天覆地载，有归我者必养之。今突厥破除，余落归附，陛下不加怜愍，弃而不纳，非天地之道，阻四夷之意，臣愚甚谓不可，宜处之河南。所谓死而生之，亡而存之，怀我厚恩，终无叛逆。"魏徵曰："晋代有魏时[3]，胡落分居近郡，郭钦、江统劝逐出塞外，武帝不用其言，数年之后，遂倾瀍、洛[4]。前代覆车，殷鉴不远。陛下必用彦博言遣居河南，所谓养兽自遗患也。"彦博又曰："臣闻圣人之道，无所不通。突厥余魂，以命归我，收居内地，教以礼法，选其酋首，遣居宿卫，畏威怀德，何患之有？且光武居河南单于于内郡，以为汉藩翰，终于一代，不有叛逆。"太宗竟从其议，自幽州至灵州[5]，置顺、柘、化、长四州都督府以处之[6]，其人居长安者近且万家。

[注释]

[1]河南：河套以南地区。　[2]五原：今陕西定边。　[3]晋代：原作"昔代"，据建治本、写字台本、通行本改。　[4]瀍、洛：瀍水与洛水，汇于洛阳附近。　[5]幽州：辖地相当于今北京、天津、河北北部。灵州，治所在今宁夏灵武。　[6]都督府，原作"都督"，据建治本、写字台本、通行本补"府"字。

十二年，太宗幸九成宫，突利可汗弟、中郎将阿史那结社率阴结所部，并拥突利子贺罗鹘夜犯御营，事败皆捕斩之。太宗自是不直突厥[1]，悔处其部众于中国，还其旧部于河北，建牙于故定襄城[2]，立李思摩为乙弥泥熟俟利苾可汗以主之。因谓侍臣曰："中国百姓，天下之根本；四夷之人，乃同枝叶。扰其根本以厚枝附，用求乂安，未之有也。初不纳魏徵言，遂觉劳费日甚，几失久安之道。"

[注释]

[1] 不直: 不信任。　[2] 建牙: 建立牙帐。定襄城, 原云中城, 旧址在今山西大同。

○贞观四年, 太宗与侍臣议安置突厥之事。中书令温彦博对曰:"隋文帝劳兵马, 费仓库, 树立可汗, 令复其国, 后遂孤恩失信, 围炀帝于雁门。今陛下仁厚, 从其所欲, 河南、河北, 任情居住, 各有酋长, 不相统属, 力散势分, 安能为害?"给事中杜楚客进曰:"北狄人面兽心, 难以德怀, 易以威服。今命其部落散处河南, 逼近中华, 久必为患。至如雁门之役, 虽是突厥背恩, 自由隋主无道, 中国以之丧乱, 岂得云兴复亡国, 以致此祸? 夷不乱华, 前哲明训; 存亡继绝, 列圣通规。臣恐事不师古, 难以长久。"太宗嘉其言, 方务怀柔, 未之从也。自突厥颉利破后, 诸部落首领来降者, 皆拜将军中郎将, 布列朝廷, 五品已上百余人, 殆与朝士相半。唯拓拔不至[1], 又遣招慰之, 使者相望于道。凉州都督李大亮以为于事无益[2], 徒费中国, 上疏曰:"臣闻欲绥远者, 必先安近。中国百姓, 天下根本;

这一章主要议安置突厥部落首领, 与前一章所议侧重点不同, 通行本将二者混为一事,"次第其辞", 合成一章。

四夷之人，犹于枝叶。扰其根本以厚枝附，而求
乂安，未之有也。自古明王，化中国以信，驭夷
狄以权。故《春秋》云：'戎狄豺狼，不可厌也；
诸夏亲昵，不可弃也。'自陛下君临区宇，深根
固本，人逸兵强，九州殷富，四夷自服。今者招
致突厥，虽入提封[3]，臣愚稍觉劳费，未悟其有
益也。然河西民庶，镇御藩夷，州县萧条，户口
鲜少，加因隋乱，减耗尤多。突厥未平之前，尚
不安业；匈奴微弱以来，始就农亩。若即劳役，
恐致妨损。以臣愚惑，请停招慰。且谓之荒服者，
故臣而不内。是以周室爱民攘狄，竟延八百之龄；
秦王轻战事胡，故四十载而绝灭。汉文帝养兵静
守，天下安丰；孝武扬威远略，海内虚耗，虽悔
轮台，追已不及。至于隋室，早得伊吾[4]，兼统
鄯善[5]，且既得之后，劳费日甚，虚内致外，竟
损无益。远寻秦、汉，近观隋室，动静安危，昭
然备矣。伊吾虽已臣附，远在藩碛，民非夏人，
地多沙卤[6]。其自竖立称藩附庸者，请羁縻受之，
使居塞外，必畏威怀德，永为藩臣，盖行虚惠而
收实福矣。近日突厥倾国入朝，既不俘之于江淮，

以变其俗，乃置于内地，去京不远，虽则宽仁之义，亦非久安之计。每见一人初降，赐物五匹、袍一领，酉帅悉授大官，禄厚位尊，理多糜费，以中国之租赋，供积恶之凶虏，其众益多，非中国之利也。"太宗不纳。

[注释]

[1]拓拔：党项羌首领拓跋赤辞。唐灭东突厥后，党项羌诸姓酋长相继内附，唯拓跋赤辞不至。后因其宗党多归附，才率众内附，被任命为西戎州都督，赐姓李氏。　[2]凉州：治所在今甘肃武威。　[3]提封：宗室或诸侯封地，亦指四境之内。　[4]伊吾：今新疆哈密，唐置伊州。　[5]鄯善：今新疆若羌。　[6]沙卤：多沙石的盐碱地。

这一章主要议以高昌为州县事。

○贞观十四年，侯君集平高昌之后，太宗欲以其国为州县。魏徵曰："陛下初临天下，高昌王先来朝谒。自后数有商胡称其遏绝贡献，加之不礼大国诏使，遂使王诛载加。若罪止文泰，斯亦可矣。未若因抚其民而立其子，所谓伐罪吊民，威德被于遐外，为国之善者也。今若利其土壤以为州县，常须千余人镇守。数年一易，每来往交替，死者十有三四。遣办衣资，离别亲戚，十年之后，陇右空虚，陛下终不得高昌撮谷尺布以助中国。所谓散有用而事无用，臣未见其可。"太宗不从，竟以其地置西州，仍以西州为安西都护府，每岁调发千余人，防遏其地。

黄门侍郎褚遂良亦以为不可，上疏曰："臣闻古者哲后临朝，明王创制，必先华夏而后夷狄，广诸德化，不事遐荒。是以周宣薄伐，至境而反；始皇远塞，中国分离。陛下诛灭高昌，威加西域，收其鲸鲵[1]，以为州县。然则王师初发之岁，河西供役之年，飞刍挽粟[2]，十室九空，数郡萧然，五年不复。陛下每岁遣千余人而远事屯戍，终年离别，万里思归。去者资装自须营办，既卖菽粟，倾其机杼。经途死亡，复在言外[3]。兼遣罪人，增其防遏。所遣之内，复有逃亡，官司捕捉，为国生事。高昌途路，沙碛千里，冬风冰冽，夏风如焚，行人去者，遇之多死。《易》云：'安不忘危，理不忘乱。'设令张掖尘飞，酒泉烽起，陛下岂能得高昌一人菽粟而及事乎？终须发陇右诸州，星驰电击。由斯而言，此河西者，方今心腹，彼高昌者，他人手足，岂得糜费中华，以事

唐太宗这一决定，颇具战略眼光。

无用？陛下平颉利于沙塞，灭吐浑于西海。突厥余落，为立可汗；吐浑遗萌，更树君长。复立高昌，非无前例，此所谓有罪而诛之，既服而存之。宜择高昌可立者，微给首领，遣还本国，负戴洪恩，长为藩翰。中国不扰，既富且宁，传之子孙，以贻后代。"疏奏，不纳。

[注释]

[1]鲸鲵：即鲸，雄为鲸、雌为鲵。此处比喻凶悍的敌人盘踞土地。　[2]飞刍挽粟：急速运送粮草。刍，饲料。　[3]言外：原作"方外"，据内藤本及《通典》改。

至十六年，西突厥遣兵寇西州，太宗谓侍臣曰："朕闻西州有警急，虽不足为害，然岂能无忧乎？往者初平高昌，魏徵、褚遂良劝朕立麹文泰子弟，依旧为国，朕竟不用其计，今日方自悔责。昔汉高祖遭平城之围而赏娄敬[1]，袁绍败于官渡而诛田丰，朕恒以此二事为诫，宁得忘所言者乎！"

[注释]

[1]"昔汉高祖遭平城之围而赏娄敬"以下二句是说：汉高祖不听娄敬劝，出兵匈奴，被围平城，七日乃解，事后高祖封娄敬

为关内侯。官渡之战前夕，田丰劝谏袁绍，袁绍不听，结果被曹操打败，事后袁绍却杀掉田丰。

[点评]

本篇论安边，反映对突厥、高昌的认识，包括如何安置突厥部落、突厥首领、以高昌为州县三大问题。贞观君臣的认识并不一致，而且随着形势变化，策略也在不断调整。既有表现施行"布德施惠，中国既安，远人自服"国策的一面，也有反映其"中国百姓，天下之根本；四夷之人，乃同枝叶。扰其根本以厚枝附，用求乂安，未之有也"观念的一面。

《贞观政要》所记贞观君臣论安边问题有一定缺失，一是开元前期史家较多关注贞观年间处理周边关系的意见不同，而对唐太宗正在逐步解决与周边关系所具有的"华夏一家"的观念和决策缺乏认识，二是现存与唐代前期实录、"国史"有直接关联的所有素材，都找不到反映唐太宗民族观念和政策的系统论述。《资治通鉴》所记贞观二十一年五月唐太宗在翠微宫论"成今日之功"之"五事"，第五事即是"自古皆贵中华，贱夷、狄，朕独爱之如一，故其种落皆依朕如父母"。这是当着史官褚遂良面说的，褚遂良表示了"陛下圣德不可胜载，独以此五者自与，盖谦谦之志耳"，一定载入了当时的"国史"和长孙无忌监修的《太宗实录》，但这则记载却不见于《贞观政要》，也不见于以唐代实录、"国史"为史源的《旧唐书》《唐会要》以及《新唐书》等，显然为吴兢所未见或遗弃。这两点表明，《贞观政要》所反映的贞观之治，在观念和取材方面都有一定的局限。

贞观政要卷第十

本篇明本三章，通行本篇目无"论"字，四章，有卷二《直谏附》篇一章。

论行幸第三十七

○贞观初，太宗谓侍臣曰："隋炀帝广造宫室，以肆行幸，自西京至东京，离宫别馆，相望道次，乃至并州、涿郡[1]，无不悉然。驰道皆广数百步，种树以饰其旁。人力不堪，相聚为贼。逮至末年，尺土一人，非复己有。以此观之，广宫室、好行幸，竟有何益？此皆朕耳所闻、目所见，深以自戒。故不敢轻用人力，惟令百姓安静，无有怨叛而已。"

"广宫室、好行幸"导致国破家亡，当"深以自戒"。治国施政，唯使"百姓安静"，不生怨叛之心。

[注释]

[1]涿郡：治所在今北京丰台区内，辖境包括今北京顺义、怀柔以西，涿县以东，河北雄县、天津以北，直至张家口地区。

○贞观十一年，太宗幸洛阳宫，泛舟于积翠池，顾谓侍臣曰："此宫苑台沼是炀帝所为，驱役生人，穷此雕丽，复不能守此一都，以万人为虑。好行幸不息，人所不堪。昔诗人云[1]：'何草不黄？何日不行？''大东小东，杼轴其空。'正谓此也。遂使天下怨叛，身死国灭，今其宫苑尽为我有。隋氏倾覆者，岂惟其君无道，亦由股肱无良。如宇文述、虞世基、裴蕴之徒，居高官、食厚禄，受人委任，惟行谄佞，蔽塞聪明，欲令其国无危亡，理不可得也。"司空长孙无忌奏言："隋氏之亡，其君则杜塞忠谠之言，臣则苟欲自全，左右有过，初不纠举，寇盗滋蔓，亦不实陈。据此，即不惟天道，实由君臣不相匡弼。"太宗曰："朕与卿等承其余弊，惟须弘道移风，使万代永赖矣。"

不忘隋亡教训，不忘"为君之道"，与同年魏徵上疏"以隋为鉴"彼此呼应。

在巡幸中总结隋亡教训，指出隋朝覆灭"实由君臣不相匡弼"。

[**注释**]

[1] "昔诗人云"以下四句诗出自《诗·大雅·何草不黄》《大东》二篇。前二句是说：什么草不枯黄？什么日子不奔忙？讽刺周幽王用兵不息，自岁始幼草生出，至岁末百草枯黄，军旅不停，民生凋敝。后二句是说：东方大小诸国，织物被搜刮一空，表示

赋役沉重，劳民伤财。何草不黄，何日不行，原作"何日不行，何草不黄"，据通行本及《诗》乙改。杼轴：代指织布机，引申为纺织物。

○贞观十三年，太宗谓魏徵等曰："隋炀帝承文帝余业，海内殷阜，若能常据关中，岂有倾败？遂不顾百姓，行幸无期，径往江都，不纳董纯、崔象谏争，身戮国灭，为天下笑。虽复帝祚长短委以玄天，而福善祸淫亦由人事。朕每思之，若欲君臣长久，国无危败，君有违失，臣须极言。朕闻卿等规谏，纵不能当时即从，再三思审，必择善而用。"

从隋炀帝行幸无期、不纳谏诤，总结隋亡教训，强调"君有违失，臣须极言"。

这一章之后，通行本有卷二《直谏附》篇一章。

[点评]

本篇三章，把隋炀帝巡幸无期、不纳谏诤导致隋亡的教训提升到"君臣匡弼"的高度，希望做到"君有违失，臣须极言"，一改隋朝"君则杜塞忠谠之言"，臣"居高官、食厚禄，受人委托，惟行谄佞，蔽塞聪明"，"苟欲自全，左右有过，初不纠举"的余弊，弘道移风，使君臣长久、国无危败。

应当注意，唐太宗反复提到"人力不堪，相聚为贼"，"人所不堪，遂使天下怨叛"，"不顾百姓，身戮国灭"，表明其此时仍然不忘"为君之道，必须先存百姓"的基本理念。

论田猎第三十八

○秘书监虞世南以太宗颇好畋猎，上疏谏曰："臣闻秋狝冬狩[1]，盖惟恒典；射隼从禽[2]，备乎前诰。伏惟陛下，因听览之余辰，顺天道以杀伐，将欲摧斑碎掌[3]，亲御皮轩[4]，穷猛兽之窟穴，尽逸材之林薮[5]。夷凶剪暴，以卫黎元，收革擢羽，用充军器，举旗效获[6]，式遵前古。然黄屋之尊，金舆之贵，八方之所仰德，万国之所系心，清道而行，犹戒衔橛[7]，斯盖重慎防微[8]，为社稷也。是以马卿直谏于前[9]，张昭变色于后。臣诚细微，敢忘斯义？且天弧星罼[10]，所殪已多[11]，颁禽赐获，皇恩亦溥[12]。伏愿时息猎车，且韬长戟[13]，不拒刍荛之请，降纳畎浍之流[14]，袒裼徒搏[15]，任之群下，则贻范百王，永光万代。"太宗深嘉其言。

本篇明本四章，通行本篇目作"畋猎第三十八"，五章，有卷二《直谏附》篇一章。

针对唐太宗的"颇好田猎"，提出"重慎防微，为社稷也"的谏言。

[注释]

[1]秋狝冬狩：秋冬季节打猎。秋狝（xiǎn），秋天狩猎。　[2]射隼从禽：射猎鹰隼、追捕野兽。隼，即鹘，一种猛禽。从，追逐。　[3]摧斑碎掌：格杀猛虎，击毙巨熊。斑，身上的斑

纹，指猛虎。掌，即熊掌，指巨熊。　[4]皮轩：用虎皮装饰的猎车。　[5]逸才：超人之才，此处指特别凶猛的猛兽。　[6]效获：献上猎物。　[7]犹戒衔橛：还要仔细检查马勒口和衔木。　[8]斯盖重慎防微：这样做是谨慎行事，防微杜渐，原无"重"字，据抄本、通行本补。　[9]"是以马卿直谏于前"以下二句是说：汉武帝驰逐野兽，司马相如上疏劝谏。三国吴主孙权乘马射虎，张昭严厉直谏。　[10]天弧星罼：弓箭布满天空，罗网如同繁星。罼（bì），捕猎所用长柄网。　[11]殪：杀死。　[12]溥：广大、普遍。　[13]且韬长戟：暂且收起长戟。　[14]畎浍（quǎn kuài）：田间水沟。　[15]袒裼（xī）徒搏：脱衣露体，徒手搏斗。

房上有瓦，不会漏雨，意即不外出田猎，用语委婉、比喻巧妙。

这一章之后，通行本有卷二《直谏附》篇一章。

○谷那律为谏议大夫，尝从太宗出猎，在途遇雨，因问曰："油衣若为得不漏[1]？"对曰："能以瓦为之，必不漏矣！"意欲太宗弗数游畋。太宗嘉纳，赐帛五十段，加以金带。

[注释]

[1]油衣：用桐油涂成的防雨衣。

○贞观十四年，太宗幸同州沙苑[1]，亲格猛兽，复晨出夜还。特进魏徵奏曰："臣闻《书》美文王不敢盘于游畋，《传》述《虞箴》称夷、羿以为诫。昔汉文临霸阪欲驰下[2]，袁盎揽辔曰：

'圣主不乘危，不徼幸。今陛下骋六飞[3]，驰不测之山，如有马惊车覆，陛下纵欲自轻，奈高庙何？'孝武好格猛兽，相如进谏：'力称乌获，捷言庆忌，人诚有之，兽亦宜然。卒遇逸材之兽，骇不存之地，虽乌获、逢蒙之技不得用，而枯木朽株尽为难矣。虽万全而无患，然本非天子所宜近。'孝元郊泰畤[4]，因留射猎，薛广德奏称：'窃见关东困极，百姓罹灾，今日撞亡秦之钟，歌郑、卫之乐，士卒暴露，从官劳倦，欲安宗庙社稷，何凭河暴虎[5]，未之比也？'臣窃思此数帝，心岂木石，独不好驰骋之乐？而割情屈己，从臣下之言者，志存为国，不为身也。臣伏闻车驾近出，亲格猛兽，晨去夜还。以万乘之尊，暗行荒野，践深林、涉丰草，甚非万全之计。愿陛下割私情之娱，罢格兽之乐，上为宗庙社稷，下慰群寮兆庶。"太宗曰："昨日之事，偶属尘昏[6]，非故然也，自今深用为戒也。"

强调慎田猎，是"割情屈己"，"志存为国"。

[注释]

[1]同洲沙苑：在今陕西大荔南洛水、渭水之间。 [2]霸阪：陡坡。 [3]六飞：天子所乘六马之车，车行如飞。 [4]郊泰畤：

在祭坛上祭祀天地。郊，帝王冬至祭天于南郊。泰畤（zhì），祭泰一神之庭或祭天神之坛。畤，祭天地五帝之坛。　[5]"何凭河暴虎"以下二句是说：为什么不拿涉水渡河、徒手斗虎这种冒险行事来比较一下呢？　[6]尘昏：因尘埃蒙蔽而昏暗，指一时糊涂。

○贞观十四年冬十月，太宗将幸栎阳游畋[1]，县丞刘仁轨以收获未毕[2]，非人君顺动之时事，诣行在所上表切谏。太宗遂罢猎，擢拜仁轨新安令[3]。

[注释]

[1]栎阳：在今陕西富平南、渭水北。　[2]县丞：县之副长官，置一员，依照县的等级确定品阶，从八品下至正九品下。　[3]新安：今河南新安。令，县之长官，置一员，依照县的等级确定品阶，从六品下至从七品下，掌总一县事务。

[点评]

卷六《慎所好》篇，唐太宗不好释、老，不好神仙，不好奇巧之作，表示了"朕之所好，惟在尧、舜之道，周、孔之教"，唯独没有提到慎"田猎"之事。本篇四章，全是劝谏唐太宗为江山社稷"割私情之娱，罢格兽之乐"，慎此所好的。唐太宗做出听谏、罢猎之举，表现出"自今深用为戒"的态度。

论灾祥第三十九

本篇通行本篇目无"论"字，刻本均四章。

○贞观六年，太宗谓侍臣曰："朕比见众议以祥瑞为美事[1]，频有贺表。如朕本心，但使天下太平，家给人足，虽无祥瑞，亦可比德于尧、舜。若百姓不足，夷狄内侵，纵有芝草遍街衢[2]，凤皇栖苑囿，亦何异于桀、纣？常闻石勒时有郡吏燃连理木[3]，煮白雉肉吃[4]，岂得称为明主邪？又隋文帝深爱祥瑞，遣秘书监王劭着衣冠，在朝堂对考使焚香以读《皇隋感瑞经》[5]。旧尝见传说此事，实以为可笑。夫为人君，当须至公理天下，以得万国之欢心。昔尧、舜在上，百姓敬之如天地，爱之如父母。动作兴事，人皆乐之；发号施令，人皆悦之，此是大祥瑞也。自此后诸州所有祥瑞，并不用申奏。"

不求祥瑞，但求"天下太平，家给人足"。

不信吉祥的各种征兆，强调在上者"百姓爱之如父母"为大祥瑞，这是"存百姓"理念在认识祥瑞方面的体现。

[**注释**]

[1] 祥瑞：吉祥的征兆。唐分祥瑞为大瑞、上瑞、中瑞、下瑞四类。　[2] 芝草：即灵芝草，古人认为是瑞草。　[3] 连理木：不同根而枝干相连的树木。　[4] 白雉，白鸡。古人均认为是瑞草、瑞鸟。　[5]《皇隋感应经》：隋著作郎王劭采歌谣、图谶、佛经

文字，妄加虚饰而为之，亦称《皇隋感应志》，30卷。隋文帝命宣示于天下。

○贞观八年，陇右山崩，大蛇屡见，山东及江、淮多大水。太宗问侍臣，秘书监虞世南对曰："春秋时，梁山崩[1]，晋侯召伯宗而问焉，对曰：'国主山川，故山崩川竭，君为之不举乐，降服乘缦[2]，祝币以礼焉[3]。'梁山，晋所主也。晋侯从之，故得无害。汉文帝元年，齐、楚地二十九山同日崩，大水出，令郡国无来献，施惠于天下，远近欢洽，亦不为灾。后汉灵帝时，青蛇见御座。晋惠帝时，大蛇长三百步[4]，见齐地，经市入朝中。案蛇宜在草野，而入市朝，所以为怪耳。今蛇见山泽，盖深山大泽必有龙蛇，亦不足怪。又山东足雨，虽则其常，然阴潦过久[5]，恐有冤狱，宜断省系囚，庶或当天意。且妖不胜德，唯修德可以消变。"太宗以为然，因遣使者赈恤饥馁，申理狱讼，多所原宥。

不以灾异为怪，强调施政修德，兼以赈恤饥馑、申理冤讼。

[注释]

[1]梁山：在今陕西黄龙、韩城间，一说山西吕梁山。　[2]降

服乘缦：不穿华丽服装，乘无彩饰之车。　[3] 祝币：陈列献神礼物。　[4] 步：长度单位，历代不一。秦以五尺为步，一般以八尺为步。蛇长三百步，实属夸大。　[5] 阴翳：阴暗，指阴雨天。

〇贞观八年，有彗星见于南方，长六尺，经百余日乃灭。太宗谓侍臣曰："天见彗星，由朕之不德，政有亏失，是何妖也？"虞世南对曰："昔齐景公时有彗星见，公问晏子。晏子对曰：'公穿池沼畏不深，起台榭畏不高，行刑罚畏不重，是以天见彗星为公诫耳！'景公惧而修德，后十三日而星没。陛下若德政不修，虽麟凤数见，终是无益。但使朝无阙政，百姓安乐，虽有灾变，何损于德？愿陛下勿以功高古人而自矜大，勿以太平渐久而自骄逸，若能慎终如始，彗星纵见，未足为忧。"太宗曰："吾之理国，良无景公之过。但朕年十八便为经纶王业，北翦刘武周，西平薛举，东擒窦建德、王世充，二十四而天下定，二十九而居大位，四夷降服，海内乂安，自谓古来英雄拨乱之主无见及者，颇有自矜之意，此吾之过也。上天见变，良为是乎？秦始皇平六国，隋炀帝富有四海，既骄且逸，一朝而

在灾变面前，希望"朝无阙政，百姓安乐"，不以功高而"自矜大"、不以太平而"自骄逸"，应当"终始如一"。

败，吾亦何得自骄也？言念于此，不觉惕惕而震惧[1]！"魏徵进曰："臣闻自古帝王未有无灾变者，但能修德，灾变自消。陛下因有天变，遂能诚惧，反复思量，深自克责，虽有此变，必不为灾也。"

[注释]
[1] 惕惕而震惧：提心吊胆而震惊畏惧。

○贞观十一年，大雨，谷水溢，冲洛城门，入洛阳宫，平地五尺，毁宫寺十九，所漂七百余家。太宗谓侍臣曰："朕之不德，皇天降灾，将由视听弗明，刑罚失度，遂使阴阳舛谬，雨水乖常。矜物罪己，载怀忧惕，朕又何情独甘滋味？可令尚食断肉[1]，进蔬食。文武百官各上封事，极言得失。"中书侍郎岑文本上封事曰：

臣闻开拨乱之业，其功既难；守已成之基，其道不易。故居安思危，所以定其业也；有始有卒，所以崇其基也。今虽亿兆乂安，边隅宁谧，既承丧乱之后，又接凋弊之余，户口减损尚多，田畴垦辟犹少。覆焘之恩著矣[2]，而疮痍未复；

德教之风被矣，而资产屡空。是以古人譬之种树，年纪绵远，则枝叶扶疏；若种之日浅，根本未固，虽壅之以黑壤，暖之以春日，一人摇之，必致槁枯。今日之百姓，颇类于此。常加含养，则日就滋息；暂有征役，则随日凋耗。凋耗既甚，则人不聊生；人不聊生，则怨气充塞；怨气充塞，则离叛之心生矣。故帝舜曰"可爱非君，可畏非民"，孔安国曰"人以君为命，故可爱。君失道，人叛之，故可畏"，仲尼曰"君犹舟也，人犹水也，水所以载舟，亦所以覆舟"，是以古人云"哲王虽休勿休，日慎一日"，良为此也。

[注释]

[1]尚食：指殿中省尚食局，掌供御膳，飨宴百官、宾客。　[2]覆焘：覆盖。焘同"帱"。

伏惟陛下览古今之事，察安危之机，上以社稷为重，下以亿兆为念。明选举，慎赏罚，进贤才，退不肖。闻过既改，从谏如流。为善在于不疑，出令期于必信。颐神养性，省畋猎之娱；去奢从俭，减工役之费。务静方内，而不求辟土；

借水灾劝谏，引用"载舟覆舟"等典故，希望唐太宗"日慎一日"，"察安危之机"，"以亿兆为念"。

载櫜弓矢[1]，而无忘武备。凡此数者，虽为国之恒道，陛下所常行。臣之愚昧，唯愿陛下思而不怠，则至道之美，与三、五比隆[2]；亿载之祚，随天地长久。虽使桑谷为妖[3]，龙蛇作孽，雉雊于鼎耳，石言于晋地，犹当转祸为福，变灾为祥，况雨水之患，阴阳恒理，岂可谓天谴之而系圣心哉！臣闻古人有言："农夫劳而君子养焉，愚者言而智者择焉。"辄陈狂瞽，伏待斧钺。

太宗深纳其言。

[注释]

[1]载櫜弓矢：语出《诗·周颂·时迈》，把弓、箭收起来，引申为休战或议和。櫜（gāo），收藏、储藏。　[2]三、五：即三皇五帝。　[3]"虽使桑谷为妖"以下六句是说：即使出现桑树、谷物成妖，龙、蛇作怪，野鸡在鼎耳上鸣叫，晋地石头说话等异常现象，也会转祸为福，变灾害为吉祥。

[点评]

本篇四章，把对祥瑞、灾异的认识引申到治国施政上，强调为人君"当须至公理天下，以得万姓之欢心"，使"朝无阙政，百姓安乐"，"虽休勿休，日慎一日"，"居安思危，有始有卒"。

论慎终第四十

○贞观五年，太宗谓侍臣曰："自古帝王亦不能常化，假令内安，必有外扰。当今远夷率服，百谷丰稔，贼盗不作，内外宁静。此非朕一人之力，实由公等共相匡辅。然安不忘危，理不忘乱，虽知今日无事，亦须思其终始。常得如此，始是可贵。"魏徵对曰："自古已来，元首、股肱不能备具，或时君称圣，臣即不贤；或遇贤臣，即无圣主。今陛下圣明，所以致理。向若直有贤臣，而君不思化，亦无所益。天下今虽太平，臣等犹恐未以为喜，惟愿陛下居安思危，孜孜不怠耳！"

○贞观六年，太宗谓侍臣曰："自古人君为善者，多不能坚守其事。汉高祖，泗上一亭长耳[1]，初能拯危诛暴，以成帝业，然更延十数年，纵逸之败，亦不可保。何以知之？孝惠为嫡嗣之重，温恭仁孝，而高帝惑于爱姬之子，欲行废立。萧何、韩信，功业甚高，萧既妄系，韩亦滥黜。自余功臣，黥布之辈，惧而不安，以至反逆。君

本篇明本八章。通行本篇目无"论"字，移至卷六《论俭约》篇一章，成七章。

"安不忘危，理不忘乱，虽知今日无事，亦须思其终始。常得如此，始是可贵。"这是唐太宗最早明确提出"思其终始"的问题，标志着其治国施政"四大理念"的形成。

臣父子之间悖谬若此，岂非难保之明验也？朕所以不敢恃天下之安，每思危亡之事以自戒惧，用保其终。"

以西汉初的教训警惕自己，为保其终。

这一章，明本、通行本均将炫耀"武胜于古""文过于古""怀远胜古"的一段叙述作为"太宗又曰"，与太宗谓公卿曰"朕端拱无为，四夷咸服，岂朕一人之所致，实赖诸公之力耳"自相矛盾，而且前一年已对"自谓古来英雄拨乱之主无见及者，颇有自矜之意"明确表示过"此吾之过也"（见《论灾详》篇第三章），事隔一年，怎么会再次自我炫耀呢？话出房玄龄更为可信，当以抄本为是，故这一章全用抄本文字。

[注释]

[1]泗上：即泗水亭，在今江苏沛县东。亭长，秦汉时乡间一亭（十里为一亭）之长，掌治安，兼管商旅。

○贞观九年，太宗谓公卿曰："朕端拱无为，四夷咸服，岂朕一人之所致，实赖诸公之力耳！当思善始令终，永固鸿业，子子孙孙，递相辅翼。使丰功厚利施于来叶，令数百年后读我国史，鸿勋茂业粲然可观，岂唯称隆周、盛汉及建武、永平故事而已哉[1]？"房玄龄进曰[2]："臣观近古拨乱之主[3]，皆年逾四十，唯光武年三十三。岂如陛下年十八便事经纶[4]，遂平天下[5]，二十九升为天子，此则武胜古也。少从戎旅，不暇读书，贞观已来，手不释卷，知风化之本，见理政之源[6]。行之数年，天下大治[7]，此又文过古也。昔周、秦以降，戎狄内侵，今戎狄稽颡[8]，皆为臣吏[8]，此又怀远胜古也[10]。已有此功业[11]，何可得不善始慎终耶[12]！"

[**注释**]

[1]建武：东汉光武帝年号。永平，东汉明帝年号。 [2]进曰：原作"因进曰：陛下执挹之志，推功群下，致理升平，本关圣德，臣下何力之有？惟愿陛下有始有卒，则天下永赖。太宗又曰：朕"，据抄本删。 [3]近古：原作"古先"。 [4]岂如陛下年十八便事经纶：原作"但朕年十八便举兵"。 [5]遂平天下：原作"年二十四平定天下"。 [6]理政：原作"政理"。 [7]此下原有"风移俗变子孝臣忠"八字。 [8]稽颡：即叩首行跪拜礼。双膝下跪，拱手至地，头也触地。颡，额角。 [9]臣吏：原作"臣妾"。 [10]此下原有"此三者，朕何德以堪之"九字。 [11]已有：原作"既有"。 [12]何可得：原作"何得"。

○贞观十一年诏曰："朕闻死者终也，欲物之反真也；葬者藏也，欲令人之不得见也。上古垂风，未闻于封树[1]；后圣贻则，始备于棺椁。讥僭侈者，非不爱其厚费；美俭薄者，实亦贵其无危。是以唐尧，圣帝也，谷林有通树之说[2]；秦穆，明君也，橐泉无丘陇之处[3]。仲尼，孝子也，防墓不坟[4]；延陵[5]，慈父也，嬴、博可隐。斯皆怀无穷之虑，成独决之明，乃便体于九泉，非徇名于百代者。洎乎阖闾违礼[6]，珠玉为凫雁；

这一章是一篇关于惩革厚葬、推行节葬的诏书，通行本移在卷六《论俭约》篇。

始皇无度^[7]，水银为江海。季孙擅鲁^[8]，敛以璠
玙；桓魋专宋，葬以石椁。莫不因多藏以速祸，
由有利而招辱。玄卢既发^[9]，致焚如于夜台；黄
肠再开，同暴骸于中野。详思曩事，岂不悲哉！
由此观之，奢侈者可以为戒，节俭者可以为师矣。
朕居四海之尊，承百王之弊，未明思化，中宵战
惕。虽送往之典详诸仪制，失礼之禁著在刑书，
而勋戚之家多流通于习俗，间阎之内或侈靡而伤
风^[10]，以厚葬为奉终，以高坟为行孝，遂使衣
衾棺椁，极雕刻之华；灵輀盟器^[11]，穷金玉之饰。
富者越法度以相尚，贫者破资产而不逮。徒伤教
义，无益泉壤，为害既深，宜为惩革。其王公已
下，爰及黎庶，自今以后，送葬之具有不依令式
者，仰州府县官明加检察，随状科罪。在京五品
已上及勋戚家，仍录奏闻。"

"奢侈者可以
为戒，节俭者可以
为师"，应该成为
全社会每一个人的
座右铭。

[注释]

[1]封树：堆土封墓为坟，坟前树碑做标记。　[2]谷林：亦
作"谷陵"，即成阳。相传尧葬于此，四周种树为标记。今山东
菏泽东北有尧陵，在旧雷泽城西，与濮阳接界。　[3]橐泉：秦
宫，在今陕西凤翔南，秦穆公葬于此。　[4]防墓不坟：孔子合葬
双亲于防，只有墓穴而不堆土植树起坟。防，古邑名。有东防、

西防。此指东防，春秋时为鲁地，在今山东费县东北。 [5]"延陵"以下三句是说：春秋时吴国延陵季札使齐而返，其子死于途中，便葬在嬴、博之间，不归乡里。嬴，原作"赢"，据抄本、通行本改。 [6]"洎乎阖闾违礼"以下二句是说：到了吴王阖闾违背礼制，葬于虎丘山下，穿土为川，积壤为丘，以黄金珠玉为凫雁。 [7]"始皇无度"以下二句是说：秦始皇丧葬无度，陵寝被以珠玉，用水银如江海。 [8]"季孙擅鲁"以下四句是说：大夫季平子独掌鲁国大权，死后将以玙与璠厚敛。桓魋在宋国专权，自造石椁。后来孔子曰："若是其靡也，死不如速朽之愈也。" [9]"玄卢既发"以下四句是说：墓室既已被发掘，以致尸身在墓穴遭焚毁；陵墓、棺椁再被打开，连同尸骨暴露在荒野。玄卢，即玄堂，墓室，安放棺木之处。夜台，墓穴，因墓封闭，无复见明，又叫长夜台。黄肠，以黄心柏木堆砌的陵墓或做成的棺椁。20世纪70年代在北京丰台区大堡台发掘的西汉燕王旦刘建墓，即由15000根黄肠木（每根长90厘米，宽、厚均10厘米）堆垒而成。 [10]闾阎：古代居民区称里，闾是里门，阎是里的中门。此处借指民间。 [11]灵輀（ér）：载运棺柩的车。

〇贞观十二年，太宗谓侍臣曰："朕读书见前王善事，皆力行而不怠，其所任用公辈数人，诚以为贤，然致理比于三、五之代，犹为不逮，何也？"魏徵对曰："今四夷宾服，天下无事，诚旷古所未有也。然自古帝王初即位者，皆欲励精为政，比迹于尧、舜。及其安乐也，则骄奢放逸，莫能终其善。人臣初见任用者，皆欲匡主济时，追踪于稷、契。及其富贵也，则思苟全官爵，莫能尽其忠节。若使君臣常无懈怠，各保其终，则天下无忧不理，自可超迈前古也。"太宗曰："诚如卿言。"

○贞观十三年，魏徵恐太宗不能克终俭约，近岁颇好奢纵，上疏谏曰：

臣观自古帝王受图定鼎，皆欲传之万代，贻厥孙谋。故其垂拱岩廊[1]，布政天下，其语道也，必先淳朴抑浮华；其论人也，必贵忠良鄙邪佞；言制度也，则绝奢靡而崇俭约；谈物产也，则重谷帛而贱珍奇。然受命之初，皆遵之以成治；稍安之后，多反之而败俗。其故何哉？岂不以居万乘之尊，有四海之富，出言而莫己逆[2]，所为而人必从，公道溺于私情，礼节亏于嗜欲故也？语曰："非知之难，行之惟难；非行之难，终之斯难。"所言信矣。

[注释]

[1]岩廊：高峻的廊庙，代指朝廷。　[2]莫己逆：没有不顺从自己的。

"自古帝王初即位，皆欲励精为政，及其安乐，则骄奢放逸；人臣初见任用，皆欲匡主济时，及其富贵，则思苟全官爵"，如何"使君臣常无懈怠，各保其终"，亦即如何不忘"其初"，实在是治国施政者需要认真思考和切实对待的一大问题。

魏徵从十个方面指出已经出现的"渐不克终"的苗头，提醒唐太宗"非知之难，行之惟难；非行之难，终之斯难"。

　　伏惟陛下，年甫弱冠，大拯横流[1]，削平区宇，肇开帝业。贞观之初，时方克壮，抑损嗜欲，躬行节俭，内外康宁，遂臻至治。论功则汤、武不足方，语德则尧、舜未为远。臣自擢居左右，十有余年，每侍帷幄[2]，屡奉明旨。常许仁义之道，守之而不失；俭约之志，终始而不渝。一言兴邦，斯之谓也。德音在耳，敢忘之乎？而顷年以来，稍乖曩志[3]，敦朴之理，渐不克终。谨以所闻，列之如左：

　　陛下贞观之初，无为无欲，清静之化，远被遐荒。考之于今，其风渐坠，听言则远超于上圣，论事则未逾于中主。何以言之？汉文、晋武，俱非上哲，汉文辞千里之马[4]，晋武焚雉头之裘。今则求骏马于万里，市珍奇于域外，取怪于道路，见轻于戎狄，此其渐不克终一也。

求珍奇。

[注释]

[1]横流：洪水泛滥四溢，借指混乱的世道。　[2]每侍：原作"每恃"，据抄本、通行本改。　[3]曩志：初衷、初心。[4]"汉文辞千里之马"以下二句是说：汉文帝时有献千里马者，诏还其马，并付给道里费。晋武帝时太医司马献雉头裘，晋武帝以奇技异服，典礼所禁，故焚裘衣于殿前。

昔子贡问理人于孔子，孔子曰："懔乎若朽索之驭六马[1]。"子贡曰："何其畏哉？"子曰："不以道导之，则吾仇也，若何其无畏？"故《书》曰："人惟邦本，本固邦宁。""为人上者，奈何不敬？"陛下贞观之始，视人如伤[2]，恤其勤劳，爱之如子，每存简约，无所营为[3]。顷年已来，意在奢纵，忽忘卑俭，轻用人力，乃云"百姓无事则骄逸，劳役则易使"。自古以来，未有由百姓逸乐而致倾败者也，何有逆畏其骄逸而故欲劳役之哉？恐非兴邦之至言，岂安人之长算？此其渐不克终二也。

意奢纵，忘俭约。

[注释]

[1]懔乎若朽索之驭六马：要像用不结实的缰绳驾驭六匹马的车那样小心谨慎。懔，惧怕，因而小心谨慎。　[2]视人如伤：关心百姓如同对待伤病。　[3]营为：大兴土木，营建宫室。

心口不一。

陛下贞观之初，损己以利物，至于今者，纵欲以劳人。卑俭之迹岁改，骄侈之情日异。虽忧人之言不绝于口，而乐身之事实切于心。或时有所营，虑人致谏，乃云"若不为此，不便我身"。

人臣之情，何可复争？此直意在杜谏者之口[1]，岂曰择善而行者乎？此其渐不克终三也。

[注释]

[1]直：只是。

立身成败，在于所染[1]。兰芷鲍鱼[2]，与之俱化。慎乎所习，不可不思。陛下贞观之初，砥砺名节[3]，不私于物，唯善是与[4]，亲爱君子，疏斥小人。今则不然，轻亵小人，礼重君子。重君子也，敬而远之；轻小人也，狎而近之。近之则不见其非，远之则莫知其是。莫知其是，则不间而自疏；不见其非，则有时而自昵。昵近小人，非致理之道；疏远君子，岂兴邦之义？此其渐不克终四也。

昵近小人，疏远君子。

[注释]

[1]在于所染：在于所处环境的熏染。　[2]"兰芷鲍鱼"以下二句是说：与美善、坏恶相处，都会受其影响而变化。兰芷，兰草、白芷，均为香草，比喻好人或美德。鲍鱼，盐渍的鱼，气味腥臭，比喻坏人或恶行。　[3]砥砺：磨练、修养。　[4]唯善是与：只与善人交往、亲近。

《书》曰："不作无益害有益，功乃成；不贵异物贱用物，人乃足。犬马非其土性不畜，珍禽奇兽弗育于国。"陛下贞观之初，动遵尧、舜，捐金抵璧[1]，反朴还淳。顷年以来，好尚奇异，难得之货，无远不臻；珍玩之作，无时而至。上好奢靡而望下敦朴，未之有也[2]；末作滋兴而求农人丰实，其不可得，亦已明矣。此渐不克终五也。

末作滋兴。

［注释］

[1]捐金抵璧：弃黄金、抛珠玉。捐，捐弃。抵，通"掷"。　[2]未之有也：原无此四字，据建治本、通行本补。

贞观之初，求贤如渴，善人所举，信而任之，取其所长，恐其不及。近岁以来，由心好恶，或众善举而用之，或一人毁而弃之，或积年信而任之，或一朝疑而远之。夫行有素履[1]，事有成迹，所毁之人，未必可信于所举；积年之行，不应顿失于一朝。且君子之怀，蹈仁义而弘宏大德；小人之性，好谗佞以为身谋。陛下不审察其根源，而轻为之臧否，是使守道者日疏，干求者日进[2]，所以人思苟免，莫能尽力，此其渐不克终六也。

好恶由心，轻为臧否。

自"不应顿失于一朝"至章末，底本系据通行本配补，本书改以日藏明初刊本配补。

[注释]

[1]行有素履：平素一贯的行为举止。　[3]干求者：谋求官职地位的人。

陛下初登大位，高居深视，事惟清静，心无嗜欲，内除毕弋之物[1]，外绝畋猎之源。数载之后，不能固志，虽无十旬之逸[2]，或过三驱之礼，遂使盘游之娱见讥于百姓，鹰犬之贡远及于四夷。或时教习之处，道路遥远，侵晨而出[3]，入夜方还，以驰骋为欢，莫虑不虞之变、事之不测，其可救乎？此其渐不克终七也。

以畋猎为欢。

[注释]

[1]毕弋：畋猎用具。毕，狩猎所用长柄网。弋，以生丝系在箭上射。　[2]十旬之逸：长时间游乐。　[3]侵晨：凌晨、破晓。

孔子曰："君使臣以礼，臣事君以忠。"然则君之待臣，义不可薄。陛下初践大位，敬以接下，君恩下流，臣情上达，咸思竭力，心无所隐。顷年已来，多所忽略。或外官充使，奏事入朝，思睹阙庭，将陈所见，欲言则颜色不接[1]，欲请又恩礼不加。间因所短，诘其细过，虽有聪辩之略，

忽略上下同心，君臣交泰。

莫能申其忠款^[2]，而望上下同心，君臣交泰^[3]，不亦难乎？此其渐不克终八也。

[注释]

[1]"欲言则颜色不接"以下二句是说：想说话而陛下不能和颜悦色，想提出请求而陛下又不恩准。　[2]忠款：忠诚、恳切。　[3]交泰：时运亨通，此处指融洽、协调。

出现傲长、欲纵、乐极、志满的苗头。

傲不可长，欲不可纵，乐不可极，志不可满。四者，前王所以致祸，通贤以为深诫。陛下贞观之初，孜孜理化，屈己从人，恒若不足。顷年已来，微有矜放，恃功业之大，意蔑前王；负圣智之明，心轻当代，此傲之长也。欲有所为，皆取遂意，纵或抑情从谏，终是不能忘怀，此欲之纵也。志在嬉游，情无厌倦，虽不全妨政事，不复专心治道，此乐将极也。率土乂安，四夷款服，仍远劳士马，问罪遐裔，此志将满也。亲狎者阿旨而不肯言，疏远者畏威而莫敢谏，积而不已，将亏圣德，此其渐不克终九也。

昔陶唐、成汤之时非无灾患，而称其圣德者，以其有始有终，无为无欲，遇灾则极其忧勤，时安则不骄不逸故也。贞观之初，频年霜旱，畿内户口并就关外，携负老幼，来往数千，曾无一户逃亡，一人怨苦，此诚由识陛下矜育之怀[1]，所以至死无携贰[2]。顷年已来，疲于徭役，关中之人，劳弊尤甚。杂匠之徒，下日悉留和雇[3]；正兵之辈，上番多别驱使[4]。和市之物不绝于乡间[5]，递送之步不绝于道路。既有所弊，易为惊扰，脱因水旱[6]，谷麦不收，恐百姓之心不能如前日之宁帖[7]，此其渐不克终十也。

徭役日兴，百姓怨苦，社会不如往日安稳。

[注释]

[1]矜育：怜悯抚育。　[2]携贰：怀有二心、叛离。　[3]下日悉留和雇：服役结束后全部留下被官府雇用。　[4]上番多别驱使：正在服役的兵士多被作别的驱使。　[5]和市：亦称"合买"，以购买为名掠夺民财的一种变相赋税。　[6]脱因：或许由于。　[7]宁帖：亦作"宁贴"，平安稳定。

臣闻"祸福无门，唯人所召"。人无衅焉[1]，妖不妄作。伏惟陛下，统天御寓十有三年，道洽寰中[2]，威加海外，年谷丰稔，礼教聿兴，比屋逾于可封[3]，菽麦同于水火。暨乎今岁，天灾流行，炎气致旱，乃远被于郡国；凶丑作孽，忽近起于毂下^[4]。夫天何言哉？垂象示诫，斯识陛下惊惧之辰，忧勤之日也。若见诫而惧，择善而从，同周文之小心，追殷汤之罪己，前王所以致治者，勤而行之；今时所以败德者，思而改之。与物更新，易人视听，则宝祚无疆，普天幸甚，何祸败之有乎？然则社稷安危，国家理乱，在于一人而已。当今太平之基，既崇极天之峻；九仞之积，犹亏一篑之功。千载休期^[5]，时难再得，明主可为而不为，微臣所以郁结而长叹者也。

[注释]

[1]衅：缝隙，引申为过失。　[2]道洽：道义遍布。　[3]逾：原作"喻"，据抄本、通行本改。　[4]毂下：毂辇之下，指京城。　[5]休期：难逢的好时期。

臣诚愚鄙，不达事机，略举所见十条，辄以上闻圣听。伏愿陛下采臣狂瞽之言，参以刍荛之议，冀千虑一得，兖职有补^[1]，则死日生年，甘从斧钺。

疏奏，太宗谓徵曰："人臣事主，顺旨甚易，忤情尤难。公作朕耳目股肱，常论思献纳。朕今闻过能改，庶几克终善事。若违此言，更何颜与公相见？复欲何方以理天下？自得公疏，反复研寻，深觉词强理直，遂列为屏障，朝夕瞻仰。又录付史司[2]，冀千载之下，识君臣之义。"乃赐徵黄金十斤，厩马二匹。

[注释]

[1] 兖职有补：补救天子的过失。兖职，此处指天子之职。　[2] 史司：史馆。

○贞观十四年，太宗谓侍臣曰："平定天下，朕虽有其事，守之失图[1]，功业亦复难保。秦始皇初亦平六国，据有四海，及末年不能善守，实可为诫。公等宜念公忘私，则荣名高位，可以克终其美。"魏徵对曰："臣闻之，战胜易，守胜难。陛下深思远虑，安不忘危，功业既彰，德教复洽，恒以此为政，宗社无由倾败矣[2]。"

本章文字，底本系据通行本配补，本书改以日藏明初刊本配补。

[注释]

[1] 失图：决策失误。　[2] 宗社：宗庙、社稷，国家的代称。

○贞观十六年，太宗问魏徵曰："观近古帝

本章文字，底本系据通行本配补，本书改以日藏明初刊本配补。

王，有传位十代者，有一代两代者，亦有身得身失者[1]。朕所以常怀忧惧，或恐抚养生民不得其所，或恐心生骄逸，喜怒过度，然不能自知。卿可为朕言之，当以为楷则。"徵对曰："嗜欲喜怒之情，贤愚皆同。贤者能节之，不使过度。愚者纵之，多至失所[2]。陛下圣德玄远，居安思危，岂同常情[3]？伏愿陛下常能自制，以保克终之美，则万代永赖。"

强调"常能自制"，方可"保克终之美"。

[注释]

[1]身得身失：自己取得，自己丧失。　[2]失所：失去控制。　[3]岂同常情：原无此四字，据抄本补。

[点评]

本篇论慎终，以"善始慎终"理念的形成开篇。贞观初，唐太宗提出"先存百姓"、"先正自身"，随后提出"君臣共治"，"大治"初见成效又提出"善始慎终"。五年左右的时间，形成治国施政的四大基本理念，成为"贞观之治"留给后世治国施政者的重要历史遗产。魏徵的《十渐不克终疏》成为历史名篇，一是因其能够从细微处发现唐太宗"渐不克终"的苗头，二是唐太宗能够"列为屏障，朝夕瞻仰"。衡量治世，有没有能够发现"渐不克终"苗头的谏言，有没有"朝夕瞻仰"谏言的君主，应当是一个重要的标准。

　　以魏徵的两则关于"保克终之美"的论对结束全书，暗含着吴兢对唐玄宗的劝谏之意。而唐玄宗却以"书事不当"将吴兢贬出京师，不"克遵太宗之故事"，"不修祖业"，遗弃"先存百姓""先正自身""君臣共治"的治国施政遗产，结果是有善始而无善终，将整个社会推向战乱，使得"盛世"不再，一直衰落下去。

贞观政要补

（一）建治本、内藤本

卷第一 政体第二

贞观八年，太宗谓房玄龄等曰："我所居殿，即是隋文帝所造，已经四十余年，损坏处少。唯承乾殿是炀帝造，工匠多觅新奇，斗拱至小。年月虽近，破坏处多。今为改更，欲别作意见，亦恐似此屋耳。"魏徵对曰："昔魏文侯时，租赋岁倍，有人致贺。文侯曰：'今户口不加而租税岁倍，此由课敛多。譬如治皮，令大则薄，令小则厚，理民亦复如此。'由是魏国大理。臣今量之，陛下为理，百夷宾服，天下已安。但须守今日理道，亦归之于厚，此即是足。"

贞观八年，太宗谓群臣曰："为理之要，务全其本。若中国不静，远夷虽至，亦何益焉？朕与公等共理天下，令中夏乂安，四方静肃，并由公等盛（咸）尽忠诚，共康庶绩之所致耳，朕实喜之。然安不忘危，亦兼以惧。朕[见]炀帝篡业之初，天下隆盛。弃德穷兵，以取颠覆。颉利近者足为强大，志意既盈，祸乱斯及，丧其大业，为臣于朕。

叶护可汗亦太强盛，自恃富贵，通使求婚，失道怙过，以致破灭。其子既立，便肆猜忌，众叛亲离，覆基绝嗣。朕不能远纂（慕）尧、舜、禹、汤之德，目睹此辈，何得不诫惧乎？公等辅朕，功绩已成，唯当慎以守之，自获长世，并宜勉力。有不是事，则须明言。君臣同心，何得不理？"侍中魏徵对曰："陛下弘至理以安天下，功已成矣。然每睹非常之庆，弥切虑危之心，自古至慎无以加此。臣闻上之所好，下必从之。明诏奖励，足使懦夫立节。"

太宗问拓跋使人曰："拓跋兵马今有几许？"对曰："见有四千余人，旧有四万余人。"太宗谓侍臣曰："朕闻西胡爱珠，若得好珠，劈身藏之。"侍臣咸曰："贪财害己，实为可笑。"太宗曰："勿唯笑胡，今官人贪财不顾性命，身死之后子孙被辱，何异西胡之爱珠耶！帝王亦然，恣情放逸，好乐无度，荒废庶政，长夜忘返，所行如此，岂不灭亡？隋炀帝奢侈自贤，身死匹夫，足为可笑。"魏徵对曰："臣闻鲁哀公谓孔子曰：'有人好忘者，移宅乃忘其妻。'孔子曰：'又有好忘甚于此者，丘见桀、纣之君乃忘其身。'"太宗曰："朕与公等既知笑人，今共相匡辅，庶免人笑。"

贞观九年，太宗谓侍臣曰："为帝王者，必须慎其所与。只如鹰犬、鞍马、声色、殊味，朕若欲之，随须即至。如此等也，恒败人正。邪佞、忠直，亦在时君所好。若任不得贤，何能无灭！"侍中魏徵对曰："臣闻齐威王问淳于髡：'寡人所好，与古帝王同否？'髡曰：'古者圣王所好有四，今王所好唯有其三。古者好色，王亦好之；古者好马，王亦好之；古者好味，王亦好之。唯有一事不同者，古者好贤，王独不好。'齐王曰：'无贤可好也。'髡曰：'古之美色有西

"魏徵对曰"至章末，卷三《论君臣鉴戒》篇第三章重出。

施、毛嫱，奇味即龙肝、豹胎，善马即有飞兔、绿耳，此等今既无之，王之厨膳，后宫外厩，今亦备具。王以为今之无贤，知前世之贤，得与王相见以否？'"太宗深然之。

贞观十年，太宗谓侍臣曰："月令是早晚有？"侍中魏徵对曰："今《礼记》所载月令，起自吕不韦。"太宗曰："但为化专依月令，善恶复皆如所记不？"魏徵又曰："秦、汉以来，圣王依月令事多。若一依月令者，亦未有善。但古者设教劝人为善，所行皆欲顺时，善恶亦未必皆然。"太宗又曰："月令既起秦时，三皇、五帝并是圣主，何因不行月令？"徵曰："计月令起于上古，是以《尚书》云'敬授民时'。吕不韦止是修古月令，未必始起于秦代。"太宗曰："朕比读书，所见善事，并即行之，都无所疑。至于用人，则善恶难别，故知人极为不易。朕比使公等数人，何因理政犹不及文、景？"徵又曰："陛下留心于理，委任臣等，逾于古人，直由臣等庸短，不能称陛下委寄。欲论四夷宾服，天下无事，古来未有似今日者。至于文、景，不足以比圣德。"徵曰："自古人君初为理也，皆欲比隆尧、舜。至于天下既安，即不能终其善。人臣初被任也，亦欲尽心竭力。及居富贵，即欲全官爵。若遂君臣常不懈怠，岂有天下不安之道哉！"太宗曰："论至理诚，如公此语。"

贞观三年，上谓房玄龄曰："古人善为国者，必先理其身。理其身，必慎其所习。所习正则其身正，身正则不令而行。所习不正，则身不正，身不正则虽令不从。是以舜诫禹曰：'邻哉邻哉。'周公诫成王曰：'其朋其朋。'此皆言慎其所习近也。朕比岁临朝视事，及园苑间游赏，皆召魏徵、虞世南侍从，或与谋议政事、讲论经典，既常闻启沃，非直于身有益，在于社稷亦可谓久安之道。"

卷第六　慎所好第二十一

贞观五年，有人上注解图谶。太宗曰："此诚不经之事，不能爱好。朕杖德履义，救天下苍生，蒙上天眷命，为四海主，安用图谶。"命焚之。

卷第六　杜谗佞第二十三

贞观十年，权贵有疾魏徵者，每言于太宗曰："魏徵凡所谏诤，委曲反复，不从不止，竟欲以陛下为幼主，不同于长君。"太宗曰："朕是达官子弟，少不学问，唯好弓马。至于起义，即有大功。既封为王，偏蒙宠爱。理道政术，都不留心，亦非所解。及为太子，初入东宫，思安天下，欲克己为理。唯魏徵与王珪导我以礼义，弘我以政道。我勉强从之，大觉其利益，力行不息，以致今日安宁，并是魏徵等之力。所以特加礼重，每事听从，非私之也。"言者乃惭而止，太宗呵而出之。

贞观十一年，长安县人霍行斌告变，言尚书右丞魏徵预事。太宗览之，谓侍臣曰："此言太无由绪，并不须问，行斌宜付所司理罪。"徵曰："臣蒙近侍，未以善闻，大逆之名，罪合万死。纵陛下曲垂矜照，臣将何以自安？"请鞫。寻仍顿首拜谢。太宗曰："卿累仁积行，朕所悉知。愚人相谤，岂能由己，不须致谢。"

太宗谓房玄龄等曰："昨日皇甫德参上书言朕修营洛州宫殿是劳民也，收地租是厚敛也，俗（束）高髻是宫中所化也。观此人心，必欲使国家不役一人，不收一租，宫人皆无发，乃称其意耳。"魏徵进曰："贾谊当汉文之时，上书云'可为痛哭者三，可为长叹息者五。'自古上书，率多激切。若不激切，则不能起人主之心。激切即似讪谤，所谓狂夫之言，圣人择焉，唯在陛下裁察，不可责也。"太宗曰："朕初欲责此人，但已许进直言。若责之，则于后谁敢言？"赐绢二十匹，令归。

卷第六　论悔过第二十四

贞观五年，太宗谓侍臣等曰："齐文宣何如人君？"魏徵对曰："非常颠狂，然有人共争道理，自短屈即能从之。臣闻齐时魏恺先任青州长史，尝使梁，还除光州长史，不就。杨遵彦奏之，文宣帝大怒，召而责之。恺曰：'先任青州大藩长史，今有使劳，更无罪过，反授光州，所以不就。'乃顾谓遵彦曰：'此难（汉）有理。'因命舍之。"太宗曰："往者卢祖尚不肯受官，朕遂杀之。文宣帝虽复癫狂，尚能容忍此一事，朕所不如也。祖尚不受处分，虽失人臣之礼，朕即可杀之，大是伤急。一死不可再生，悔无所及，宜复其故官荫。"

卷第六　论奢纵第二十五

贞观七年，太宗授郭孝恪西州道行军总管，率步骑三千人出银山道以伐焉耆。夜往掩袭其城，破之，虏其王龙突骑支。太宗谓侍臣曰："计八月中旬郭恪发去，至廿日应到，必以廿二日破焉耆，当驰使报。朕计其行程，今日应有好消息。"言未讫而骑至，云孝恪已破焉耆，太宗悦。及征龟兹，以孝恪为昆山道副大总管，破其都城，留孝恪守之，余军分道别进。城外未宾，孝恪因乃出营于外，有龟兹人来谓孝恪曰："那利我之国相，人心素归，今亡在野，必思为变。城中之人，颇有异志，公其备之。"孝恪不以为虞。那利等果率众万余，私与城内降胡相知表里为应。孝恪失于警候，贼入城鼓噪，孝恪始觉之，为胡矢所中而死。孝恪性奢侈，家之仆妾以及器玩，务极鲜华。虽在军中，床榻什器，皆饰以金玉，仍以金床、华帐充具，以遗行军大总管阿史那社尔，社尔一无所受。太宗闻之，乃曰："二将何优劣之不同也。郭孝恪今为寇虏所屠，可谓自招伊咎耳。"

卷第六 论贪鄙第二十六

贞观四年，濮州刺史庞相寿贪浊有闻，追还解任。殿庭自陈，幕府旧左右，实不贪浊。太宗矜之，使舍人谓之曰："尔是我旧左右，我极哀矜尔。尔取他钱物，只应为贫。今赐尔绢一百匹，还向任所，更莫作罪过。"魏徵进而言曰："相寿贪浊，远近所知。今以故旧私情赦其贪浊之罪，加以厚赏，还令复任。相寿性识未知愧耻，幕府左右，其数甚多，人人皆恃恩私，足使为善者惧。"太宗欣然纳之，使引相寿于前，亲谓之曰："我昔为王，为一府作主。今为天子，为四海作主。既为四海主，不可偏与一府恩泽。向欲令尔重任，左右以为若尔得重任，必使为善者皆不用心。今既以左右所言为是，便不得申我私意，且放尔归。"乃赐杂物而遣之，相寿亦辞，流涕而去。

卷第七 论文史第二十八

尚书左仆射房玄龄、侍中魏徵、散骑常侍姚思廉、太子右庶子李百药、孔颖达、中书侍郎岑文本、礼部侍郎令狐德棻、舍人许敬宗等，以贞观十年撰成周、齐、梁、陈、隋等五代史奏上。太宗劳之曰："良史善恶必书，足为惩劝。秦始皇奢侈无度，志在隐恶，焚书坑儒，用缄谈者之口。隋炀帝志在隐恶，虽曰好学，招集天下学士，全不礼待，竟不能修得历代一史。数百年事，殆将泯绝。朕今欲见近代人主善恶，以为身诫，故令公等修之，遂能成五代之史。深副朕怀，极可嘉尚。"于是进级班赐，各有差降。

卷第八　务农第三十

贞观四年，太宗谓诸州考使曰："国以人为本，人以食为命。若禾谷不登，恐由朕不躬亲所致也。故就别院种三数亩禾，时自锄其稊莠。才得半亩，即苦疲乏。以此思之，劳可知矣，农夫实甚辛苦。顷闻关东及诸处粟两钱半价、米四钱价，深虑无识之人，见米贱遂惰农自安。傥遇水旱，即受饥饿。卿等至州日，每县时遣官人就田陇间劝励，不得令有送迎。若送迎往还，多废农业，若此劝农，不如不去。"

卷第八　论刑法第三十一

贞观元年，诏以犯大辟罪者，令断其右趾。因谓侍臣曰："前代不行肉刑久矣，今断人右趾，意不忍为。"谏议王珪对曰："古行肉刑以为轻罪，今陛下矜死之多，故设断趾之法，损一足以全其大命，于犯者甚益矣。且见之足为惩诫。"侍中陈叔达又曰："古之肉刑，在死刑之外。陛下于死刑之内降从断趾，便是以生易死，足为宽法。"

（二）写字台本

卷第四　直言谏争第十

贞观三年，太宗谓侍臣曰："义宁之初，国家虽有关中，王充、李密，若据一隅。当此之日，诸君所事之主，谁优谁劣？"戴胄奏称："王充言议分明，繁而宜要。为理但求一时之利，不甚思其后图。"魏徵对曰："李密智计英拔，而器局褊小。"

贞观三年，太宗谓侍臣曰："为君极难，若法急恐滥善人，法宽即不肃奸宄。宽猛之间，若为折衷？"魏徵奏称曰："自古为理，因时设教。若人情似急，则济之以宽；若有宽慢，则纠之以猛。时既不恒，法令无定。"太宗又曰："朕常思数种事。自古但有天下者，皆欲子孙万世，理道过于尧、舜。及其所行，即与尧、舜相反。如秦始皇，亦是英雄之主，平定六国之已后，才免其身，至子便失其国。桀、纣、幽、厉，亦皆丧己。朕为此不得不诫惧。且天下百姓，倾目侧耳，唯看朕一人善恶，岂得不思量？"魏徵奏称："自古以来，人君为难，只为出言即成善恶。若人君出言欲闻己过，其国即兴；若出言令人从己志，其国即丧。古人云'一言可以兴邦，一言可以丧行'，正当为此。但天下人皆日进于陛下，以荣其身。若正人即欲以正道自进，佞人则以邪道自媚。工巧者则进奇巧、异器，好鹰犬者即欲劝令田游。所欲自进者，不觉为非，皆言己是。陛下守正道，则奸人不能自效。如开其路，则邪佞欲遂其心。"太宗曰："此事诚如卿所言。"

卷第四　兴废第十一

贞观九年，太宗谓侍臣曰："比三两月来，不见公等说言，未知以朕不可谏诤，隐而不言，为是庶事咸得不须论也？"侍中魏徵对曰："陛下每一事，即为鉴诫。臣等深识圣情，必事理有违，岂敢隐而不奏。然比来大使既出，内外无事，所以不论。"太宗曰："自古来，虽遭丧乱，未有如隋日者，朕皆平之，功何如古人？"魏徵对曰："前代虽逢丧乱，皆牧宰割据，不过数岁即有所归。至于隋末，天下鼎沸，百姓涂炭，经十余年，陛下应天顺人，一时平定，此乃再造天地，重立区夏。此之功业，古来未之有。"太宗谓右仆射李靖等曰："人君之道，唯欲宽厚。非但刑戮，乃至鞭挞，亦不欲行。比每有人嫌我大宽，未知此言可信否？"魏徵对曰："古来帝王，以煞戮肆威知者，实非久安之策。臣等见隋炀帝初有天下，亦大威严。而官人百姓，造罪非一。今陛下仁育天下，万姓获安。臣下虽愚，岂容不识恩造。"太宗曰："人之一身，纵今无病，不免疥癣，及时有小小恶处。"魏徵对曰："自古为化，唯举大体。尧、舜之时，非全无恶，但为恶者少。桀、纣之世，非全无善，但为恶者多。譬如百丈之木，岂能无一枝一节。今官人居职，岂能全不为非。但犯罪者少，取是太理。"

贞观九年，太宗谓侍臣曰："朕观隋主文集，实博物有才，亦知悦尧、舜之风，丑桀、纣之行。然而行事，即欲言相反，何也？"魏徵对曰："自古称理，皆是人君之量能任使，故智者为之谋，勇者为之战。虽聪明圣誓（哲），犹以鞋纩塞耳，冕旒垂目。隋主虽有俊才，无君之量。恃才骄物，所以至于灭亡。"太宗曰："然。昔汉武征使（役）不息，户口减半，中途能改，还得传祚子孙。向使隋主早寤，亦不至灭亡也。"先是以《庆善乐》为文舞，《破阵乐》为武舞，诏魏徵、虞世南、褚高（亮）、李百药等为之词。太宗谓侍臣曰："昔周公、成王，袭礼作乐，久之乃成。逮朕即位，数年之间成此二乐，五礼又复刑（刊）定，未知堪为后世作法以否？朕观前王有功于民者，作事施令，后即为法，所谓不忘其德者也。既平天下，安堵海内，若德惠不倦，有始善终，自我作故，何虑不法。若遂无德于物，后何所遵？以此而言，后法不法，犹在朕耳。"魏徵奏称："陛下拨乱反正，功高百王，自开辟以来未如陛下者也。更创新乐，兼修大礼，自我作故，万代取法，岂止子孙而已。"

贞观九年，太宗顾谓侍臣曰："西蕃通来几时？"侍中对曰："《禹贡》，西至流沙。又西戎即叙，不明境域所及，至汉武帝置敦煌、张掖等郡。自此已后，渐通西域。"太宗曰："朕闻汉武帝时，为通西蕃，中国百姓死者大半。此事著于史籍，不能具述。但隋后主欲开葱岭已西，当时死者继于道路。如闻沙州已西，仍有隋时破坏车毂，其边即有白骨狼籍。北筑长城，东度辽水，征伐不息，人无辽（聊）生。天下怨叛，聚而为盗。炀帝安然，恣其所欲，遂至灭亡，只为不闻其过。朕以此事，永为鉴诫。今与公等共理百姓，但有不〔安〕稳便事，即向朕道，勿得面从，苟相悦誉。且朕素无术学，未闻政道。一日万机，不能尽耳目。所有处断，独见不明，致有失，所以委任公等。公等善相辅弼，使兆庶得所，此乃长保富贵，荫及子孙。若尸禄旷官，苟贪荣利，朕当必加黜辱，终不容舍。朕既以汉武帝、隋后主为龟镜，公等恒将此事共规谏也。"魏徵进曰："陛下恩（思）弘至理，砥砺群下，臣等岂敢不竭股肱之力，但恐识度愚浅，无益万分之一。臣闻汉武帝承五代之资，天下无事，仓库充实，士马强盛，遂思骋其欲，以事四夷。闻蒟酱而开邛杖，贪良马而通大宛，北逐匈奴，南征百越，老弱疲转轮，丁壮死军旅。海内骚然，户口减半，至于国用不足，府库空虚。乃榷酤盐铁，征税开市，课算舟车，告缗卖爵，侵凌百姓。万端俱起，外内穷困，不急边费，议以戎卒营田助运。迄于期年，方始觉悟，下哀痛之诏，封丞相为富民侯，仅以寿终，几致大乱。炀帝恃其强盛，思欲追从汉武。车驾屡动，民无聊生。十余年间，国亡身戮。陛下威加海外，无远不臻，深惟二主以为殷鉴。所谓一人有庆，兆民赖之。臣等奉以周旋，不敢失坠。脱千虑一失，必望有犯无隐。"

此下有"七年徵迁侍中"至"若有是非，直言无隐"四百又二字，与卷二《任贤》篇第三章"魏徵"后半部分重复，为抄写错乱所致，本书不再赘录。

主要参考文献

一、《贞观政要》刻本：

1. 明洪武庚戌王氏勤有堂刊本（明本），中国国家图书馆藏

2. 戈直集论本，涵芬楼影印明成化刊本（通行本），《四部丛刊续编》

二、《贞观政要》抄本：

1. 建治本，南家本系统最早最完整抄本，日本宫内厅书陵部藏

2. 内藤本，菅家本系统最早最完整抄本，日本内藤湖南旧藏，关西大学图书馆藏

3. 写字台本（缺卷一、卷二），日本写字台文库藏，龙谷大学图书馆藏

三、《贞观政要》校注本：

1. 原田种成：《贞观政要定本》（以建治本为底本），［日本］东洋文化研究所1962年

2. 叶光大等：《贞观政要译注》（以明本为底本），四川人民出版社

1987 年 1 月第 1 版

3. 裴汝城、王义耀等:《贞观政要译注》(以通行本为底本),上海古籍出版社 2006 年 7 月第 1 版

4. 谢保成:《贞观政要集校》,中华书局 2012 年 9 月第 3 次印刷本

四、相关研究论著:

1. 陈寅恪:《元白诗笺证稿》,古典文学出版社 1958 年 4 月第 1 版

2. 唐长孺、吴宗国等编:《汪篯隋唐史论稿》,中国社会科学出版社 1981 年 1 月第 1 版

《中华传统文化百部经典》已出版图书

书　名	解读人	出版时间
周易	余敦康	2017 年 9 月
尚书	钱宗武	2017 年 9 月
诗经（节选）	李　山	2017 年 9 月
论语	钱　逊	2017 年 9 月
孟子	梁　涛	2017 年 9 月
老子	王中江	2017 年 9 月
庄子	陈鼓应	2017 年 9 月
管子（节选）	孙中原	2017 年 9 月
孙子兵法	黄朴民	2017 年 9 月
史记（节选）	张大可	2017 年 9 月
传习录	吴　震	2018 年 11 月
墨子（节选）	姜宝昌	2018 年 12 月
韩非子（节选）	张　觉	2018 年 12 月
左传（节选）	郭　丹	2018 年 12 月
吕氏春秋（节选）	张双棣	2018 年 12 月
荀子（节选）	廖名春	2019 年 6 月
楚辞	赵逵夫	2019 年 6 月
论衡（节选）	邵毅平	2019 年 6 月
史通（节选）	王嘉川	2019 年 6 月
贞观政要	谢保成	2019 年 6 月
战国策（节选）	何　晋	2019 年 12 月
黄帝内经（节选）	柳长华	2019 年 12 月
春秋繁露（节选）	周桂钿	2019 年 12 月
九章算术	郭书春	2019 年 12 月
齐民要术（节选）	惠富平	2019 年 12 月
杜甫集（节选）	张忠纲	2019 年 12 月
韩愈集（节选）	孙昌武	2019 年 12 月
王安石集（节选）	刘成国	2019 年 12 月
西厢记	张燕瑾	2019 年 12 月

书　　名	解读人	出版时间
聊斋志异（节选）	马瑞芳	2019 年 12 月
礼记（节选）	郭齐勇	2020 年 12 月
国语（节选）	沈长云	2020 年 12 月
抱朴子（节选）	张松辉	2020 年 12 月
陶渊明集	袁行霈	2020 年 12 月
坛经	洪修平	2020 年 12 月
李白集（节选）	郁贤皓	2020 年 12 月
柳宗元集（节选）	尹占华	2020 年 12 月
辛弃疾集（节选）	王兆鹏	2020 年 12 月
本草纲目（节选）	张瑞贤	2020 年 12 月
曲律	叶长海	2020 年 12 月
孝经	汪受宽	2021 年 6 月
淮南子（节选）	陈　静	2021 年 6 月
太平经（节选）	罗　炽	2021 年 6 月
曹操集	刘运好	2021 年 6 月
世说新语（节选）	王能宪	2021 年 6 月
欧阳修集（节选）	洪本健	2021 年 6 月
梦溪笔谈（节选）	张富祥	2021 年 6 月
牡丹亭	周育德	2021 年 6 月
日知录（节选）	黄　珅	2021 年 6 月
儒林外史（节选）	李汉秋	2021 年 6 月
商君书	蒋重跃	2022 年 6 月
新书	方向东	2022 年 6 月
伤寒论	刘力红	2022 年 6 月
水经注（节选）	李晓杰	2022 年 6 月
王维集（节选）	陈铁民	2022 年 6 月
元好问集（节选）	狄宝心	2022 年 6 月
赵氏孤儿	董上德	2022 年 6 月
王祯农书（节选）	孙显斌	2022 年 6 月
三国演义（节选）	关四平	2022 年 6 月
文史通义（节选）	陈其泰	2022 年 6 月

书　名	解读人	出版时间
汉书（节选）	许殿才	2022 年 12 月
周易略例	王锦民	2022 年 12 月
后汉书（节选）	王承略	2022 年 12 月
通典（节选）	杜文玉	2022 年 12 月
资治通鉴（节选）	张国刚	2022 年 12 月
张载集（节选）	林乐昌	2022 年 12 月
苏轼集（节选）	周裕锴	2022 年 12 月
陆游集（节选）	欧明俊	2022 年 12 月
徐霞客游记（节选）	赵伯陶	2022 年 12 月
桃花扇	谢雍君	2022 年 12 月
法言	韩敬、梁涛	2023 年 12 月
颜氏家训	杨世文	2023 年 12 月
大唐西域记（节选）	王邦维	2023 年 12 月
法书要录（节选）　历代名画记	祝帅	2023 年 12 月
耶律楚材集（节选）	刘晓	2023 年 12 月
水浒传（节选）	黄霖	2023 年 12 月
西游记（节选）	刘勇强	2023 年 12 月
乐律全书（节选）	李玫	2023 年 12 月
读通鉴论（节选）	向燕南	2023 年 12 月
孟子字义疏证	徐道彬	2023 年 12 月